广西大学"211工程"三期重点学科建设项目资助

广西大学中国—东盟研究院文库
主编◎阳国亮

泰国华文纸媒研究

黄海珠 等◎著

中国社会科学出版社

图书在版编目（CIP）数据

泰国华文纸媒研究／黄海珠等著 . —北京：中国社会科学出版社，2013.5

ISBN 978 – 7 – 5161 – 2633 – 2

Ⅰ.①泰… Ⅱ.①黄… Ⅲ.①中文—传播媒介—研究—泰国 Ⅳ.①G229.336

中国版本图书馆 CIP 数据核字（2013）第 097191 号

出 版 人	赵剑英	
责任编辑	王　茵	
特约编辑	王福仓	
责任校对	任晓晓	
责任印制	王炳图	

出　　版	中国社会科学出版社	
社　　址	北京鼓楼西大街甲 158 号（邮编 100720）	
网　　址	http://www.csspw.cn	
	中文域名：中国社科网　　010 – 64070619	
发 行 部	010 – 84083685	
门 市 部	010 – 84029450	
经　　销	新华书店及其他书店	
印　　刷	北京君升印刷有限公司	
装　　订	廊坊市广阳区广增装订厂	
版　　次	2013 年 5 月第 1 版	
印　　次	2013 年 5 月第 1 次印刷	
开　　本	710×1000　1/16	
印　　张	18.25	
插　　页	2	
字　　数	283 千字	
定　　价	55.00 元	

凡购买中国社会科学出版社图书，如有质量问题请与本社联系调换
电话：010 – 64009791

版权所有　　侵权必究

中国—东盟研究院文库
编辑委员会

主　编　阳国亮

编　委（以姓氏笔画为序）

　　　　乌尼日　李寅生　张　军　张晓农　宋亚菲
　　　　杨克斯　唐文琳　唐德海　阎世平　商娜红
　　　　黄牡丽　谢　舜　曾冬梅　雷德鹏　黎　鹏

总　序

阳国亮

正当中国与东盟各国形成稳定健康的战略伙伴关系之际，我校以经济学、经济管理、国际贸易等经济学科为基础，整合法学、政治学、公共管理学、文学、新闻学、外语、教育学、艺术等学科力量，经广西壮族自治区政府批准，于2005年成立了广西大学中国—东盟研究院；同时将"中国—东盟经贸合作与发展研究"作为"十一五"时期学校"211工程"的重点学科来进行建设。这两项行动所要实现的目标，就是要加强中国与东盟的合作研究，发挥广西大学智库的作用，为国家和地方的经济、政治、文化、社会建设服务，并逐步形成具有鲜明区域特色的高水平的文科科研团队。几年来，围绕中国与东盟的合作关系及东盟各国的国别研究，研究院的学者和专家们投入了大量的精力并取得了丰硕的成果。为了使学者、专家们的智慧结晶得以在更广的范围内展示并服务于社会，发挥其更大的作用，我们决定将其中的一些研究成果结集并以《广西大学中国—东盟研究院文库》的形式出版。同时，这也是我院中国—东盟关系研究和"211工程"建设成果的一种汇报和检阅的形式。

中国与东盟各国的关系研究是国际关系中区域国别关系的研究，这一研究无论对国际经济与政治还是对我国对外开放和现代化建设都非常重要。广西在中国与东盟的关系中处于非常特殊的位置，特别是在广西的社会经济跨越式发展中，中国与东盟关系的发展状况会给广西带来极大的影响。因此，中国与东盟及各国的关系是非常值得重视的研究课题。

中国与东盟各国的关系具有深厚的历史基础。古代中国与东南亚各国的经贸往来自我国春秋时期始已有2000多年的历史。由于中国与东南亚经贸关系的繁荣,秦汉时期的番禺(今广州)就已成为"珠玑、犀、玳瑁"等海外产品聚集的"都会"(《史记》卷69《货殖列传》)。自汉代以来,经三国、两晋、南北朝至隋唐,中国与东南亚各国的商贸迅速发展。大约在唐朝开元初年,唐朝在广州创设了"市舶使",作为专门负责管理对外贸易的官员。宋元时期鼓励海外贸易的政策促使中国与东南亚各国经贸往来出现了前所未有的繁荣。至明朝,郑和下西洋加强了中国与东南亚各国的联系,把双方的商贸往来推向了新的高潮。自明代始,大批华人移居东南亚,带去了中国先进的生产工具和生产技术。尽管明末清初,西方殖民者东来,中国几番海禁;16世纪开始,东南亚各国和地区相继沦为殖民地;至1840年中国也沦为半殖民地半封建社会,中国与东南亚各国的经贸往来呈现复杂局面,但双方的贸易仍然在发展。第二次世界大战以后,受世界格局的影响以及各国不同条件的制约,中国与东南亚各国的经济关系经历了曲折的历程。直到20世纪70年代,国际形势发生变化,东南亚各国开始调整其对华政策,中国与东南亚各国的关系逐渐实现正常化,双方经济关系得以迅速恢复和发展。20世纪80年代末期冷战结束至90年代初,国际和区域格局发生重大变化,中国与东南亚各国的关系出现了新的转折,双边经济关系进入全面合作与发展的新阶段。总之,中国与东盟各国合作关系由来已久,渊源深厚。

发展中国家区域经济合作浪潮的兴起和亚洲的觉醒是东盟得以建立的主要背景。20世纪60—70年代,发展中国家区域经济一体化第一次浪潮兴起,拉美和非洲国家涌现出中美共同市场、安第斯条约组织、加勒比共同市场等众多的区域经济一体化组织。20世纪90年代,发展中国家区域经济一体化浪潮再次兴起。在两次浪潮的推动下,发展中国家普遍意识到加强区域经济合作的必要性和紧迫性,只有实现区域经济一体化才能顺应经济全球化的世界趋势并减缓经济全球化带来的负面影响。亚洲各国正是在这一背景下觉醒并形成了亚洲意识。战前,亚洲是欧美的殖民地;战后,尽管亚洲各国已经独立,但仍未能摆脱大国对亚洲地区事务的干涉和控制。20世纪50—60年代，亚洲各国民族主义意识增强，已经显示出较强烈的政治自主意愿，要求自主处理地区事务，不受大国支配，努力维护本国的独立和主权。亚洲各国都意识到，要实现这种意愿，弱小国家必须组织起来协同合作，由此"亚洲主义"得以产生。东盟就是在东南亚国家这种意愿的推动下，经过艰难曲折的过程而建立起来的。

"东盟"是东南亚国家联盟的简称，在国际关系格局中具有重要的战略地位。东盟的战略地位首先是由其所具有的两大地理区位优势决定的：一是两洋的咽喉门户。东南亚处于太平洋与印度洋的"十字路口"，既是通向亚、非、欧三洲及大洋洲的必经航道，又是南美洲与东亚国家间物资、文化交流的海上门户。其中，世界上每年50%的船只通过马六甲海峡，这使得东南亚成为远东制海权的战略要地。二是欧亚大陆"岛链"的重要组成部分。欧亚大陆有一条战略家非常重视的扼制欧亚国家进入太平洋的新月形的"岛链"，北起朝鲜半岛，经日本列岛、琉球群岛、我国的台湾岛，连接菲律宾群岛、印度尼西亚群岛。东南亚是这条"岛链"的重要组成部分，是防卫东亚、南亚大陆的战略要地。其次，东盟的经济实力也决定了其战略地位。1999年4月30日，以柬埔寨加入东盟为标志，东盟已成为代表全部东南亚国家的区域经济合作组织。至此，东盟已拥有10个国家、448万平方公里土地、5亿人口、7370亿美元国内生产总值、7200亿美元外贸总额，其经济实力在国际上已是一支重要的战略力量。再次，东盟在国际关系中还具有重要的政治战略地位。东盟所处的亚太地区是世界大国多方力量交会之处，中国、美国、俄罗斯、日本、印度等大国有着不同的政治、经济和安全利益追求。东盟的构建在亚太地区的国际政治关系中加入了新的因素，对于促进亚太地区国家特别是大国之间的磋商、制衡大国之间的关系、促进大国之间的合作具有极重要的作用。

在保证了地区安全稳定、推进国家间的合作、增强了国际影响力的同时，东盟也面临一些问题。东盟各国在政治制度等方面存在较大差异，政治多元的状况会严重影响合作组织的凝聚力；东盟大多数成员国经济结构相似，各国间的经济利益竞争也会直接影响到东盟纵向的发展进程。长期以来，东盟缺乏代表自身利益的大国核心，不但影响政治经济合作的基础，在发生区域性危机时更是无法整合内部力量来抵御和克服，外来不良势力来袭时会呈现群龙无首的状态，这对于区域合作组织抗风险能力的提高极为不利。因此，到区域外寻求稳定的、友好的战略合作伙伴是东盟推进发展必须要解决的紧迫的问题。中国改革开放以来的发展及其所实行的外交政策、在1992年东亚金融危机中的表现以及加入WTO，使东盟不断加深了对中国的认识；随着中国与东盟各国的关系不断改善和发展，进入21世纪后，中国与东盟也进入了区域经济合作的新阶段。

发展与东盟的战略伙伴关系是中国外交政策的重要组成部分。从地缘上看，东南亚是中国的南大门，是中国通向外部世界的海上通道；从国际政治上看，亚太地区是中、美、日三国的战略均衡区域，而东南亚是亚太地区的"大国"，对中、美、日都具有极为重要的战略地位，是中国极为重要的地缘战略区域；从中国的发展战略要求看，东南亚作为中国的重要邻居是中国周边发展环境的一个重要组成部分，推进中国与东盟的关系，可以有效防止该地区针对中国的军事同盟，是中国稳定周边战略不可缺少的一环；从经济发展的角度说，中国与东盟的合作对促进双方的贸易和投资、促进地区之间的协调发展具有极大的推动作用，同时，这一合作还是以区域经济一体化融入经济全球化的重要步骤；从中国的国际经济战略要求来说，加强与东盟的联系直接关系到中国对外贸易世界通道的问题，预计在今后15年内，中国制造加工业将提高到世界第二位的水平，中国与海外的交流日益增强，东南亚水域尤其是马六甲海峡是中国海上运输的生命线，因此，与东盟的合作具有保护中国与海外联系通道畅通的重要意义。总之，中国与东盟各国山水相连的地理纽带、源远流长的历史交往、共同发展的利益需求，形成了互相合作的厚实基础。经过时代风云变幻的考验，中国与东盟区域合作的关系不断走向成熟。东盟已成为中国外交的重要战略依托，中国也成为与东盟合作关系发展最快、最具活力的国家之一。

中国—东盟自由贸易区的建立是中国与东盟各国关系发展的里程碑。中国—东盟自由贸易区是一个具有较为严密的制度安排的区域一体化经济合作形式，这些制度安排涵盖面广、优惠度高，涵盖了货物贸易、服务贸易和投资的自由化及知识产权等领域，在贸易与投资等方面实施便利化措施，在农业、信息及通信技术、人力资源开发、投资以及湄公河流域开发五个方面开展优先合作。同时，中国与东盟的合作还要扩展到金融、旅游、工业、交通、电信、知识产权、中小企业、环境、生物技术、渔业、林业及林产品、矿业、能源及次区域开发等众多的经济领域。中国—东盟自由贸易区的建立既有助于东盟克服自身经济的脆弱性，提高其国际竞争力，又为中国对外经贸提供新的发展空间，对于双边经贸合作向深度和广度发展都具有重要的推动作用。中国—东盟自由贸易区拥有近18亿消费者，人口覆盖全球近30%；GDP近4万亿美元，占世界总额的10%；贸易总量2万亿美元，占世界总额的10%；还拥有全球约40%的外汇。这不仅大大提高了中国和东盟国家的国际地位，而且将对世界经济产生重大影响。

广西在中国—东盟合作关系中具有特殊的地位。广西和云南一样都处于中国与东盟国家的接合部，具有面向东盟开放合作的良好的区位条件。从面向东盟的地理位置看，桂越边界1020公里，海岸线1595公里，与东盟由一片海连接。从背靠国内的区域来看，广西位于西南和华南之间，东邻珠江三角洲和港澳地区、西毗西南经济圈、北靠中南经济腹地，这一独特的地理位置使广西成为我国陆地和海上连接东盟各国的一个"桥头堡"，是我国内陆走向东盟的重要交通枢纽。广西与东盟各国在经济结构和出口商品结构上具有互补性。广西从东盟国家进口的商品以木材、矿产品、农副产品等初级产品为主，而出口到东盟国家的主要为建材、轻纺产品、家用电器、生活日用品和成套机械设备等工业制成品；在水力、矿产等资源的开发方面还有很强的互补性。广西与东盟各国的经济技术合作具有很好的前景和很大的空间。广西南宁成为中国—东盟博览会永久承办地，泛北部湾经济合作与中国—东盟"一轴两翼"区域经济新格局的构建为广西与东盟各国的合作提供了很好的平台。另外，广西与东南亚各国有很深的历史人文关系，广西的许多民族与东南亚多个民族有亲缘关系，如越南的主体民族越族与广西的京族是同一民族，越南的岱族、侬族与广西的壮族是同一民族，泰国的主体民族泰族与广西的壮族有很深的历史文化渊源关系，这些都是广西与东盟接轨的重要人文优势。自2004年以来，广西成功地承办了每年一届的中国—东盟博览会和商务与投资峰会以及泛北部湾经济合作论坛、中国—东盟自由贸易区论坛、中越青年大联欢等活动，形成了中国—东盟合作"南宁渠道"，显示了广西在中国—东盟合作中的重要作用。总之，广西在中国—东盟关系发展中占有重要地位。在中国—东盟关系发展中发挥广西的作用，既是双边合作共进的迫切需要，对于推动广西的开放开发、加快广西的发展也具有十分重要的意义。

中国—东盟自由贸易区一建立就取得了显著的效果。据中国海关统计，2010年中国与东盟双边贸易额达2927.8亿元，比上年增长37.5%。当然，这仅仅是一个良好的开端，要继续深化中国与东盟的合作，使这一合作更为成熟并达到全方位合作的实质性目标，还需要从战略上继续推进，在具体措施上继续努力。无论是总体战略推进还是具体措施的落实都需要以理论思考、理论研究为基础进行运筹和决策，因此，不断深化中国与东盟各国关系的研究就显得尤为必要。

加强对东盟及东盟各国的研究是国际区域经济、政治和文化研究学者的一项重要任务。东盟各国及其区域经济一体化的稳定和发展是我国构建良好的周边国际环境和关系的关键。东盟区域经济一体化的发展受到很多因素的制约，东盟各国经济贸易结构的雷同和产品的竞争，在意识形态、宗教历史、文化习俗、发展水平等方面的差异性，合作组织内部缺乏核心力量和危机共同应对机制等因素都会对区域经济一体化的进一步发展造成不利影响。要把握东盟各国及其区域经济一体化的走向，就要加强对东盟各国历史、现状、走向的研究，同时也要加强对东盟区域经济一体化有利因素和制约因素的走向和趋势的研究。

我国处理与东盟各国关系的战略、策略也是需要不断思考的重要问题。要从战略上发挥我国在与东盟关系的良性发展中的作用，形成中国—东盟双方共同努力的发展格局；要创新促进双边关系发展的机制体系；要进一步深化和完善作为中国—东盟合作主要平台和机制的中国—东盟自由贸易区，进一步分析中国—东盟自由贸易区的下一步发展趋势和内在要求，从地缘关系、产业特征、经济状况、相互优势等方面充实合作内容、创新合作形式、完善合作机制、拓展合作领域，全面发挥其积极的作用。所有这些问题都要从战略思想到实施措施上展开全面的研究。

广西在中国—东盟关系发展中如何利用机遇、发挥作用更需要从理论和实践的结合上不断深入研究。要在中国—东盟次区域合作中进一步明确广西的战略地位，在对接中国—东盟关系发展中特别是在中国—东盟自由贸易区的建设发展进程中，发挥广西的优势，进一步打造好中国—东盟合作的"南宁渠道"；如何使"一轴两翼"的泛北部湾次区域合作机制创新成为东盟各国的共识和行动，不仅要为中国—东盟关系发展创新形式、拓展领域，也要为广西的开放开发、抓住中国—东盟区域合作的机遇实现自身发展创造条件；如何在中国—东盟区域合作中不断推动北部湾的开放开发、形成热潮滚滚的态势，这些问题都需要不断地深入研究。

综上所述，中国与东盟各国的关系无论从历史现状还是发展趋势来看都是需要认真研究的重大课题。广西大学作为地处中国与东盟开放合作的前沿区域的"211工程"高校，应当以这些研究为己任，在这些重大问题的研究上产生丰富的创新成果，为我国与东盟各国关系的发展、为广西在中国—东盟经济合作中发挥作用并使广西跨越式发展作出贡献。

在中国与东盟各国关系不断发展的过程中，广西大学中国—东盟研究院的学者、专家们在中国—东盟各项双边关系的研究中进行了不懈的探索。学者、专家们背负着民族、国家的责任，怀揣着对中国—东盟合作发展的热情，积极投入到与中国—东盟各国合作发展相关的各种问题的研究中来。"宝剑锋从磨砺出，梅花香自苦寒来"，历经多年的积淀与发展，研究院的组织架构日臻完善，团队建设渐趋成熟，形成了立足本土兼具国际视野的学术队伍，在学术上获得了一些喜人的成果，比较突出的有：取得了"CAFTA进程中我国周边省区产业政策协调与区域分工研究"与"中国—东盟区域经济一体化"两项国家级重大课题；围绕中国与东盟各国关系的历史、现状及其发展，从经济、政治、文化、外交等各方面的合作以及广西和北部湾的开放开发等方面开展了大量的研究，形成了一大批研究论文和论著。这些成果为政府及各界了解中国—东盟关系的发展历史、了解东盟各国的文化、把握中国—东盟关系的发展进程提供了极好的参考材料，为政府及各界在处理与东盟各国关系的各项决策中发挥了咨询服务的作用。

这次以《广西大学中国—东盟研究院文库》的形式出版的论著仅仅是学者、专家们研究成果中的一部分。文库的顺利出版，是广西大学中国—东盟研究院的学者们在国家"211 工程"建设背景下，共同努力，经过不辞辛苦、锲而不舍的研究所取得的一项重大成果。文库的作者中有一批青年学者，是中国—东盟关系研究的新兴力量，尤为引人注目。青年学者群体是广西大学中国—东盟研究院未来发展的重要战略资源，青年兴则学术兴，青年强则研究强，多年来，广西大学中国—东盟研究院致力于培养优秀拔尖人才和中青年骨干学者，从学习、工作、政策、环境等各方面创造条件，为青年学者的健康成长搭建舞台。同时，众多青年学者也树立了追求卓越的信念，他们在实践中学会成长，正确对待成长中的困难，不断走向成熟。"多情唯有此春草，年年新绿满芳洲"，学术生涯是一条平凡而又艰难、寂寞而又崎岖的道路，没有鲜花，没有掌声，更多的是崇山峻岭、荆棘丛生；但学术又是每一个国家发展建设中不可缺少的，正如水与空气之于人类，整个人类历史文化长河源远流长，其中也包括一代又一代学者薪火相传的辛勤劳动。愿研究院的青年学者们，以及所有真正有志献身于学术的人们，都能像春草那样年复一年以自己的新绿铺满大地、装点国家壮丽锦绣的河山。

当前，国际政治经济格局加速调整，亚洲发展孕育着重大机遇，中国同东盟国家的前途命运日益紧密地联系在一起。在新形势下，巩固和加强中国—东盟战略伙伴关系，不断地推进中国—东盟自由贸易区的健康发展是中国与东盟国家的共同要求和愿望。广西大学中国—东盟研究院将继续组织和推进中国与东盟各国关系的研究，从区域经济学的视角出发，采取基础研究与应用研究相结合、专题研究与整体研究相结合的方法，紧密结合当前实际，对中国—东盟自由贸易区建设这一重大战略问题进行全面、深入、系统的思考；并在深入研究的基础上提出具有前瞻性、科学性、可行性的对策建议，为政府提供决策咨询，为相关企业提供贸易投资参考。随着研究的深入，我们会陆续将研究成果分批结集出版，以便使《广西大学中国—东盟研究院文库》成为反映我院中国与东盟各国及其关系研究成果的一个重要窗口，同时也希望能为了解东盟、认识东盟、研究东盟、走进东盟的人们提供有益的参考与借鉴。由于时间仓促，本文库错误之处在所难免，敬请各位学者、专家及广大读者不吝赐教，批评指正。

是为序。

（作者系广西大学中国—东盟研究院院长）

2011年1月11日

目 录

绪论 …………………………………………………………………（1）
 一　相关概念的界定 …………………………………………（2）
 二　研究方法 …………………………………………………（8）
 三　研究意义 …………………………………………………（10）

第一篇　历史回顾及现状分析

第一章　泰国华文纸媒的发展历程 ………………………………（15）
 第一节　发展阶段的划分 ……………………………………（15）
  一　划分依据 ………………………………………………（15）
  二　划分阶段 ………………………………………………（16）
 第二节　泰国华文纸媒的发展阶段 …………………………（17）
  一　泰国华文纸媒的创始阶段（1903—1909）……………（18）
  二　泰国华文纸媒的起步阶段（1910—1919）……………（21）
  三　泰国华文纸媒的快速发展期（1920—1929）…………（24）
  四　泰国华文纸媒动荡的 30 年代（1930—1939）………（27）
  五　二战期间艰难发展的泰国华文纸媒（1940—1949）…（30）
  六　50 年代的泰国华文纸媒（1950—1959）……………（35）
  七　60 年代的泰国华文纸媒（1960—1969）……………（39）
  八　泰国华文纸媒的恢复发展期（1970—1979）…………（40）
  九　80 年代的泰国华文纸媒（1980—1989）……………（43）
  十　90 年代的泰国华文纸媒（1990—1999）……………（45）

十一　21世纪的泰国华文纸媒（2000—2011）……………（48）
　小结 …………………………………………………………（52）

第二章　泰国华文纸媒的现状 ……………………………（53）
　第一节　泰国华文报纸种类 …………………………………（53）
　　一　《星暹日报》……………………………………………（53）
　　二　《世界日报》……………………………………………（56）
　　三　《亚洲日报》……………………………………………（57）
　　四　《新中原报》……………………………………………（58）
　　五　《京华中原联合日报》…………………………………（59）
　　六　《中华日报》……………………………………………（60）
　　七　《中华青年报》…………………………………………（62）
　　八　《暹泰时报》……………………………………………（62）
　第二节　泰国华文期刊种类 …………………………………（63）
　　一　《东盟商界》……………………………………………（63）
　　二　《泰华文学》……………………………………………（64）
　　三　《时代论坛》……………………………………………（65）
　　四　《泰国游》………………………………………………（66）
　　五　《现代泰国导报》………………………………………（67）
　小结 …………………………………………………………（67）

第三章　泰国华文纸媒的依存环境分析 …………………（68）
　第一节　泰国华文纸媒受众市场分析 ………………………（68）
　　一　受众依存环境系统分析 ………………………………（69）
　　二　受众市场的容量评估 …………………………………（70）
　　三　受众市场的特征分析 …………………………………（72）
　第二节　泰国华文传媒依存环境细分 ………………………（74）
　　一　外生环境分析 …………………………………………（74）
　　二　内生环境分析 …………………………………………（92）
　小结 …………………………………………………………（96）

第二篇　内容研究及比较分析

第四章　泰国华文纸媒主要内容分析 (101)
第一节　报道内容分析 (101)
一　关注国内国际政治经济新闻 (101)
二　关注侨乡、侨社新闻 (102)
三　副刊内容丰富 (102)
四　各有侧重、各放异彩 (103)
五　报刊由综合性向专业性发展 (103)
第二节　读者群分析 (104)
一　以国内华人大众为主 (104)
二　读者群进一步细分 (104)
三　读者群向境外扩展 (105)
第三节　经营、管理状况分析 (105)
一　发行渠道 (106)
二　与中国报社的合作 (106)
小结 (107)

第五章　泰国华文纸媒与菲律宾、印尼的比较研究 (108)
第一节　菲律宾、印尼华文纸媒的总体发展状况 (108)
一　菲律宾华文纸媒状况 (109)
二　印尼华文纸媒状况 (109)
第二节　国家整体环境比较 (111)
一　政治环境比较 (112)
二　经济环境比较 (121)
三　社会文化环境比较 (128)
四　与中国的关系比较 (132)
第三节　华人、华校及华社的发展情况比较 (135)
一　华人情况 (135)

二　华校发展 …………………………………………… (140)
　　三　华社发展 …………………………………………… (146)
小结 ……………………………………………………………… (151)

第三篇　作用及影响力研究

第六章　泰国华文纸媒的影响力研究 ……………………… (155)
第一节　传媒影响力概念的界定 ………………………………… (155)
　　一　传媒影响力的定义 ………………………………… (156)
　　二　传媒影响力的内涵 ………………………………… (158)
第二节　传媒影响力的发生机制 ………………………………… (159)
　　一　传媒影响力的理论基础 …………………………… (159)
　　二　传媒影响力的产生环节 …………………………… (160)
第三节　泰国华文纸媒的影响力评估指标体系 ………………… (162)
　　一　泰国华文纸媒的影响力评价指标体系 …………… (162)
　　二　泰国华文纸媒影响力评估体系的构成因子
　　　　及建构标准 …………………………………………… (163)
小结 ……………………………………………………………… (172)

第七章　泰国华文纸媒社团及其作用研究 ………………… (173)
第一节　泰国华文传媒社团的基本概况 ………………………… (173)
　　一　泰华内地记者协会的发展历史及组织概况 ……… (173)
　　二　泰华通讯记者协会的发展历史及组织概况 ……… (175)
　　三　泰华通讯记者联谊会的发展历史及组织概况 …… (176)
　　四　泰华报人公益基金会的发展历史及组织概况 …… (176)
第二节　泰国华文纸媒社团的主要活动及基本职能 ………… (177)
　　一　组织会员赴泰国各府县访问，报道地方实况和
　　　　侨社新闻 ……………………………………………… (178)
　　二　组团访问报道中国，促进泰中两国的交流与
　　　　友谊 …………………………………………………… (178)

  三　传承弘扬中华文化，关心促进华文教育 ………… (179)
  四　支持文化及公益事业，与国内外诸多文化团体
    交流密切 ……………………………………………… (180)
 第三节　泰国华文纸媒社团的影响力分析………………… (181)
  一　泰华纸媒社团在泰国国内的影响力分析 ………… (181)
  二　泰华纸媒社团在中国的影响力分析 ……………… (182)
 第四节　泰国华文纸媒社团对华文纸媒的促进作用研究 …… (183)
  一　泰华纸媒社团促进华文纸媒的新闻报道工作 …… (183)
  二　泰华纸媒社团促进华文纸媒的代理发行工作 …… (184)
 小结 …………………………………………………………… (185)

第八章　中国—东盟深度合作背景下泰国华文纸媒的作用研究 … (186)
 第一节　信息交流的平台……………………………………… (186)
  一　重视对中国新闻的报道 …………………………… (187)
  二　侧重报道中国的重大事件 ………………………… (188)
 第二节　商贸往来的平台……………………………………… (191)
  一　传递两国的商情 …………………………………… (191)
  二　促进中国与东盟的合作进程 ……………………… (193)
 第三节　文化传承的平台……………………………………… (197)
  一　中华民族文化传承的平台 ………………………… (197)
  二　文化交流与融合的平台 …………………………… (201)
 第四节　互信发展的平台……………………………………… (203)
  一　促进其他国家对中国的了解与信任 ……………… (203)
  二　关注两岸交流，坚决维护中国统一 ……………… (206)
 小结 …………………………………………………………… (208)

第四篇　存在问题及发展展望

第九章　泰国华文纸媒的发展机遇及阻力分析………………… (213)
 第一节　泰国华文纸媒的发展机遇………………………… (213)

  一　宽松开放的政策环境，有助于泰国华文纸媒保持稳定发展 …………………………………………………（214）

  二　中泰贸易持续升温，为泰国华文纸媒提供了基础和保证 ……………………………………………………（216）

  三　"华文热"的兴起，为泰国华文纸媒拓宽受众市场 ……………………………………………………………（218）

  四　新传播技术的兴起，有助于扩大泰国华文纸媒的国际影响力 …………………………………………………（221）

第二节　泰国华文纸媒的发展阻力 ………………………………（223）

  一　华文纸媒后继乏人，读者队伍不容乐观 ………………（223）

  二　内容庸俗化，竞争同质化 ………………………………（225）

  三　经营结构单一，抗风险能力差 …………………………（228）

  四　守旧气氛浓重，缺乏文化竞争力 ………………………（230）

第三节　提升泰国华文纸媒影响力的途径研究 …………………（232）

  一　立足泰华社会，打造华文纸媒的核心竞争力 …………（232）

  二　创新经营模式，提升泰华纸媒的抗风险能力 …………（238）

  三　加强与各方面的合作，共同促进华文事业的发展 …………………………………………………………………（243）

  四　支持本地华文教育，为未来发展奠定人才基础 ………（247）

小结 ………………………………………………………………（249）

结束语 ……………………………………………………………（251）

附录1　泰国主要华文纸媒简表 ………………………………（254）

附录2　泰国主要华文纸媒人物一览表 ………………………（263）

后记 ………………………………………………………………（272）

绪　　论

　　泰王国位于中南半岛的中部，东北部与老挝毗邻，东部与柬埔寨接壤，西部和西北部与缅甸交界，南部与马来西亚为邻。东南临泰国湾，西南濒安达曼海。国土面积51.4万平方公里，海岸线约长2600公里。公元7世纪建立王国。泰国在历史上曾几度更名。1285年建立泰王国，定国名为暹罗。1932年建立君主立宪制政体，1939年改国名为泰王国。1941年底，日本侵占泰国，1945年日本战败后复改国名为暹罗。1949年复称泰王国，首都定为曼谷。泰国是一个由30多个民族组成的多民族国家，佛教是泰国的国教，94%以上的国民信奉佛教。截至2010年9月1日，泰国人口总数为6540万人，在东南亚国家之中排名第4位[1]。由于女性比男性多，适宜发展服务型产业，旅游业成为泰国的支柱产业。

　　作为亚洲近邻，中泰两国的关系源远流长。据泰国史研究专家谢光先生20世纪80年代中期的考证指出，早在3000多年前，即公元前1011年至前1001年，就有来自于扶娄国（现代泰国的春武里到巴真武里地区一带）的使者带着艺术表演团体到过中国表演；而从2000多年前西汉时代开辟南海丝绸之路起，中泰之间就开始有了商品贸易往来[2]。郑和下西洋也曾两次到过泰国。1975年7月1日，中泰两国正式建立外

---

　　[1]《截至2010年底泰国人口6540万　女比男多120万》，2011年4月，国务院发展研究中心信息网（http：//fjgyw.fjinfo.gov.cn/DRCNet.Mirror.Documents.Web/DocSummary.aspx?docid=2507822&leafid=4188）。

　　[2] 陈贤茂：《海外华文文学史》，鹭江出版社1999年版，第310页。

交关系,揭开了两国关系的新篇章。在漫长的历史长河中,中国移民来到泰国这片土地生活。中华文化以移民为传播媒介,与泰国文化相互交融,成为泰国多元文化的重要组成部分。如今,泰国华侨华人成了促进中泰关系的重要纽带。泰国华侨华人在促进泰国经济发展以及中泰经贸关系的同时,也为中泰两国人民的友好沟通发挥了桥梁作用。

泰国华文纸媒伴随着泰国华人社会的发展而逐步壮大。泰国华文纸媒的发展历程,是一面反映华人族群在泰国不同时期的奋斗历史及社会地位的变化的镜子,并成为华人在泰国这片热土上勤劳耕耘和繁衍后代的缩影。研究泰国华文纸媒,有助于了解泰国华人族群的发展,对加强中泰两国的友好往来及经贸联系具有现实的积极作用。

一 相关概念的界定

在本章中,对泰国华文纸媒及其涉及的一些重要概念进行界定,如对华文纸媒概念及研究范畴的界定、对华侨纸媒与华人纸媒进行区分以及对海外华人族群的界定等。

(一) 泰国华文纸媒的概念与内涵

纸媒,从广义上理解,指以纸质材料作为信息的载体,以向特定人群传播作为主要目的的媒介,包括报纸、期刊、书籍及其他纸质媒体,如传单、海报及商业邮寄信息等;而从狭义上理解,纸媒主要指以纸质材料作为信息的载体,以向特定人群传播作为主要目的并且信息定期更新的媒介,其中以报纸和期刊为代表。人们习惯上将报纸和期刊统称为纸媒。

泰国华文纸媒,顾名思义,是指在泰国当地公开发行的、以华文作为主要发行文字、以华人作为主要受众的纸质平面媒体。纸质平面媒体的活跃是泰国华文媒体的一大特色。目前,泰国华文媒体包括华文网站、华文电视台及华文报刊,其中华文报刊是最为活跃并占据重要位置的组成部分。八大华文报刊(其中六份日报、一份周报及一份月刊)占据了泰国华文媒介的半壁江山,其中部分华文报已然进入主流媒体行列，成为华人社会与泰国政府之间的沟通桥梁，甚至个别华文报纸已经走出国门，成为海外华人的代言人。

图 0—1　泰国六大华文日报

泰国华文纸媒的研究对象，以华文报纸为主，期刊为辅。因为不管是历史还是目前的发展状况，华文报纸始终是泰国华文纸媒中最为活跃及最主要的部分。在历史上，泰国华文报纸的出现比泰文报纸还要早；如今，华文报纸成为泰国第二大语种报纸，仅次于泰文报纸，并先于英文报。期刊的发展及其地位远不及华文报纸，并且多以文艺类为主。自中国—东盟自贸区建设以来，以商贸为主题的期刊开始兴起，但受众数量仍无法与报纸相提并论。

以华文作为载体，是指泰国华文纸媒的传播文字以华文为主，包括了繁体中文和简体中文，其中以繁体中文为主。在泰国华文纸媒 100 多年的发展中，因稿件来源、历史习惯以及文化传承等原因，泰国华文纸媒主要以繁体中文为信息传播载体。简体中文是近十年因与中国内地经贸往来密切后，为拉近文化距离、消除信息传播中不必要的麻烦，泰国一些报刊才开始采用的。具有教学功能的中泰双语报刊在本书中会有所提及，但不作为研究重点。

在泰国当地公开发行，是指报刊已经获得官方授权，可公开发行的报刊。行业内部报刊及没有刊号的赠刊不在本书研究范围内。

以华人作为主要受众，是指华文纸媒的服务宗旨及服务对象以本国的华人群体为主，受众的目标群体是华人。目前，泰国华文纸媒是泰国华人获取中国、中国港澳台地区等华语国家及地区信息的主要渠道，成为泰国华人社会内部信息交流的载体及工具；同时也是中华文化在泰国延续的重要方式，集中体现了泰国华文纸媒的社会功能。

（二）华侨纸媒与华人纸媒的区分

华侨纸媒与华人纸媒的区分，存在于泰国华文纸媒发展的历史过程中，由于历史原因及官方的许可，出现过华侨办报阶段，后因泰国当局政策的更改以及泰国国内形势的改变，华侨纸媒陆续全部转换为华人纸媒。因此，亦有学者按办报人的国籍身份对泰国华文纸媒的发展史进行划分，将之分为华侨纸媒时期与华人纸媒时期。两者的区分，实为办报主体国籍身份的差别，不涉及办报人的更换或报社服务宗旨的变更。由华侨纸媒过渡到华人纸媒，是泰国政府对华人移民管理的一种制度体现。随着办报主体国籍身份的转换，报纸的性质及社会功能亦悄然发生改变。在泰国，由于历届泰国政府实行民族同化政策，华侨已经陆续加入泰国国籍，并与当地人通婚，成为在泰国落地生根的华人，实现国籍的自然过渡；20世纪70年代初，泰国取消华人双重国籍，许多华侨出于现实的考虑纷纷加入了泰籍，使泰国华文纸媒办报人国籍身份陆续由华侨转为泰籍华人。1991年（泰国佛历2534年）12月9日，由国王普密蓬·阿杜德颁布实施的《泰王国宪法》中，重申了泰国报刊及其他媒介的所有人国籍身份，规定必须具有泰国国籍者才具有合法办报刊的资格在《泰王国宪法》的第三十七条规定：公民有言论、著作、出版、宣传和进行其他舆论活动的自由。除了为维护国家安全及保护他人荣誉、名声和自由，为维护人民的安宁生活及良好道德风尚，为预防和制止使人民群众的身心健康遭受损害等必须依法采取的措施外，不得限制上述自由。根据法律规定，报刊和其他宣传媒介的主持人必须具有泰国国籍。国家不得以经济或任何物质形式扶持任何私人报刊。《泰王国宪法》的颁布，正式将泰国华文纸媒办报人的国籍身份在宪法中加以规定，对媒介主持人的国籍身份限定为泰籍。

综上所述，华侨纸媒是指以华侨为办报主体的报纸和期刊；而华人纸媒是指以泰籍华人为办报主体的报纸和期刊。华侨纸媒是对特定历史阶段的华文纸媒的一种称呼，而随着华侨纷纷入籍泰国以及泰国当局对报刊主办人国籍的规定，华侨纸媒已不复存在，取而代之为华人纸媒。

（三）族群及海外华人族群的概念界定

族群一词出自西方人类学的"Ethnic Group"，关于族群的界定，学界至今没有达成统一共识。

1980年出版的《哈佛美国族群百科全书》中，从族群的外延和内涵对"Ethnic Group"进行了解释，将其释义为："族群是超越了亲属、邻里和社区的，共享历史记忆、血统、语言、信仰的，由主观意识所维系的群体"[1]。

1990年英国出版的《剑桥大百科全书》将"Ethnic Group"诠释为："一个社会中的人口的一部分。他们拥有（真实的或虚拟的）共同世系、共同的态度和行为以及共同的文化和体征，同时有将自己视为特别群体的意识"[2]。

1997年出版的《美国大百科全书》将"Ethnic Group"定义为："通过共同文化以及常常在种族和特性上与其他群体相区别的任何人们群体"[3]。

---

[1] Stephen Thernstrom, *Harvard Encyclopedia of American Ethnic Groups*, Harvard University Press, 1980, p.12.

[2] 李远龙：《认同与互动：防城港的族群关系》，广西民族出版1999年版，第44页。

[3] Grolier Incorporated (1997), *The Encyclopedia Americana*, University of Michigan: Grolier Incorporated, Vol.10., p.631.

从上述定义可以看出，西方学界对"Ethnic Group"的理解大致从客观及主观两个方面的特性进行把握。客观属性是最为常用的识别方式与手段。认同客观属性的学者认为，不同的群体间会存在某些原生的特质使之易于与别的群体进行区别，这些特质既可以是语言、肤色、饮食、服装，亦可以是宗教信仰、价值观及共同经济生活等。而认同主观取向的学者中，以马克斯·韦伯（Marx Weber）的定义最具影响力。他强调群体成员所保留的具有群体意义的共同主观信念、体质类型、文化记忆在群体历史延续过程中的重要性，"Ethnic Group"就是承载这些功能和义务的群体。韦伯揭示了族群成员是如何自主地意识、保存及延续自身的历史，以及通过何种因素将族群成员联系在一起并使之延续下来的。

继韦伯之后，弗里德里克·巴斯（Friderik Barth）对"Ethnic Group"的研究亦具有里程碑式的意义。巴斯注意到了"Ethnic Group"客观特征论的不足，于是利用主观论的排他性和归属性，即情感认同来重新界定"Ethnic Group"。巴斯认为"Ethnic group"是行动者自我赞许和认定的归属类别，体现族群间双向互动的特质。巴斯不仅强调"Ethnic Group"是主观情感上的认同群体，同时也指出它的动态性特点，认为族群特征在群体成员间的双向互动中得以维持。他还提出了著名的"边界论"，指出"Ethnic Group"是存在边界的，这种"边界"并不是地理意义上的边界，而是一种无形的、划分不同群体之间的"社会边界"。"边界论"已成为当今西方学术界对"Ethnic Group"概念的核心认知取向。

国内对"Ethnic Group"的认知主要来自西方翻译文稿。20世纪50年代，台湾学者将"Ethnic Group"译为"族群"，继而传入内地，随后在民族学、人类学和社会学等领域开始使用。对"Ethnic Group"定义的界定，国内学界亦存在分歧。

在1991年出版的《人类学词典》中，将族群（Ethnic Group）定义为："一个由民族和种族自己集聚而结合在一起的群体。这种结合的界线在其成员中是无意识承认，而外界则认为它们是同一体。也可能是由于语言、种族或文化的特殊而被原来一向有交往或共处的人群所排挤而集居。因此，族群是一个含义极广的概念，它可以用来指社会阶级、都市和工业社会中的种族群体或少数民族群体，也可以用来区分土著居民中的不同文化和社会集团。族群概念就这样综合了社会标准和文化标准。"①

中国社会科学院研究员郝时远认为，"Ethnic Group"指称种族的、民族的或基于宗教、语言、习俗等文化特征而"认同"的群体。

北京大学马戎教授指出，"Ethnic Group"是以生物性和文化性为代表，不仅指亚群体和少数民族，而且泛指所有的被不同文化和血统造成的，被打上烙印的社会群体。

中央民族大学潘蛟教授认为，一般说来，族群指那种自认为或被认为具有共同起源，从而也具有共同文化特征的人群范畴。

王明珂在其撰写的《华夏边缘历史记忆与族群认同》一书中，认为族群所指的对象实体是一种内核稳定、边界流动的人们共同体。

从上述定义可以看出，国内学者主要从文化及意识形态上对族群提出了自己的理解，对其界定没有脱离西方学者客观属性及主观取向的范畴。对族群定义的理解，可以让我们更清楚地了解海外华人族群的形成及发展，以及海外华人社会三大支柱，即华文教育、华文媒体及华人社团存在的意义和作用。

每一个华人在远离自己的"祖国"和"母体文化"之后，为了自身的生存和发展，不得不去适应、接受移民国陌生的文化和观念体系，甚至主动"融入"另一种社会组织结构当中。海外华人与移入国本地人之间，在就业机会和资源分配方面存在着激烈的竞争，同时由于语言、宗教和文化传统方面的差异，使每一个海外华人都面对文化适应的问题，而在意识形态和权利分配上存在的矛盾与冲突，需要集合每一个个体的力量与之抗衡。严峻的现实生存环境是海外华人族群形成的必要条件。

从文化上理解海外华人族群的形成，则可以从族群理论中的文化认同性及排他性做出解释。每一个海外华人都对自己的民族存有一份历史记忆，当这份历史记忆成为一个群体认同的共同记忆时，便上升为集体

---

① 吴泽霖：《人类学词典》，上海辞书出版社1991年版，第308页。

记忆。这种历史记忆被认为是凝聚族群认同这一根本情感的纽带，而集体记忆具有强化某一族群凝聚力的功能。根植于个体内心深层的对核心文化价值观的认同，将作为一种精神财富被保存并传承下来。

本书认同海外华人族群概念，认同海外华人族群是海外华人社会形成的基础，并且是支撑华人社会三大支柱的基点的观点。所谓华人族群，是指在海外生存及发展的、具有共同文化认同的华人及华人后裔所组成的群体。

对于泰国华人族群与泰国华人社会是否存在的问题，学界仍有所争议。上述理论为泰国华人族群与华人社会的存在在理论上做出支撑，并且解释了在民族同化政策相当成功的泰国，华人族群依然存在并不断发展的原因。虽然从表面上看，泰国华人大多已经接受了泰国本地的生活方式，在日常生活方面，如衣食住行、语言和风俗习惯等，泰国人与华人几乎无异，甚至华人的社会关系也逐渐泰化，但在内在的价值观方面，华人仍然有所保留，如祭祖、家庭成员间的权利与义务关系等，特别是在价值取向上，仍保留着较多的中国传统文化的特征，如顺应自然、崇古、内敛等。这也就解释了华人移民进入泰国后，虽加入泰籍或与泰人联姻，但始终只是一定程度的同化，最终无法完全被同化。这也是泰国华人社会活跃以及泰国华文纸媒始终占有一定市场的原因。

二　研究方法

本书以科学的理论思维作为指导思想，采用跨学科交叉研究方法，运用传播学、经济学和社会学等学科的理论，同时结合文献综合分析及实地观察等方法，从多个学科的视角研究泰国华文纸媒的发展历程。社会研究工作需要有科学的研究方法，泰国华文纸媒的研究既要在其所处国家的政策环境中探寻其发展的特殊性，又需与同时期处于相同区域环境下的东南亚国家的华文纸媒做比较，以探寻华文纸媒发展的共性等。因此，本书运用的研究方法主要有以下四种。

1. 微观结合宏观分析法

泰国华文纸媒的发展，并非是一个独立自主的发展过程，而是在国际国内两大宏观系统作用下的产物。在国内，处于泰国华人族群与泰国主流社会碰撞磨合的夹缝中生存和发展；在国际上，受国际政治经济的影响，尤其与泰中两国的政治经济关系密切相关。同时，在微观环境中，泰国华文纸媒具有自身的发展优势及独特个性。因此，在研究中，需要采用宏微观相结合的方法，既要在微观分析泰国华文纸媒自身发展的特点，也要在宏观反映泰国华文纸媒所处的国内国际政治环境的变动对其产生的各种影响。

2. 系统分析法

泰国华文纸媒生存及发展所依托的环境是一个复杂的系统，主要包括外生环境及内生环境。从狭义的角度理解，外生环境主要来自泰国国内，包括泰国社会和华人社会，其中泰国社会是主系统，而华人社会是外生环境中直接对华文纸媒产生影响的次系统。次系统以个体华人作为文化的基础传播媒介；个体华人组成家庭后，中华文化的传承或延续或中断；以个体华人及华人家庭为单位组成的群体，被称为华人族群。文化认同及价值观认同是划分族群的重要标准，而巩固族群观念、凝聚华人力量及传承中华文化是华人族群的主要功能，这也是海外华人能长期延续原有文化的重要保障；海外华人在劳动生产中所结成的各种各样的经济联系及劳动关系的集合，构成华人社会，其中华人社团、华文传媒及华文教育是华人社会的三大支柱。因此，研究泰国华文纸媒，不能将目光仅仅局限在华文纸媒自身，而应运用系统分析法，综合研究华人社团、华文教育、华文纸媒及华人家庭四者的关系。与此同时，外生环境中的主系统——泰国社会对华文纸媒产生间接影响，国内形势的变动以及国际政治经济环境的变化均通过主系统或促进或制约华文纸媒的发展。在全球华文传媒携手共谋发展以及在中国—东盟深度合作的背景下，中泰两国的经贸关系日益紧密，这些为泰国华文纸媒的发展提供更多的可能性。运用系统论的研究方法，可从不同层面了解泰国华文纸媒所处的复杂多变的环境，对其整体运动发展的规律进行归纳和分析。

3. 文献研究法

文献研究法是社会科学研究中必不可少的一个研究方法，通常情况下，最大限度地占有文献资料是开展社会科学研究的前提及保障。文献研究法是指根据研究目的，通过调查文献获取资料，从而全面地、正确地了解掌握所要研究问题的一种方法，其作用主要体现在以下4个方面：首先，可了解研究课题的历史和现状，对其发展轨迹有基本的把握；其次，帮助形成与研究对象相关的具体形象，利于做进一步的观察和访问；再次，可获得其他处于相似环境下的事物的现实资料，以做比较研究；最后，文献资料的完善，有助于丰富研究资料、了解研究对象的全貌。泰国华文纸媒作为在非华语国家的华文媒体，了解其产生及发展的过程，相当程度上要依赖于国内外现有的研究资料，以还原其历史原貌。采集及分析文献资料是本书的一个重点工作，也是写作难点所在，需对语焉不详的人物及历史事件在现有资料中一一查证，虽反复核对，但仍难免遗漏和疏忽。

4. 跨学科研究法

运用多学科的理论、方法和成果从整体上对泰国华文纸媒进行综合研究，亦为本书的一个特色。跨学科研究也称"交叉研究法"。从不同学科的角度，对泰国华文纸媒的产生、发展过程进行解读，既有助于开阔研究的视野，亦能从不同学科的理论和方法中有所感悟和收获。泰国华文纸媒的研究，不仅涉及新闻传播学，还与社会学、经济学以及国际关系学等学科有所关联。采用跨学科研究法，有助于多角度呈现研究对象，使之内容更为充实和完整。

三 研究意义

泰国华文纸媒的研究意义，体现在泰国华文纸媒自身的发展及世界华文媒体发展两个层面上，具体而言，可从理论层面及现实层面进行把握。

（一）理论意义

泰国华文纸媒已有100多年的发展历史，期间历经沉浮，走过高潮低谷。研究泰国华文纸媒，不仅可以了解泰国华文纸媒的发展历史，还能从侧面了解华侨在泰国落地生根、艰难创业的奋斗历程；研究泰国华文纸媒的发展历史，可以使我们更为全面深刻地了解其产生及发展的背景、所具有的特殊性及规律性，以便对其发展趋势有一个更为清醒的认识和审视。

泰国华文纸媒以办报人的国籍作为划分标准，可以分为华侨纸媒和华人纸媒，其中华侨纸媒的历史是中国纸媒发展史的组成部分，而华人纸媒的历史属于世界华人纸媒发展史的组成部分。对泰国华文纸媒的研究，不仅是对泰国华文纸媒发展史的梳理，更是对中国报刊史与世界华文报刊史的完善与补充。

泰国华文纸媒的发展，绝不是一个孤立的过程，而是与泰国的华人经济、华人社团与华人教育的发展密切相关，是相互促进、相互扶持的双向作用的关系。关于泰国华文纸媒的研究内容，其发展背景与发展环境是较为重要的部分。同时，通过对泰国华文纸媒的研究，亦从另一个侧面反映了泰国华文社会的发展，对其发展史做出必要的补充。

泰国华文纸媒在服务当地华人、传播中华文化、促进中泰文化交流方面发挥着重要的桥梁作用。随着中泰关系的升温、文化经贸等领域合作的深入以及泰国掀起的学习华文热潮，泰国华文纸媒在其国内、中国及东南亚相关国家的影响力日益增加。以新闻传播学的专业视角，立足科学的研究方法，对泰国华文纸媒各个方面进行系统、严谨的研究，明确其发挥"渠道烙印"的方式和途径，并对其发展趋向做出预测与评估，将具有十分重要的理论意义。

（二）现实意义

中泰建交35周年，双边的贸易合作不断增加，中国已成为泰国的第二大贸易伙伴，而泰国是中国在东盟国家中的第三大贸易伙伴。在中国—东盟深度合作的背景下，中泰双方已经从经济合作延伸至科技、文化合作上，在此过程中，华文媒体发挥着重要的信息沟通及桥梁的作用。近年来，中国非常重视发展与东南亚各国的外交关系，中国如何通过海外华文媒体搭建的平台，增进与东盟各国互信友好的关系，促进双方在各个领域的交流与合作，已成为迫在眉睫的现实问题。

泰国华文纸媒的研究，具有重要的现实意义。首先，泰国华文纸媒对于中华文化的传播发挥着重要的作用，并且是华人与所在国政府之间传达政令及民生民情的重要沟通桥梁；其次，利于对中泰双方传播交流现状有一个明确的认识，以便改善及开发更好的沟通渠道，使得双方在经济、文化等各方面的交流合作更为通畅、密切、有效，以促进中泰乃至东盟区域的合作与发展；再次，世界华文媒体的合作日趋紧密，在此过程中，泰国华文纸媒既面临机遇又需应对挑战，其何去何从，对于泰国华文媒体与世界华文媒体都将产生影响。

因此，在目前泰国华文教育兴起及世界华文传媒影响力与日俱增的背景下，研究泰国华文纸媒无论从理论上或在现实中，都具有重要的意义，这亦是本书的研究初衷及价值所在。

第一篇
历史回顾及现状分析

  在本篇中，主要对泰国华文纸媒的历史进行了梳理，并对每个历史发展阶段的背景，其中突出的人物及事件分别阐述；同时，对泰国华文纸媒的现状按报刊的类别归类说明，并对华文纸媒所依存的环境系统进行剖析，分别说明各细分环境对其的影响作用。

第一章

日本古典文学序説

第一章

泰国华文纸媒的发展历程

从1903年第一份华文报纸问世至今,泰国华文纸媒已经走过108年的春秋。回顾泰国华文纸媒的百年历程,几经风雨,历经沧桑,始终在艰难困途中顽强生存。泰国华文纸媒的发展史,不仅是一部华文传媒在泰国产生、发展的奋斗史,更是一部反映华人在泰国这片异土生存和发展的历史。它记录了泰国华人在异国他乡艰难创业的历史,从另一个侧面反映了泰国华人社会的发展历程。回顾泰国华文纸媒的发展史,亦翻开华人在泰国这片热土艰苦耕耘,生生不息的奋斗史。泰国华文纸媒成为泰国华侨华人在异国传承中华文化以及延续古国文明的重要精神食粮。

第一节 发展阶段的划分

从1903年至2011年,按不完全统计,在这100多年的历史中,泰国约有340家华文纸媒接踵出现,有的昙花一现,有的寿终正寝,有的命运多舛,有的如雪后红梅傲立至今。对这100多年历史的梳理,需要沿着清晰的历史脉络进行,并凸显每一时期的发展特点。

一 划分依据

在现有的资料中,研究泰国华文纸媒的文献并不算多。其中较为权威的论文类资料有蔡文枞先生根据1983年至1985年泰国朱拉隆功大学亚洲研究所发表的《泰国华文报的作用及其地位》进行编译后,发表了两篇文章《泰国华文报的过去、现在和未来》以及《泰国的华文报业》。

在这两篇文章里，蔡先生将泰国华文纸媒的发展历史分为六个阶段：开创阶段（1903—1925）、扩大发行阶段（1926—1938）、受限制阶段（1939—1944）、恢复及活跃阶段（1945—1958）、再度受限制阶段（1959—1970）和实业竞争阶段（1971—1985）。这主要是依据泰国华文纸媒的生命周期曲线进行划分，对处于不同发展阶段的曲线所对应的年份分别进行了归纳和阐述，脉络清晰，具有可取性。

著作方面，方积根、胡文英撰写的书籍较具代表性。他们在1989年出版的《海外华文报刊的历史与现状》著作中，对泰国华文报业的历史进行了较为全面的回顾，将之分为：华文报业的创始、华文报业的兴盛发展（辛亥革命后至抗战时期）、华文报业的变迁（战后至60年代）、华文报业重现光明并逐渐趋向稳定（70年代）及华文报业之现状五个阶段。这是以文字概括历史发展阶段的划分方法，虽然对各个历史时期有了高度的概括，但对每一阶段的起始年份尚未交代清楚，需要读者在细读文中材料后自行归纳，实为一小遗憾。

至于其他目前查找到的论文和著作中，鲜有对泰国华文纸媒历史进行系统的梳理的，即使有个别著作提及，亦难出上述资料之右，在此略去不谈。

而在关于海外华文纸媒历史回顾的资料中，有的学者按办报主体的不同将之划分为洋人办报时期、华侨办报时期和华人办报时期。如按此标准分类，泰国华文纸媒的历史只能分为华侨办报时期和华人办报时期，时间跨度太大，难以将各个历史阶段勾勒清晰。

鉴于前人对泰国华文纸媒的发展脉络已基本勾勒清晰，本书无法提供超越前人的划分标准，因此采取最为简单的年代划分法，将每一年代的发展背景、主要大事记录及标志性人物分别进行交代。书后的附录1《泰国主要华文纸媒简表》和附录2《泰国主要华文纸媒人物一览表》，将不能在本章中一一体现的纸媒情况及报界人物做了一个简单的索引介绍，可为读者提供一个快速浏览的捷径。

二 划分阶段

本书根据目前掌握的资料，运用年代分隔法，将1903年至2011年泰国华文纸媒的历史划分为 11 个阶段,按每十年做一个划分间隔,将每一间隔的发展背景、主要大事及标志人物分别进行交代。虽然笔者已尽最大努力收集、整理及补充资料,但终有遗漏或缺失的部分,也仅能对所在年份的大事做一个简要的勾勒;而标志性人物部分,由于许多对泰国华文纸媒作出巨大贡献的报人的生平资料缺失,尤其是已故泰华报人的资料,本书只能根据年鉴资料、网络搜索引擎等方式进行收集和完善,每个阶段仅列出 1—2 个对华文纸媒作出过重大贡献的人物。所幸泰国华人的主要祖籍地福建、广东等侨乡政府网站及图书馆网站对侨领、报界名人的生平事迹多有记载,使本章的内容愈加充实。即便如此,仍无法一一列举所有对泰国华文纸媒发展作出奉献的报业翘楚,实为本章之一大缺憾。

第二节 泰国华文纸媒的发展阶段

泰国是一个传媒业相当发达的国家。亚洲大众传播研究中心出版的《大众传播媒介的传统和变革》一书中的统计资料显示:1980 年初,泰国有 213 种日报和周报,130 种杂志,262 座广播电台和 9 座电视台。目前泰国大约有 150 种报纸,其中有 40 种日报,而且大多集中在曼谷地区。首都曼谷教育事业较为发达,人口识字率较高,大约 65% 的成年人有每天阅读报纸的习惯。目前,泰国纸媒主要由三大语种纸媒构成,即泰文、英文和华文。泰国华文报纸的出现在泰文报之前,发行量在英文报之前,是泰国报纸中的三大语种报类重要组成部分。泰国是世界上华人最多的国家之一,大约占这个国家 3000 万人口的 1/10,即 300 万人,每日泰国华文纸媒的平均发行量(主要以报业为主)有 6 万份左右。这样的数量规模在非华语国家中实属罕见。

泰国华文纸媒,从问世至今已有 100 多年的历史,它经历了曲折的发展过程。据泰国方面的统计,1903 年至 2010 年,泰国有不下 334 家华文报刊接踵出现,其中报纸 184 家,期刊 150 家。在一个人口只有

6000多万、国土面积约50万平方公里的非华语国家①，出现这样规模和数量的华文报刊是非常罕见的。在100多年的历史长河中，既有由于自身原因被迫停刊的，也有由于受政府限制遭受查封的，经过大浪淘沙后，目前，泰国华文纸媒主要包括8份报纸（6大华文日报、1份华文周报及1家华文月报）和6家华文期刊，其中日报为：《星暹日报》、《世界日报》、《中华日报》、《新中原报》、《京华中原联合日报》、《亚洲日报》，周报为问世不久的《暹泰日报》，月报是《中华日报》的子报《中华青年报》；期刊是《泰华文学》、《时代论坛》、《现代泰国导报》、《泰国游》、《泰中学刊》和《东盟商界》等。

图1—1　泰国报刊

一　泰国华文纸媒的创始阶段（1903—1909）

华人在泰国旅居的历史久远，但截至1903年，才出现了第一份有据可查的华文报纸，从此拉开了泰国华文纸媒辉煌的历史序幕。

---

① 夏春平：《世界华文传媒年鉴2009》，世界华文传媒年鉴社2009年版，第83页。

（一）发展背景

泰国华文纸媒的出现，始于 20 世纪初华人的政治觉醒。泰国华人社会的政治觉醒与中国国内党派抢占海外舆论先机、争取海外华人支持的争斗息息相关。20 世纪初的中国，正值内忧外患。1900 年，帝国主义国家为了镇压义和团运动，维护在中国的利益，发动八国联军侵华战争。1901 年，中国与西方列强签订了屈辱的《辛丑条约》，标志着中国半殖民地半封建社会的形成。中国社会各个阶层都在积极探索救亡图存的道路，出现了保皇派与革命派两大阵营，为维护各自的利益，两派的争斗从国内延伸到了国外。

（二）主要大事记录

据已有的资料证实，泰国最早出现的华文纸媒为报纸，而华文报纸的出现先于泰文报纸。泰国华人学者乃然荣·乍里耶帕（中文名谢犹荣）在他的研究中发现，清光绪二十九年（1903）泰国广肇医局创立纪念碑文中记载的捐款人名单中出现了《汉境日报》的名字，虽然不能提供更多的依据，但亦肯定了在 1903 年，这份华文报纸已经存在。《汉境日报》为泰最早的一家华侨报纸，据泰国华文传媒研究的学者推断，此份报纸为"保皇派"追随者创办，但存续时间很短。

1905 年，萧佛成、陈景华创办了《美南日报》[①]。该报开办后不久就因经费短缺暂时停刊，不久后改组为《湄南公报》，但由于政治信仰不同产生内部分裂，董事徐勤等人受保皇派影响而动摇，于翌年改报名为《湄南日报》[②]，宣传保皇立宪，直至民国元年前停刊。

1909 年，革命志士尤列被新加坡当局驱逐出境后移居曼谷，创办了《同侨报》。

1903—1909 年是泰国华文纸媒的初创阶段，虽只是星星之火，但已具有燎原之势。

---

① 在蔡文樵的《泰国华文报的过去、现在和未来》一文中，将《美南日报》的创刊年校订为 1904 年。

② 此处存在分歧，据方积根、胡文英的《海外华文报刊的历史与现状》一书中将此报写为《启南日报》（第 69 页）；而蔡文樵编译的《泰国华文报的过去、现在和未来》一文中，将之译为《湄南日报》。因蔡先生编译的是泰国朱拉隆功大学亚洲研究所的专题研究报告《泰国华文报的作用及其地位》，因此此处采用了蔡先生的翻译。

（三）标志性人物

萧佛成[①]（1862—1940）。字铁桥，福建省南靖县书洋乡人。祖先因参加明末反清复明失败后迁往台湾，后转到马六甲。19世纪末，移居暹罗。1862年萧佛成在泰国曼谷出生。受启蒙老师高传百的影响，他早早地走上革命的道路。

1888年，加入暹罗"三合会"。

1905年，加入"光复会"，创办《美南日报》（后改版《湄南日报》、《华暹新报》），宣传反清革命。

1908年，与孙中山、胡汉民等在曼谷组织同盟会暹罗分会，被选为分会会长，并与胡汉民结下友谊。后多次为孙中山的革命活动筹集经费，在革命最困难时给予孙中山坚定的支持。

1912年，在暹罗广泛联系福建华侨将曼谷的福建公所扩大为福建会馆，被推举为首任主席。

1926年1月，在国民党"二大"上被选为中央执行委员，并在会上提出国民中央保护海外华侨提案，获得通过。

1928年5月3日，日本出兵山东，制造济南"五三"惨案，萧佛成领导暹罗华侨开展抵制日货的爱国运动，并为死难者捐款。

1929年3月，在国民党"三大"上被选为中央监察委员。同年，代表中国政府与暹罗当局谈判，签订改善华侨处境的条约。

1931年5月，支持林森、古应芬、许崇智、陈济棠、李宗仁等在广州反对蒋介石，被列入暗杀名单。

1931年12月，在国民党"四大"上被为中央监察委员。

1935年12月，在国民党"五大"上被选为中央监察委员会常委。

1937年8月，中日战争爆发，萧佛成重返泰国曼谷，支持当地华侨的抗日救亡运动。

1940年5月31日，在曼谷病逝，享年78岁。

[①] 中国南靖网：《爱国侨领萧佛成》，http：//www.fjnj.gov.cn/QJNJ/ShowArticle.asp? ArticleID=3652。

二 泰国华文纸媒的起步阶段（1910—1919）

1910年的中国，风声鹤唳，清政府摇摇欲坠。保皇派和革命派纷纷派遣得力人马奔赴海外为各自阵营呐喊助威。在泰国，两派利用媒体的宣传攻势，纷纷创办报纸，争取泰国华侨的支持。两派在政治思想阵地展开了激烈的笔战。五四运动爆发后，泰国开展了各式各样的声援活动，泰国爱国华文纸媒率先发表社论声讨卖国贼，呼吁华侨抵制日货。通过连续客观报道中国国内情况，让更多的泰国华侨了解事实的真相，加入"惩办卖国贼、抵制日货"的斗争中。

（一）发展背景

中国方面：1911年，孙中山领导的资产阶级民主革命——辛亥革命取得胜利，推翻了清王朝的统治，结束了在中国延续2000多年的君主制度，建立了资产阶级民主共和国。与此同时，新文化运动冲击了封建主义的思想、道德和文化，开启了思想解放的闸门。1919年5月4日，在北京爆发了中国人民彻底地反对帝国主义、封建主义的五四青年爱国运动。五四运动对彼时的中国产生深远的影响。中国在夹缝求生的环境中不断经历着经济、政治和思想文化的变革，社会结构开始逐步从传统社会向近代社会转型。中国社会的变革，对海外华人社会产生了深刻的影响，并在海外华文报业中得到反映。

泰国方面：五四运动爆发后，东南亚华侨积极开展了各种形式的声援活动。1919年6月16日，暹罗（泰国）学界、商界、工界华侨代表暹罗300万侨众致电徐世昌，称："大学校学生仗义击贼，凡有血气，罔不同情。乃卖国贼党竟欲淫威是逞，处以极刑。试问学生可杀国尽可杀乎？今虽得先生俯顺舆情，概行释放，然庆父不除鲁难未已。务请将卖国贼罪魁明正典刑以谢天下。一面电饬欧和会专使据理力争，务达直接收回青岛目的而后已。不然，恐国人仍不为先生恕也。"[①] 暹罗华侨的电文词语严正，毫不留情地抨击卖国贼，也间接地谴责了以徐世昌为首

---

① 任贵祥：《记忆之华侨对"五四"运动的声援》，http://www.lgqn.cn/Special_Article/2009/0503/content_23741.htm。

的北洋政府对爱国学生的镇压。以《华暹新报》、《民国日报》等先进报纸率先发表社论，提出惩办卖国贼、抵制日货等主张。6月中旬，在华文舆论的呼吁下，暹罗华侨不顾当地政府的警告，开始了实际的抵制日货活动。爱国华侨组织了"三十二人通讯社"、"青年爱国党"等团体，以各种手段发动抵制日货活动。华商拒绝与日商做生意，华侨拒绝购买日货，致使日货销售额不及上一年度同期的一半，使日商蒙受惨重的损失。

华侨的抵制日货活动，遭到泰国政府的警力干涉甚至镇压，同年8月12日，200余名华侨药品商集会决定抵制日货时，泰国政府逮捕了会议组织者、《华暹新报》编辑许超然，并将之驱逐出境，暹罗华侨抵制日货活动被迫中止。在这场声援五四运动的抵制日货斗争中，许多侨商不顾自己蒙受经济损失，积极支持和参加抵货斗争，表现出了可贵的爱国情操。泰国华文纸媒在其中发挥的宣传组织功能不容忽视。

（二）主要大事记录

《湄南日报》停刊后，其最大的股东郑智勇于1911年派属下高级职员刘锡如接办了该报，改换了总编辑并更改报名为《中华民报》，直至1939年停刊，发行了28年之久。该报在政治立场上最初拥护君主立宪，反对革命，后因大势所趋，又标榜无党无派，实则对国民党政府仍采取反对立场，于1931年曾一度被查封。

从《湄南公报》分裂出来的另外一支，是支持"共和"的革命派，代表人物为萧佛成、陈景华。他们另行创办了一份华文报，命名为《华暹新报》[①]（泰名为《支诺沙炎瓦拉萨》），开启了中国资产阶级民主革命派在泰国公开鼓吹革命、与保皇派进行针锋相对的论战的局面，成为当时曼谷具有影响的一份报纸。该报刚开始时采用双语印刷，华文8版、泰文4版，内容大致相同。正式出版后，改为两种文字分别出版，各8大版。1932年该报停刊。

1911年辛亥革命胜利后，虽然革命派在中国取得了政权，但"保皇

---

① 在蔡文松编译的《泰国华文报的过去、现在和未来》一文中，认为该报名存在谬误，实为《华暹日报》。

派"和"共和派"之间的争斗在泰国并未平息。《华暹新报》与《中华民报》之间为了各自的政治立场,在思想战线展开了长期的笔战。

另一份与《中华民报》相呼应的华文报纸,是1912年由蔡俊卿创办的《天汉日报》,但出版不久后停刊。

此外,尤列创办的《同侨报》与《华暹新报》相互呼应,革命派声势大振,保皇派力量渐微,《湄南日报》随后停刊。

在1911—1921年,革命派方面的报纸除《华暹新报》、《同侨报》外,1918年又出现了由区卢侠、陈愚侠、马精侠、李少侠四人所办的《侠报》,人称"四侠报"。四人均来自广州,没有鲜明的政治倾向,报纸的地方色彩较为浓厚。但四年后,即1922年该报因故停刊。

1919年5月下旬,原暹罗同盟会负责人、侨商萧佛成,在其主办的《华暹新报》上连续发表鼓吹抵制日货及惩罚国内卖国贼、收回青岛的消息。同年6月4日,该报发表了题为《根本的救国方法》的社论,提出拥护国会;创建军队,使他们不做政府的鹰犬;暗杀卖国贼;提倡国货,禁止进口日货等主张。

1919年8月12日,《华暹新报》编辑许超然被暹罗当局逮捕并被驱逐出境。

1910—1919年,虽然泰国华文纸媒处于开创阶段,但非孤立发展,与其他国家的华文报业,尤其是中国均有联系,并得到很大的帮助。1908年孙中山路经泰国时,曾嘱咐国民党员要大力支持泰国《华暹新报》的工作。

(三)标志性人物

陈景华[①](1856—1913)。字陆畦(一说陆逵),南屏镇人,著名报人,民主革命斗士。

1888年,中举人,出任广西贵县、桂平县知县。

1903年,因惩办受招抚的巨盗陆显(又名阿发)而被革职查办,等候奉准正法。后得其弟协助逃亡香港,复转赴暹罗(今泰国)。接受

---

① 中山名人信息库:《陈景华—民主革命的杰出斗士》,http://www.zsda.gov.cn/plus/view.php?aid=288。

孙中山的三民主义纲领，投身反清、反保皇党斗争。

1908年，陈与萧佛成在曼谷先后创办《美南日报》（后易名为《湄南日报》）、《华暹日报》，大张旗鼓地鼓吹革命。暹罗同盟会机关报《民报》和保皇派的《新民丛报》就是否要推翻清王朝、中国能否建立共和国等问题展开激烈论战，暹罗的华文报刊壁垒分明，形成两大阵营。暹罗的革命派报纸《华暹日报》同保皇派的《启南日报》也卷入了这场事关中国前途和命运的大争论中。在陈景华等报人的努力下，暹罗华侨看清清政府的腐朽本质，认识到只有革命才能救中国的道理。保皇派的政治纲领失去了市场，《湄南日报》终于难以为继，关门大吉。

1908年11月20日，孙中山带领胡汉民等人到暹罗开展革命活动，着手组织同盟会暹罗分会。孙中山抵达曼谷后，创立同盟会曼谷分会，定《华暹新报》为分会的机关报，对陈十分器重和信任。

1909年，陈返回香港，担任韦宝珊洋行买办，暗中为同盟会南方支部代收邮件，曾设法援救谋炸广东水师提督李准未成而系狱的刘思复。

1911年11月，在广东出任警察厅长，赏罚分明，公正廉洁，革陋习，兴新政，并创办了一家女子教育院。

1913年夏，讨袁的"二次革命"失败，8月，陈在广州被袁世凯亲信龙济光杀害，享年57岁。

三 泰国华文纸媒的快速发展期（1920—1929）

20世纪20年代的泰国华文纸媒，开始步入从创始以来相对繁荣的阶段。中国国内国民党与共产党在思想战线上的斗争延续到了泰国，华文纸媒成为两党没有硝烟的战场。华文报社过于大胆的言论引起了泰国政府的担忧，开始对倾共的报社加以严格管制甚至查禁。

（一）发展背景

中国方面：辛亥革命后，中国掀起反帝反封建的浪潮。中国共产党成立后，集中力量领导工人运动，掀起了中国工人运动的第一次高潮。从1922年1月至1923年2月，全国罢工达180多次。1924年，第一次国共合作实现，以国共两党合作为特征的革命统一战线的建立，加速了中国革命的进程，在中国革命历史上出现了轰轰烈烈的大革命。但是到了大革命后期，1927年7月，由于蒋介石和汪精卫控制的国民党右派不顾以宋庆龄为代表的国民党"左"派的坚决反对，宣布与共产党决裂，发动了"四一二"、"七一五"反革命政变，公开叛变革命，致使第一次国共合作破裂。1927年大革命失败后，国内政局动荡，华南各省民众大量南移至泰国及东南亚等地，为泰国华文报业带来了新的生机，报纸在编排、内容方面均有明显进步。

泰国方面：随着中国辛亥革命的胜利以及中华民国的成立，海外华人社会中的革命派与保皇派之间的斗争逐渐消退。泰国华文报界关于要保皇还是要革命的思想争斗在1917年随着中国国民政府政权的稳固逐渐消停，开始转向统一国家、反对军阀割据的论战，其间中国出现许多重要事件，泰国华文报也积极报道最新消息，泰国华文纸媒进入快速发展的阶段，发行量屡创新高。泰国华文报个别大胆的言论开始引起泰国政府的担忧。1922年，泰王国发布谕令，要求严格检查报刊内容，拒不从者可查封报社，甚至将创办人驱逐出境。为应对审查，多家华文报纷纷采取了应对措施，以姊妹报的形式申请后备名称，以防被查封时可以姊妹报的名称继续出版。

（二）主要大事记录

1922年，《侠报》编辑谭振三在该报停刊后，办起了《侨声报》，其新闻电讯多来自香港，较多报道家乡消息。至1926年被查封，社长也被驱逐出境。

1923年，曼谷黄魂学校创始者、国民党人林铭三创办了《暹京日报》，但仅办了一年即停刊。

1925年由许超然创办了《联侨报》。该报以言论大胆著称，因言论过激而一度于当年与《华暹新报》同被查封，但不久均获复刊，《联侨报》后来出版至1934年，由于许超然离开泰国而停办。

1926年，《侨声报》被励青书报社接办，改名为《励青报》，由郑省一、王步先等人主持，言论"左"倾，经常与保皇派的报纸展开论战，致使郑省一于1927年被泰国政府驱逐出境，该报即告结束。

1926年，许超然在曼谷创办了《国民日报》。许超然为萧佛成好友、同盟会重要成员及知名富商。该报云集了众多避难海外的文化人，为泰国华文报业的编排带来了新的变革。例如，首先采用白话文报道新闻和发表文章，首次采用各号字体特别是小号字体排印，使报纸的信息量更为丰富。该报在政治上完全偏向国民党，很快赢得了众多的读者。1931年该报被查封后，曾改称《民国日报》与《曼谷日报》相继出版。1931年至1934年这三年，是《民国日报》的全盛时期。但1936年，它接受了国民党的津贴后，开始走下坡路，不再受读者们的重视，报社人才相继离开或转业他社。

1927年，国民党暹罗总支部指导委员陈忠伟创办的侨报——《晨钟日报》问世，这是一份以国民党党报姿态出现的华文报纸，其社长兼总编是陈暑木。为吸引读者，该报即由晚报改为早报，成为泰国第一份日报，在此之前，泰国华侨的报纸均为晚报。但由于经营不善，《晨钟日报》与其姊妹报《中南晨报》均于1935年3月停刊。

1928年，由客家籍华侨熊幼霖创办的《华侨日报》问世，其总编吴楚声，主笔蔡惠康。《华侨日报》为泰国商团创办的报业，注重经济效率。创办之初，吸收了大量具有办报技术及经验的人员进来。该报最初反对蒋介石，拥护国民党西南派，与《中华民报》笔战甚为激烈。为应对泰国政府的审查，《华侨日报》另外申请了姊妹报《华声日报》作为后备。

《华侨日报》在创办不久后即遇到资金及业务上的困难，改由中华商会主席、中国驻暹商务专员陈守明①主办。陈入主后即对报社进行大刀阔斧的改组与整顿。首倡报纸大众化，率先改用卷筒机印刷、出版星期刊、充实报纸内容、增加版面、使用优质纸张及降低报价，使该报成为当时华文报业的劲旅。1934—1938年，报纸地位大为提升，其日销量达8000份，创下30年代后期泰国华文报纸的最高销量。

1936年7月，《华侨日报》得到国民政府的赞赏，被国民党政府中山教育与文化院评为泰国当时全部十二份华文报中最好的一份报纸。

---

① 蔡文怂在其编译的《泰国的华文报业》一文中，将陈守明写为沈守明，但同时在其编译的《泰国华文报的过去、现在和未来》一文中，写陈守明。与其他资料比对，推断沈守明应为笔误。

（三）标志性人物

郑省一[①]（1899—1954）。籍贯揭阳市榕城区仙桥篮兜村。泰国归侨，泰国进步华侨报业名人及华文教育家。

民国时期就读汕头高等商业学校，曾冒着生命危险协助孙中山创办的同盟会做宣传工作。毕业后赴泰国任曼谷培英学校校长，继续宣传孙中山的革命主张，后创立中华会馆，被推选为董事长。

1926年，励青书报社接办《侨声报》，改名为《励青报》，由郑省一与王步先等人主持，言论"左"倾。

1927年被泰国政府驱逐出境，转赴新加坡，后应邀在国民党海外部工作，不久回国。

1954年任广东省文史研究馆研究员，同年7月病逝，享年55岁。

四　泰国华文纸媒动荡的30年代（1930—1939）

30年代的中国处于水深火热当中，泰国华人没有置身事外，而是通过华文纸媒的传播功能，报道事实，声援国内同胞，从而引起泰国政府的恐慌，开始打压华人社会、关闭华文学校、查封华文纸媒及取缔进步华人社团。泰国华文纸媒从20年代的繁荣期开始进入动荡发展阶段。

（一）发展背景

全球背景：30年代在全球范围而言，均为多事之秋。1929年，北美、欧洲和世界其他工业地区爆发了资本主义历史上最严重的经济危机，使西方工业国的经济受到了空前打击。它所引起的经济停滞一直持续到1939年第二次世界大战爆发。经济危机致使世界各国的政治体制经受严冬的考验，西方各国开始寻求步出经济危机泥沼的出路。在此背景下，1931年日本侵略中国，爆发了震惊中外的"九一八"事变，许多华人纷纷逃到泰国避难。

泰国方面："九一八"事变令泰国华人社会震惊哗然。泰国华人社会发起了抗日救亡运动，泰国华文纸媒率先声援中国国内的抗日运动。

[①] 黄庆华：《揭阳市归侨历史状况及其特点初探》，http://www.jynews.net/Item/141852.aspx。

泰国华文报反日言论极为激烈，泰国政府担心由此影响与日本的关系，对报刊进行严格的管理，被吊销执照和勒令停刊之事时有发生，为此泰国华文报纸纷纷注册姊妹报以作应对，以便被停刊后能够迅速接替，免受损失，以致30年代泰国华文报刊姊妹报风行。针对这种现象，泰国随后修改了出版法，规定一家报馆登记两个以上报名者，必须同时每日发行。虽然30年代泰国加强了对华文报刊的管制，但这一时期却是泰国华文报业极为兴盛的时期，先后涌现20家华文报，其中不乏在日后极具影响力的报纸，《中国日报》及《时报》均在此阶段诞生。1938年泰国銮披汶政府上台后，实行民族主义和限制自由的政策，对华人社会实行极为严厉的管制，当局大肆逮捕华人领袖，或将他们驱逐出境，华文学校几乎都被封闭，因反日言论激烈而让当局甚为恼怒的华文报更是首当其冲。1939年终于爆发了泰国华文传媒业历史上最大的一场"风暴"，华文报完全失去了新闻自由。

（二）主要大事记录

30年代的泰国，是华文报业演变最为迅速、竞争最为激烈的一个时期。这一时期，商办中间报几乎一统天下，而在30年代后期新崛起的时报派，言论具有进步的倾向，其代表人物为李一新[①]。

1935年，《国民日报》的姊妹报《曼谷日报》创刊。1936年冬《国民日报》因经济困难停刊，《曼谷日报》照常出版，直至1939年停刊。

1935年，《中华民报》的姊妹报《中原日报》创刊，于1939年停刊。

1935年，《华侨日报》的姊妹报《华星日报》、《华声日报》相继创刊，于1939年停刊。

1936年，《民众日报》创刊，由时报派创办。

1937年，《中华民报》与《曼谷日报》的部分报社人员另行创办了《时报》作为《曼谷日报》的姊妹报，但于翌年停刊。《时报》停刊后，《曼谷日报》声势顿弱，无法与其他姊妹报竞争，因此再创办了《新时报》（1938—1939）为其姊妹报。

---

① 李一新泰名为阿里·李威腊，个别著作亦将其名字翻译为李益新，实为同一人。

1938年，中华总商会整合《时报》的设备，创办了《中国报》，但于1939年停刊。

1939年，由李其雄主持的《中原报》创刊，《中原报》为《中国报》姊妹报，发行至1958年10月被泰国政府查封。

1937年至1938年，时报派又创办了《暹京时报》，后该报转让给潮州会馆派。而后时报派又出版了《新时报》。

二战初期，銮披汶政府实行排华政策，对华文报刊控制极为严厉。1939年7月因《曼谷日报》刊登《敌侵潮州我们当前应有的认识与任务》一文，即被认为抵触出版法而被吊销执照。其他报刊如：《华侨日报》、《中国报》、《中华民报》及其姊妹报等，均先后被吊销了执照，只有《中原报》和《泰华商报》两家持续，成为泰国政府向华人社会传达政令的重要传播途径。

1939年8月后，《中原报》更是成了硕果仅存的华文报纸，其内容也由政治新闻报道改为刊登特写和科技内容。

（三）标志性人物

李一新[①]（1913—1953）。泰名阿里·李威腊，祖籍广东潮阳，泰国华裔文人、政论家、翻译家。

1913年出生于曼谷，母亲为泰人。幼年受华、泰文教育。曾回中国在福建厦门水产学校深造，毕业后返回泰国。

30年代初任教于培英学校。后转入报界。与泰国著名作家古腊·赛巴立（Kularb Saipradit）、著名学者兼外交家拍翁昭旺·怀他耶功·瓦拉旺亲王（Prince Wan Waithayakorn Worawan）等合作，出版泰文《巴差密日报》（Prachamitr），宣传民主思想，撰写有关国际形势的社论，获得泰国朝野人士及舆论界重视。同时独资出版泰文文艺杂志《蓝色徽带》，介绍各国文学作品。

1937年创办华文《暹京时报》。

1943年，参加泰政界人士秘密抗日的自由泰组织，与当时的警察总

---

① 中国侨网：《李一新——泰国华裔政论家、翻译家》，http：//www.chinaqw.com/node2/node116/node117/node163/node820/node825/userobject6ai46258.html。

监銮亚伦保持联系。

1943年《泰华商报》出版时，被委任为报社主笔。

1945年日本投降后，以80万铢收购《屏泰》和《沙炎尼功》两家泰文日报，自主笔政，宣传中泰人民友好。

1946年1月当选暹罗华侨报界公会首任理事长。同年5月，与黄声、卢静子等筹建中国民主同盟暹罗支部，为筹备委员之一。

1952年底曾回中国观光。

1953年3月在曼谷旅行结婚，当行抵曼谷以南的避暑胜地华欣时，不幸遭谋杀身亡，享年40岁。

五 二战期间艰难发展的泰国华文纸媒（1940—1949）

40年代的前半期，泰国华文纸媒，处于日本淫威之下，是一个万马齐喑的黑暗阶段，全国只剩下一家华文报纸，由日军接管；40年代后半期，日本投降后，泰国华文纸媒迎来短暂的复苏期。

（一）发展背景

1938年泰国銮披汶政府实行严厉的新闻管制政策后，泰国华文报业开始进入漫长的黑暗时期。1940年銮披汶（1897—1964）政府宣布华侨部分住地为禁区，并责令华人限期迁移。1941年日军侵入泰国，陈景川、廖公圃等报界商界名人因拒绝与日本合作，遭日军逮捕并入狱多年。直至1945年日本投降后，在以比里·帕侬荣为首的"自由泰国运动"执政时期，对华文报业持友好态度，华文报刊因之享受到比较充分的言论自由。1945—1946年，华文报开始复兴，步入泰国华文传媒业的一个"黄金时代"。

（二）主要大事记录

1939年8月后，《中原报》已成为泰国硕果仅存的一份华文报。1941年12月9日，日本占领泰国后，《中原报》为日军所接管，社长和报社成员为避免与日本人合作，纷纷逃匿，因此这一时期的《中原报》被称为"伪中原报"。1945年日本无条件投降后，《中原报》在当时的抗日团体的协助下复归原主，至1958年被封。

1942年，《新时报》获准复业，1943年改名为《泰华商报》，直至

1946年停刊，该报由李一新负责。

日本占领泰国期间，虽然公开出版的新闻自由受到压制，但却成为地下华文报极为活跃的时期。各种形形色色的地下华文报约有10家，既有周报，亦有不定期报，其中最有影响的是宣传抗日的《真话报》。另外还有由三青团发行、报道国内消息的8开小型地下报，如《中国人民》、《反攻报》、《同声报》、《警报》、《自由人报》、《青年报》、《建国报》等，这些小报在1945年日本投降后，除《中国人民》正式注册，由地下转为公开发行外，其余均自动停刊。

1942年7月25日，由爱国华侨创办的《真话报》创刊，成为地下报中的活跃分子。1943年2月16日铅印出版，宣传爱国思想、激起抗日热潮。每期印发500—1000份，分发给群众传阅。1945年日本投降后在曼谷公开发行，社长为邱及，1949年3月由于泰国形势恶化而被迫停刊①。

《泰华商报》停刊后，原该报记者卢静止在进步组织的支持和帮助下，出面主持民盟工作，并主办该盟机关报《民主新闻》，成为战后40年代后期和50年代初期的进步华文报之一。

1945年10月，《全民报》由"左"派华侨创办。该报编辑、记者，以至经理人员、印刷工人，几乎都是从进步社团抽调出来的。报社创办初期，物资条件有限，人手不足。后来通过招股的形式筹集资金，才打下较扎实的基础和具备一定的规模。创刊伊始，《全民报》在创刊号上就提出了"实现民主、惩办汉奸、中暹亲善"的方针。在宣传上把主要力量放在争取祖国的独立，反对卖国、独裁等方面，同时也努力推动侨社的团结，促进中暹的友好关系。1946年后，报社逐步走上正轨，成为泰国华文"大报"（因当时许多华文报已经被禁，允许公开发行的华文报纸极少，稍具规模的华文报纸更为凤毛麟角，此是非常时期的非正常竞争状态，故此处用了引号）之一。《全民报》与中国内地、香港联系密切，与新加坡的《南侨日报》、菲律宾的《现代日报》等进步报社亦

---

① [泰]青峰：《回首再说〈真话报〉——一份深具历史意义的报刊》，《泰中学刊》2008年版，第88—89页。

有密切联系。《全民报》运营至1952年12月因故停刊。

至1948年底，由于銮披汶政权对"左"派采取高压政策，《全民报》的处境越发困难。从1949年10月以后，《全民报》不时受到当局的新闻检查，报社的主办人、总编辑和督印人，亦时常被当局约见或传讯，并被勒令禁止评论国际政治及不能宣传共产主义。由于泰国当局对该报的刁难，致使该报不得不于1952年停刊。《全民报》是40年代历时最久、影响最大的一份由进步组织领导的民办的报纸。

创刊于二战前的《中原报》，1945年底报归原主，仍由原来的负责人李其雄主持工作。该报在政治上持中间立场，报社实力雄厚，历史悠久，又拥有一些知名撰稿人，所以战后在泰华报业界始终名列前茅，运营至1958年10月停刊。

创刊于战前的《华侨日报》，曾经是泰国华文报中的第一大报，该报负责人李慕逸（笔名老丁），1945年后由中国返回泰国筹备复办《华侨日报》。1946年4月1日，该报在客居侨领刘议华等人的资助下复刊。复刊后，该报在政治立场上摇摆不定，勉强维持到1952年春停刊。

1945年10月，《光华报》及其姊妹报《光华晚报》创刊。社长是李子英，主编李哲民。主持编辑部工作的大多是一些老报人，具有丰富的办报经验，文稿质量较高。该报在政治上趋于中立，属于中间商业性报纸。《光华报》在《全民报》被封后，成为重要的华文报，得到读者的喜欢。发行至1958年被封。

1945年底，《民声日报》创刊。该报是国民党三青团在泰国的准机关报，直至1947年宣告停刊。

1946年2月1日，由暹罗华侨救济祖国粮荒委员会编制的《救荒特刊》出版，洪树百任主编，旨在呼吁暹罗华侨胸怀祖国，向同胞伸出援手，共渡难关。在委员会及特刊的呼吁下，暹罗掀起了一场救荒运动。特刊于同年12月3日停刊，共出了十期[①]。

1947年3月创刊的《民主新闻》，是民盟在泰国的机关报，后改出

---

① ［泰］洪林：《暹华救荒会与〈救荒特刊〉——一份被埋没了半个世纪余的侨史资料》，《泰中学刊》2008年版，第97—103页。

月刊，直至 1953 年停刊。

1948 年初，《曼谷公报》创刊。该报是众所周知的国民党机关报，社长黄民魂。该报创办不到一年半就关门。

1948 年，《曼谷商报》创办。该报侧重于经济新闻和经济述评。报社的编辑、记者及主要工作人员，多是《民主新闻》的班底，加上一部分由中国国内迁入的新闻工作者，故社会上将之视为民盟的报纸。该报实际总编辑是原中国内地的新闻工作者杨繁，后回国参加解放战争，任《南方日报》总编辑。

《中国人报》是战后公开出版的第一家国民党党报。主办人是由国民党派出最早到达泰国的"中央海外部侨务科长"蓝东海，其胞妹蓝珠挂名为督印人。总编辑系泰籍华人李锡麟（取泰名素遴）。该报创办不到半年就宣告停刊。

《正言日报》创刊于《中国人报》垮台前后，其经理即上述报纸总编辑李锡麟。该报台柱、主笔陈暑木，后来立场有所转变，曾在报上发表过拥护社会主义中国的文章。

除了上述"左"右派倾向的华文报刊外，属于商办的中间报的华文报纸有《中原报》、《光华报》、《华侨日报》、《星暹日报》等。

（三）标志性人物

李其雄[①]（1909—1984）。祖籍潮安县，泰华报界名人。

少时在汕头市真光小学读书，毕业后进入汕头英华英文进修学校学习。

1926 年赴上海，就读于暨南大学商学院，后转学到持志大学商学系学习。当时上海持志大学的教授有不少为海内外知名人士，为李其雄日后从事抗日救国活动提供了良好的条件。

大学毕业后，回到汕头，先后执教于英华英文进修学校和同济、民强、现代等中学。由于他教学水平高，深受学生欢迎。

1931 年，移居泰国。

1937 年七七事变后，根据当时的国民政府主席林森的指示，返泰国

---

① 百度百科：《李其雄》，http://baike.baidu.com/view/506811.htm。

襄助萧佛成等推销救国公债，成为得力干将。

1938年，为发动泰国侨胞积极参加救亡图存运动，扩大宣传力度，与蚁光炎等在曼谷创办《中国报》，宣传抗日，李任社长、总编辑兼督印人。该报每天出版报纸4大张，分为早午版，每星期日则出版16开本的《中国周刊》，积极宣传抗日救国。如遇重要战讯还出版号外。

1938年《中国报》被封后，李再创《中原报》，由李其雄担任《中原报》总编辑，蚁光炎、陈景川、廖公圃、郑子彬、余子亮等充任《中原报》股东。李其雄在泰国潮汕籍爱国侨领的支持下，全力投身于《中原报》的写作中，继续大力宣传抗日，使该报成为当时曼谷销量最多的华文报纸。

1941年12月，日寇在曼谷登陆后，《中原报》被迫停刊。接着，李其雄遭到日伪的通缉，潜逃到泰缅边境避难三年多，但并未停止宣传抗日救国活动，曾两度回国接受高级干部的政治训练。

1945年，日本投降后，李其雄重新活跃在泰华报界。同年9月，接管《中原报》。

1958年10月，《中原报》被当时泰国当局责令停刊，但并未打击李其雄办报的决心。他很快接办泰文《荣誉报》，担任该报董事长一职，对该报进行了大刀阔斧的改革，使该报读者不断增加，一跃成为泰国四大泰文报纸之一。

至70年代，李其雄在曼谷创办《新中原报》，自任社长，其子李继光任总编辑。利用报纸的传播功能，宣扬中华文化，并促进中泰友好与文化交流。

李其雄除投身报业，还参加泰国潮人同乡社团工作，对泰国潮人慈善事业和泰华文教、体育事业也作出诸多贡献。

1954年至1958年，李其雄以泰国潮州会馆副主席的身份，兼任会馆创办的普智学校校长，通过增进该校校务、扩建校舍等工作，使该校就读的学生增至2500名。他还曾担任泰国潮州会馆和培英学校校友会联合主办的培英学校校董会副董事长，积极为该校的建设和发展捐资献力。为了促进泰华体育运动的发展，李其雄于二战后特地发起建立泰国华侨体育总会，被会员推举为该总会理事长，积极策划和主持泰华体育活动，并曾亲自率领泰华体育健儿回祖国参加全国运动会。他一生热心于侨团工作和泰华文教、慈善、体育事业，受到海内外潮籍乡亲的赞扬。

1984年，李其雄在泰国曼谷病逝，享年75岁。

六 50年代的泰国华文纸媒（1950—1959）

1955年4月，在万隆召开的亚非会议上，中泰两国外长就华侨双重国籍问题达成协议，许多华侨加入泰国国籍，无疑为华侨的生存提供了保障，也缓和了泰国社会与华人之间的关系。50年代成为一个分水岭，华文纸媒从此从华侨报转为华文报，同时也一改40年代压抑的氛围，随着泰国的经济恢复发展。

（一）发展背景

1948年后，銮披汶军人政权重新掌权，刚开始对华文报采取较容忍的态度，不久就采取高压政策。1949年10月，中华人民共和国成立，美国对华采取敌视封锁政策。而在政治经济上依附于美国的泰国，积极推行"反共"政策，严查容易歧意，加上"那些"支持中国的报社，将"左"派华文报列入黑名单。1950年前后，泰国政府与美国签订"军援"、"经援"等协定后，开始对泰国华文报纸采取高压政策，报社及媒体人屡遭迫害。1950—1952年底，泰国境内所有进步报纸均被查封。1952年后，泰国国内的华文日报所剩无几。

1953—1957年，在銮披汶执政的中、后期，对媒体的管制略有放松，华文报业开始复苏。1956年，銮披汶政府明显改变对华政策，泰中关系大为缓和。翌年，泰国政府开始派出各种代表团访华，对国内的华文报业亦采取了比较开放的政策，华文报业有所起色。正当泰国华文报业摆脱困境、一切向着利好方向发展的时候，以沙立、他侬、巴博为首的泰国军人集团在1957年冬发动政变，推翻了銮披汶军人政权。

1958年，泰国沙立政府登台执政，再次执行"反华"政策，又一次对泰国华文报采取严格新闻管制政策，泰国华文传媒再次陷入低谷。随后，他侬政府继续执行限制华文报的政策，对于所有稍有传播中国大陆信息内容或稍微倾向新中国的"左"倾内容报纸，一律进行查封，只剩下支持右派或支持台湾国民党的报纸。到1958年底，日报只剩下三家，1959年出现了一份由泰国民众联络厅创办的《民主日报》，但不久后停刊。

1950—1959年，除了期间有4年随着泰国当局缓和与新中国的关系，采取了较松动的新闻自由政策外，其余6年均为华文纸媒的发展黑暗时期。从总体上看，50年代的泰国华文报业，整体言论和报道都比较谨慎小心，各报发行量与以前相比，有显著增加。另外，一些土生土长的文学青年已相继成长起来，成为泰国华文界的一支生力军。

50年代泰国政权虽然历经几次更迭，但是历届政府都极力维护经济改革的连贯性，使泰国社会较为稳定。50年代初期由泰国文学界掀起的究竟是"面向祖国"还是服务"此时此地"的大讨论，旅泰华侨非常慎重地审时度势后，对泰国政府的政策、措施，采取和谐的姿态。同时，50年代也是泰国华文纸媒办报人身份的一个转型期，随着商办华文报纸的增多，华文报社的主办人亦逐步泰化，由原来的华侨报纸转为泰籍华人的中文报纸了。沙立、他侬执政时期，使华文报业进入了漫长的黑暗阶段。

（二）主要大事记录

总体而言，50年代是泰国华文纸媒发展史上的一段黑暗时期，许多华文纸媒被查禁，虽有一部分华文纸媒后来获准复刊，但更多的华文纸媒从此一蹶不振，消失在历史的长河中。在50年代创刊的华文报纸，大部分报纸在业务上与台湾当局有密切联系，甚至部分报纸直接受台湾当局的控制。

1950年元旦，《星暹日报》创刊。《星暹日报》创刊的同时出版《星暹晚报》，晚报出版至1973年7月底停刊。《星暹日报》是一份商办报纸，该报自创刊时起，即宣明立场"本报为一中立性报纸，不受任何方面约束与影响"。它由大名鼎鼎的万金油大王胡文虎与泰国华侨殷商郭实秋合办，后来胡氏家族收购了郭氏的股份，成为胡氏独资的华文报，是胡氏家族"星系报业有限公司"的一个组成部分，成为我国香港《星岛日报》、新加坡《星洲日报》、槟城《星槟日报》的姊妹报。胡氏家族财力雄厚，《星暹日报》创刊后就一鸣惊人，大有后来居上的势头，直接威胁到当时独领风骚的《华侨日报》的地位。胡文虎、胡文豹兄弟去世后，由胡蛟执掌该报十余年，至1972年该报社长改为李益森，执掌至今。由于《星暹日报》长期以来奉行中间立场，并且历届社长与泰国政界高层人士关系密切，因此能够在政局动荡不安、反复无常的50年代幸存下来。

1951年《南辰报》创刊，是由进步组织领导下所谓的"灰色报纸"。该报工作人员都是进步青年，报办得较为活跃，内容主要以社会新闻为主。创刊初期是三日刊（或周刊），1952年扩大为晚报。后期因印刷困难，借用了《全民报》的办公和印刷，但维持不久即宣告停刊。

1952年《民主日报》创刊，是由"美国海外贸易公司"资助的国民党报纸，"反共"政治倾向明显。报社负责人名为钟仕钧（又名钟秀芳）。该报言论极右，发行量极少，1954年创办不到两年便宣告停刊。

1953年6月《半岛文艺》创刊。《半岛文艺》为半月刊，由泰华文文艺界名人陈仃任主编，在当时的泰国华文文艺界影响较大，但出版了32期后，直至1954年10月，由于时局变化而停刊。在办刊的一年半时间里，《半岛文艺》发表了多位泰国知名文学作家的短篇小说、散文、诗歌等作品，盛行一时，深受读者欢迎。

1955年7月26日，《世界日报》（The Universal Daily News）创办。该报为台湾联合报系在东南亚的分支机构，在泰国华人社会中起着重要作用。该报原董事会委托台湾联合报系全权代表经营管理，1986年2月进行改组，由泰国华人企业家林来荣任董事长。

1956年《曼谷新闻》创刊。《曼谷新闻》为周报形式，由林炳亮、方思若、周猎夫等人创办。十多年间共刊发了数百篇万言小说，取得了良好的成绩，在一定程度上刺激了"周报"的竞相创办。曾以报社名义举办过3次短篇小说评奖活动，鼓励作者创作一期刊完的万言小说，极大地推动了泰国文学的发展，并促使其他周报效仿。

1957年《良友报》创刊，此为周报，但出版不久即告停刊。

1958年10月20日，沙立政府以"肃清共产党"为借口，大举搜捕中泰民主人士，查封了《中原报》和《光华报》。《中原报》和《光华报》被查封后，原有的读者转向《星暹日报》，导致《星暹日报》订户猛增，发行量激增，《新报》的发行量也因此有所增加。

1959年，《京华日报》创刊，出版单位为泰国民众联络厅，由林志昂负责总编辑。《京华日报》的报社班底大部分是由被封的《中原报》（包括《中华晚报》）的编辑、记者转移过来，出版发行并延至今日。

（三）标志性人物

胡文虎[①]（1882—1954）。祖籍福建永定，客家人，南洋著名华侨企业家、报业家和慈善家，被称为南洋华侨传奇人物。

胡文虎只在乡下私塾念了四年书，却在中国、中国香港和东南亚各地创办了10多家中英文报章，组成庞大的星系报业有限公司。至今东南亚华人社会的报业精英仍无人能出其右。

1882年1月16日，胡文虎生于缅甸仰光。10岁时他的父亲胡子钦送他回永定家乡念书，14岁回返仰光。1908年父亲去世，胡文虎和弟弟胡文豹继承父亲留下的小药材店永安堂，虎豹兄弟不满足于经营一家小药材店，他们制造成药，生产万金油、八卦丹、头痛粉和清快水四种虎标良药。为推销药材，胡氏开始接触报纸，并深谙报纸的传播功能。

从1913年至1952年，他先后办起了10多家报纸，各报均以星字冠头，组成了他的星系报业王国。在华侨报业史上，星系报业以规模最大、数量最多，创下了多个侨界之最。从1913年起，胡文虎先后与人合办了《仰中光日报》、《晨报》等，在新加坡、中国厦门、中国香港、马来西亚、缅甸、印度、中国福州、中国上海、泰国，他独资创办了《星洲日报》、《星华日报》、《星光日报》、《星中晚报》、《星岛日报》、《星岛晚报》、《星岛周报》、《星槟日报》、《星仰日报》、《星巴日报》、《星闽日报》、《星沪日报》、《虎报》和《星暹日报》。这样，星系报业便成为华侨界独一无二的报业王国，在舆论上具有较大的影响。胡文虎以商业立场办报，为民众做喉舌，是直接服务于社会的重要事业之一。

1949年底，在泰国创办《星暹日报》与《星暹晚报》。《星暹日报》一经面世，迅速占据市场，成为泰国知名华文报之一。

[①] 福建东南新闻网：《龙岩市各界隆重纪念胡文虎诞辰125周年》，http://www.fjsen.com/2007-09/22/content_325665.htm。

1954年胡文虎到美国檀香山治病，9月5日因心脏机能出现毛病而逝世，享年72岁。

胡文虎逝世后，星系报业及各地的报章业务由他的子女、侄儿及侄女婿管理。目前，《星暹日报》仍为泰国六大日报之一，由其孙女婿李益森经营。

七 60年代的泰国华文纸媒（1960—1969）

60年代延续了50年代的萧条，处于萧条、停滞期。其间，泰国当局的政策时有反复，华文传媒也历经创刊、停刊、复刊，经历了60年代的萧条期后，才慢慢过渡到70年代的平稳发展期。

（一）发展背景

沙立、他侬政府坚持实行打压华文报的政策，在查封已有华文报的同时，禁止给新的华文报颁发执照。除对华文新闻业进行打压外，政府对华文学校实行封闭政策，尤其是中学一级的华文学校大量关闭，致使华文纸媒在报业人才培养以及新一代受众的培育上遭受双重打击。

除政策上的原因外，许多刊物由于经济难以为继而倒闭，致使整个60年代由四家华文日报垄断泰国华文传媒市场，这四家日报分别为：《星暹日报》、《世界日报》、《中华日报》和《京华日报》。这四家华文报实行企业式运营，改变了以往侨团或党派观点代言人的角色。

60年代的前半期，是泰国文学发展的黄金时期，文学的繁荣甚至带动了报刊的发展。为吸引读者，报刊纷纷开辟小说栏，鼓励原创作品。1965年后，由于时局变化，除上述四家华文报纸外，其余报刊纷纷被查封或倒闭。但对于这四家华文报纸而言，60年代的萧条期恰恰是它们发展的黄金时期，竞争对手大量减少，它们轻而易举地控制了泰国华文传媒市场，甚至联合起来，在广告费、发行价上实行垄断定价。为相互约束，它们达成协议，规定每天发行的版面不能超过16版。

另外，60年代华文报业最显著的一个特点就是完成了转型。由于华侨基本完成了国籍身份转换的过程，华文传媒亦正式以泰国报纸的身份存在，而不再像过去那样作为一种党派相争、政治斗争的工具出现，从此走上实业竞争与市场发展的道路。

（二）主要大事记录

整个60年代，是四家华文商办报纸一统天下的格局，这四家华文报即《星暹日报》、《世界日报》、《中华日报》和《京华日报》。

1964年，方思若与其夫人何韵女士创办《华风周报》，属文学类周报。方思若再次带头为龙首，与倪长游、亦非、吴继岳、沈逸文、白翎、红樱、李栩、年腊梅等合作，开创接龙小说，但不久即停刊。

而首先打破四报垄断格局的华文报纸是1969年创办的《东南日报》，该报创刊后，开始零星报道中国内地的消息。

（三）标志性人物

郑开修[①]（1905—1960）。笔名铁马、铁园，祖籍广东澄海莲下潜溪人，泰国著名华人新闻工作者、企业家。

1905年，郑开修生于泰国。少年时期曾在汕头英华中学读书，后转香港圣士提返学院深造。毕业后执教于澄海中学。

1927年重返泰国，开始从事新闻工作。先后担任泰国《国民日报》、《中国日报》、《中国周刊》、《中原报》副刊编辑及主笔等职，同时兼电讯翻译等工作，并从事小说杂文写作。曾以笔名铁马发表时事评论、小说和诗歌，著有《梅子杂感》、《玫瑰厅》和《铁园遣诗》等文学作品。

后从报业投身商业，经营进出口、银行、保险、火砻（碾米）诸业，成为一名成功的泰华商人，曾出任泰国潮州会馆第十二届主席。

1960年在泰国去世，享年55岁。

八 泰国华文纸媒的恢复发展期（1970—1979）

70年代，伴随着中泰两国关系的缓和，泰国华文纸媒开始结束停滞不前的状况，华文传媒开始复苏，并逐步进入平稳发展阶段。

（一）发展背景

1971年，中国恢复了在联合国的合法席位，美国、日本等世界各国

[①] 澄海图书馆：《郑开修》，http://www.chlib.net/mrmj/disp_auther.asp?sendid=%D6%A3%BF%AA%D0%DE。

纷纷与中国接触、对话，泰国也开始改变对华政策并于 1975 年 7 月 1 日与中国建交。国际局势的变化在泰国华文传媒业界产生连锁反应，十余年的停滞不前局面从 20 世纪 70 年代开始被打破。1973 年，他侬—巴博政权被学生运动冲垮后，继起执政的汕耶政府，对舆论的控制较为松动，对华文报业采取比较宽松的政策，虽仍有一些起伏，但总的趋势是良好的。

1976 年 10 月 6 日，泰国再次发生政变，新上台的他宁政府将仅有的五家华文日报查封了三家，只剩下《世界日报》和《京华日报》。《星暹日报》在被查封的几天后重新获准发行，而《中华日报》和《新中原报》在整个他宁政府期间一直没有获得执照，直至 1978 年 4 月才得以复刊。

（二）主要大事记录

1970 年，翁见石创办了《东南日报》。翁自称"有强有力的后台，敢于登载别家报纸不敢登的东西"，并主张应该多报道有关中国的消息，充实报章的内容。《东南日报》创刊之初，翁见石利用其在业界的名望及人脉，笼络了一批报业精英归其麾下，如聘请老报人吴继岳负责主编该报的国际电讯，魏登任社务主任兼文艺版主编，主笔由李望如担任，并邀请好友司马攻为《东南日报》写专题。盛情难却，司马攻为了支持该报，义务为《东南日报》写专题报道。吴继岳上任后，大胆登载有关中国的消息，向沉寂多年的泰国华文报界投下重石，在业界引起震动。该报发行至 1978 年停刊。

1973 年 1 月，泰国盘谷银行经济研究科曾创刊过一份《盘谷商报》，后改为专题经济特刊，向业内人士免费赠阅。

1974 年元旦，由《良友报》（周刊）和《虎报》合并出版了《新虎报》，1976 年停刊，1978 年 11 月 16 日改名为《泰中日报》在曼谷复刊。

1974 年 6 月 18 日，曾经停刊了 16 年之久的《中原报》改名称为《新中原报》，重新与读者见面。

1974 年，《光华报》创刊，更名为《华光报》。

1975 年中泰建交后，除了由台湾联合报控股的《世界日报》在立场上有所偏颇外，其余各报均逐步采取中立态度，客观报道中国情况。

1976年6月23日，由泰华文化企业有限公司主办、从《京华日报》分化出来的《泰华报》（后改为周刊）在曼谷创刊。然是年10月6日泰国发生政变，他宁政府登台，责令全国各类报社一律停刊三日，重新审查其出版执照。结果，华文报刊仅有《世界日报》、《京华日报》和《星暹日报》三家获准复刊。

1976年，《曼谷周报》改名为《曼谷日报》。1977年7月21日，再更名为《泰商日报》复刊。

1978年江萨政府上台后，除了《东南日报》之外，《新中原报》、《中华日报》、《泰华报》、《联合日报》、《华光报》和《泰中日报》等得以复刊。《泰华报》及《华光报》因经营不善，导致资金困难、销量萎缩，复刊不久后又休刊。后来《泰华报》和《联合日报》改为周报出版。

1980年和1981年还出版了一些娱乐性及文艺性的华文期刊，如《春华》季刊和《朝晖》丛刊。

（三）标志性人物

林来荣[①]（1909— ）。泰文名沙匿·威拉旺。广东达濠人，泰国工商界著名达人林泰照之子。泰国著名商人、报界名人。

清宣统元年十月二十四（1909年12月6日），出生于广东达濠。幼年在乡里读书，毕业于达濠河东书院，不久后赴泰。

1927年，18岁的林来荣继承父业经营码头运输业务。曾进入奇士珍英文学院继续深造，故对中、英、泰三国语言均颇有造诣。

1953年创立泰记有限公司，从事进出口贸易。其后经营范围扩及金融、保险、纺织、新闻、矿业、建筑和进出口贸易等。曾任泰国中华会馆理事长。

1978年7月，任世华联合银行常务董事，同年11月升为董事长。

1980年，任泰国林氏宗亲总会会长，亚洲纤维公司、环球食品公司、暹罗印染公司董事长，还任曼谷《世界日报》、《京华日报》董

[①] 潮学网：《林来荣》，http://www.chxw.net/bbs/viewthread.php?tid=17974。

事长。

1986年2月，《世界日报》改组，林来荣任董事长。在林的主持下，《世界日报》改版后7年，发行量超过原发行量的8倍。除在泰国境内发行外，还推广至柬埔寨、老挝、缅甸、马来西亚等泰国近邻，以及其他东南亚地区。

1981年起，林来荣先生连续被聘为中国国民党第十二、十三、十四届中央评议委员。

1986年12月14日，为加强联络、团结宗人、促进乡谊，由泰国林氏宗亲总会主办，在泰国曼谷召开了第1届世界林氏恳亲大会。大会选举林来荣为永远会长，台湾地区的林登为理事长。

其子林日光，泰文名庵雷·威拉旺（Dr. Amnuai Wirawan），曾任泰国副总理，金融界著名人士、盘谷银行执行董事会主席。

九 80年代的泰国华文纸媒（1980—1989）

经过70年代的商办华文报阶段，80年代的泰国华文纸媒最显著的特征是摆脱过去政治斗争工具的功能，对来自中国内地及台湾的信息多数能采取中立立场进行客观报道。泰国华文纸媒成为泰国报业的一个重要组成部分。综观80年代泰国华文纸媒界，报刊数量不多，但总体实力均有提高，所销售的华文报量甚至超过40年代全盛时期的总量。

（一）发展背景

70年代末80年代初，泰国华文纸媒已无明显的政治党派斗争色彩，而将泰国国家利益放在报社办报的首要位置上。

1975年7月1日，中国与泰国在北京签署了《中华人民共和国和泰王国关于建立外交关系的联合公报》，中泰正式建交标志着中国与泰国的关系翻开了新的篇章。中泰关系正常化后，泰国华文纸媒在报道中国内地或台湾消息时，站在中间立场进行客观报道居多。

与此同时，在这份《联合公报》中，中国对于长期侨居泰国的中国人做出了不承认双重国籍的决定，对于已经取得泰国国籍的中国人将自动失去中国国籍，这使得长期以来悬而未决的泰国华侨身份认定问题得到解决。出于现实的考虑，许多华侨加入了泰国国籍，正式成为泰国的国民。泰国华文纸媒主办人的国籍身份亦由此由华侨转变为泰籍华人，从此泰国再无华侨报纸。

泰国华文纸媒业界内部的竞争也倾向于市场化竞争，既摆脱过去因政治立场不同而口诛笔伐的情况，亦不再出现过去小报林立的状况。华文纸媒市场趋于饱和，新成立的华文报极少，多为以前较具影响力的大报复刊。同时，进入80年代的泰国华文纸媒不再满足于以往的低投入、低产出，开始注重更新设备，采用先进技术，提高效率。同时，注重媒介的品牌效应，提高报刊编排质量，在继续保有国内市场的同时，开始将视野拓展到海外华文市场。

（二）主要大事记录

据1982年统计，泰国继续出版的华文报共有八家，即《星暹日报》、《世界日报》、《京华日报》、《中华日报》、《新中原日报》、《泰商日报》、《泰中日报》和《中原日报》。

1981年6月3日，《中原日报》在曼谷创刊，1984年7月15日停刊，后与《京华日报》合并，更名为《京华中原联合日报》延迄至今。

1983年7月1日，《工商日报》在曼谷创刊，资金实力不甚雄厚，为下午版小报。1984年曾注入资金、改组管理层，但最终失败，不久后停刊。

80年代的泰国华文纸媒渐入佳境。华文日报的日发行量达到8万份，超过40年代后期华文日报鼎盛时期的总发行量。个别报刊甚至走出国门，远销欧洲。

（三）标志性人物

方修畅[①]（1904—1984）。广东普宁人，是享誉泰华报界、文学界的资深报人及作家。

1904年生于广东普宁。

1927年移居泰国，受聘于华文报《国民日报》，任副刊编辑兼写社论。

1928年3月，与郑铁马、黄病佛等20多人创建"彷徨学社"，提倡

[①] 中国侨网：《世界华人传媒人物》。

新文学。

1937年，与友人合办《暹京时报》。

1938年转入《中国报》，仍任编辑兼写社论。《中国报》被封闭后，转入《中原报》任职。

1958年，《中原报》被封闭，曾入狱5年。

1963年出狱后，因健康原因退出新闻界。

1984年病逝于曼谷，享年80岁。

黄病佛[①]（1902—1961）。原名黄羲之，祖籍澄海城东人，泰国著名华文报人、作家。

1927年赴泰国，先任职于陈焯刚金铺，后在华校执教，与泰国著名报人方修畅为好友，彷徨学社的骨干成员。

先后任《华暹报》、《国民日报》、《华侨日报》、《中国报》、《星暹日报》等报刊编辑，任《华侨文坛》主编。

接棒范正儒，与方修畅等人一起主持《国民杂志》副刊。

创办《社会日报》和病佛文化书局，传播中华文化。

60年代初，出版《锦绣泰国》一书，全书60多万字。

1961年，在曼谷去世，终年59岁。

十　90年代的泰国华文纸媒（1990—1999）

90年代的泰国华文传媒界，报纸的数量仍然维持80年代的水平，但各报纸对市场份额的争夺从未停止，激烈的市场竞争使得报业开始注重区分受众市场，在细分市场中分别占有一席之地。进入90年代的泰国华文纸媒，已经趋向集团化发展的道路。1998年爆发的亚洲金融风暴，让泰国华文报业经受了经济严冬的考验。

（一）发展背景

1991年12月9日（佛历2534年），泰国国王普密蓬·阿杜德颁布实施《泰王国宪法》，其中第三十七条明确规定泰国媒介主办人或主持

[①] 澄海图书馆网：《黄病佛》，http：//www.chlib.net/mrmj/disp_auther.asp? sendid=%BB%C6%B2%A1%B7%F0。

人的国籍身份必须为泰籍。

在1998年席卷亚洲的金融风暴中,泰国经济遭受致命打击。以广告作为主要收入来源的泰国新闻业界濒临崩溃边缘,广播电视及中英泰文报刊业务一落千丈,处境艰难。经济困难导致报社大量裁员,当时许多年轻男女记者需摆地摊谋生,并形成规模,人们将他们汇集的街区称为"记者地摊街",成为曼谷一道心酸的新景象。但华文纸媒依靠华人社团活动广告及社团支持勉强支撑,无一倒闭,安然渡过了这次考验。

(二)主要大事记录

自20世纪90年代后期遭受金融风暴打击后,泰国华文传媒业经营困难,苦苦支撑。读者减少、发行量萎缩、专业人才难求、广告有限以及运营成本过高等均为摆在所有华文报纸面前的困难,甚至有人担心泰国华文纸媒从此走向衰败。但是,百年来经历兴衰沉浮,依然延续至今,足以说明泰国华文传媒业生命力的顽强。中国经济的崛起,在泰国国内掀起了一股学习华文的热潮,新的形势又使泰国华文传媒业迎来了发展的机遇。

1990年7月,泰华作协和《新中原报》联合举办散文征文比赛,引起较大反响。

1990年7月,《星暹日报》文艺版因翁永德辞职,由洪林接任主编。副刊《文艺》更名为《星暹文艺》。1994年7月,《星暹日报》与泰国暨南校友会联合主办第二届泰华短篇小说创作征文比赛,在文艺界引起轰动。

1999年7月,泰国华文作家协会(简称泰华作协)创办了《泰华文学》。《泰华文学》是一份纯文艺双月刊,作协会长司马攻任主编。虽然泰华文学已有80多年的发展历史,但市面上文学类刊物并不多,尤其50年代以后,虽然陆续出现过几个文艺刊物,但最终还是昙花一现。为促进泰华文学的发展,泰国华文作家协会以华丽的编委阵容,出版了这份刊物。《泰华文学》创刊目的是繁荣泰华文艺,通过文学创作,加强对外文化交流。更为难得的是,为实现不以谋利为目的的宗旨,刊物不接受商业广告,依靠个人及社团的捐赠维持刊物的运营。《泰华文学》原为16开版面,2000年3月的第5期开始改为32开版面。刊物印刷精美，内容可读性高，文体以短篇小说、微型小说、散文、新诗、散文诗、评论和文讯为主。2002年3月，从第17期开始，《泰华文学》改为简体字，出版这一创举在泰国华文纸媒界引起巨大反响；同时实现刊物网络化（http://www.thaisinoliterature.com/）。2004年9月，从第31期开始，由于工作量过大等原因，《泰华文学》由双月刊改为季刊①。

进入90年代以后，中泰媒体之间的沟通进一步加强。其中泰华报人公益基金会频繁访华，并受到中国国家领导人的欢迎及接见。

1992年4月29日，泰国泰华报人公益基金会主席、中华民族文化促进会副会长陈世贤率团访华，中共中央政治局常委李瑞环会见。

1993年6月2日，泰国泰华报人公益基金会主席、中华民族文化促进会副会长陈世贤访华，中共中央政治局常委、全国政协主席李瑞环会见。

1994年12月，泰国泰华报人公益基金会主席陈世贤访华，李岚清副总理会见。

1994年《泰中学刊》出版，由泰中学会创办，主旨为促进泰中学术交流。该刊属于学术类刊物，每年一期，每期印发数量较少，一般为200—300本。

1995年6月5日，应广播电影电视部的邀请，泰国泰华报业公益基金会主席陈世贤访华，江泽民主席会见。

（三）标志性人物

陈世贤②（1932—2003）。广东潮阳县人。泰国著名侨领，泰国华人总商会会长、泰国泰华报人公益基金会主席、中华民族文化促进会副会长，天津、重庆、揭阳三市政府顾问。

1932年，出生于广东省潮阳县一个贫苦人家。幼年时期，父亲病逝，母亲一人将他抚养成人。

1944年，时年12岁的陈世贤，因家境困难而辍学。

---

① ［泰］杨玲：《路漫漫兮——贺〈泰华文学〉周岁》，http://blog.sina.com.cn/s/blog_4bac6bc401009wl3.html。

② 潮剧大观园：《侠肠义举 故乡圆梦——记陈世贤》，http://www.chaoju.com/xilixiwai/xiachangyijuchenshixian.htm。

1946年，14岁的他只身远走他乡，辗转到泰国谋生。在泰国，陈世贤当过小商店杂工，做过排字工作、银行小职员，和别人办过一张娱乐性报纸《香槟小报》，还做过警察。

1969年，36岁的陈世贤与郑伊梨结成伉俪。郑女士是广东中山人士，曾留学英国，聪明贤淑。她不光是陈先生的贤内助，在事业上也堪称陈先生的得力助手。陈世贤去世后，陈郑伊梨继承夫志，任泰华报人公益基金会主席至今。

1975年，从事旅游业及房地产开发，在中国香港、澳门和泰国三地创办大众旅游有限公司及大众土地开发有限公司，任董事长，事业如日中天。

曾任泰国海、陆、空三军司令顾问与皇家卫戍区司令顾问的官衔。

1978年，与曼谷银行总裁陈有汉先生发起设立华文报从业人员子女助学金委员会，由陈世贤任主席，陈有汉任会长。1980年改名为泰华报人公益基金会。基金会致力于为泰国华文报人谋福利，经过十多年的运营，已由初期的100多人发展到700多人。

1992年，陈先生为中华民族文化促进会的倡导者和组织者之一，并任促进会的副会长。

1993年在潮汕倡起成立潮汕贫困地区助学金基金会，担任会长。

2003年4月在澳门葡京酒店陈世贤先生被抢劫杀害，案件轰动一时。

十一　21世纪的泰国华文纸媒（2000—2011）

进入21世纪以后，随着中泰两国在经济文化上的关系愈加密切，中国报道成为泰国华文纸媒的重要信息源。泰国现有的8份中文报都十分重视中国报道，各辟有多则8个、少则1—2个的中国新闻专版（包括台湾新闻版面）。开展对外合作，特别是与中国媒体的合作是华文报业发展中的一个突出态势。鉴于人才与资金的瓶颈限制，与境外实力雄厚的华文媒体合作办报成为泰华报业提升办报水平的一条捷径。

（一）发展背景

在泰国，随着两国经贸往来的日益密切，越来越多的中国商人、留学生及旅游者来到泰国，为泰国带来新一轮的投资、移民、留学以及旅游热潮，为泰国华文纸媒进一步拓宽了受众市场；同时，中国经济实力的增强以及国际影响力的提升，使得中国成为世界上最为重要的投资市场，越来越多的泰国商人到中国投资经商，华文纸媒成为泰国商人了解中国经济政策、社会人文的一个重要窗口。华文纸媒的作用日益得到社会的肯定和重视，其影响力亦得到进一步的提升。

（二）主要大事记录

泰国的华文报纸销量从2000年的10万份增加到目前的13万份左右。虽然增长数量并不是十分明显，但在新媒体的冲击之下，作为传统媒体的代表，华文纸媒的发行量不降反升，显示了泰国华文纸媒的乐观前景。

2006年8月1日《人民日报（海外版）》、香港《文汇报》和印尼的《国际日报》在泰国随《亚洲日报》同步发行。《亚洲日报》因此版面从原来的24版增至30版，内容因此变得丰富多彩。

泰国华文纸媒加强与中国的媒体合作。

从2006年12月18日起，《星暹日报》每逢周一便刊载上海《新民晚报》采编的4个"泰国版"，新增有《上海一周》、《中国瞭望》、《养生之道》等内容。

《京华中原联合日报》更标新立异，除数年前借助《汕头经济特区报》和广东梅州对外文协分别为它编排《潮汕乡情》、《梅州乡情》版以外，最近随刊加赠香港《新报》，以及提供两版艳情娱乐新闻和广告。

《世界日报》则利用台湾联合报系的资源，加强中国内地、香港、台湾的报道。

《中华青年报》是《中华日报》的子报，于2004年5月6日创刊，月刊。《中华青年报》是由泰国新一代华人青年经过市场论证后以简体中文与泰文对照方式排版发行的。初创时缺少资金，人手短缺，但得到了开明人士和社会贤达的大力支持，如中华日报董事长胡娟、社长陈正东等，以及泰国各大专院校和旅泰中国学者的支持。《中华青年报》的受众定位为泰国新一代华人青年，以宣传中华文化作为报刊的宗旨。

2008年7月，《暹泰日报》中文版开始试出版发行，虽然《暹泰日报》中文版出版的时间为 8 家华文报中最晚的，但其实力不容小觑。

2008 年北京奥运会，泰国各大华文纸媒竞相报道，成为华文界的盛况。

为满足受众不同的需要，泰国各华文报纸根据受众层次的不同在新闻格局上各有侧重。如《星暹日报》侧重工商经济，《中华日报》侧重报道中国消息，《新中原报》侧重新闻特写。满足不同层次读者的不同需要，使各泰国华文纸媒都有较为稳定的读者群。

（三）标志性人物

司马攻[①]（1933—　）。本名马君楚，另有笔名剑曹、田茵。祖籍广东潮阳，泰籍华人。现任泰国华文作家协会会长，泰国著名华文作家。

1933 年出生于泰国。家庭世代经商。

1939 年，时年 6 岁的司马攻被送回广东家乡读书。幼年接受传统的华文教育，为他以后从事文学创作打下了扎实的文字功底。司马攻还在砺青中学读过三年书，是砺青中学的校友。

1950 年，17 岁时的司马攻重返泰国。21 岁投身商场，做起正经的生意人。

1966 年，萌发了业余从事文学创作的念头，从此走上"亦商亦文"的道路。20 多年来，先后任国内外文学奖评委 20 多次。著有《明月水中来》、《冷热集》、《演员》、《泰华文学漫谈》、《司马攻序跋集》等。

1970 年，《东南日报》创刊不久，《东南日报》社长翁见石等人邀好友司马攻为《东南日报》写专题。为了支持该中文报，司马攻义务为《东南日报》写专题报导。另外，司马攻兼香港出版，风行欧、美、亚的《旅行什志》泰国区的特约撰稿人，常年供稿。

1985 年，他被聘为"泰华写作人协会"顾问，后被选为第四届副会长。

1990 年，"泰华写作人协会"更名为"泰国华文作家协会"，司马攻被选为会长至今。

---

① 潮艺网：《记泰国华文作家协会会长司马攻》，http：//www.csmynet.com/1abd2097-a69b-4a54-b0ef-9a6800e34859.aspx。

1999年7月，泰国华文作家协会创办了《泰华文学》。作协会长司马攻任主编。

司马攻为泰华文学创作的组织、繁荣和发展进行了卓有成效的工作，出钱出力，受到同行的赞誉和尊重。

修朝[①]（1948—　）。本名卢维廷。另有笔名茅庐、寸言等。祖籍广东潮安，泰国著名华文作家、华文新闻工作者。

1948年出生于泰国曼谷，60年代开始写作，作品（包括译作）多次获奖。从70年代至90年代，先后在《东南日报》、《中华日报》、《星暹日报》任政治与经济版的新闻翻译。

现任《星暹日报》的工商经济版编辑，兼主笔委员；泰华文学研究会理事；泰国华文作家协会会员。

何韵[②]（1940—　）。泰名蒲沙里·奇达瓦拉纳，女，祖籍广东南海，泰国著名华人记者，被誉为"泰国报界第一位女老板"。

1940年生于泰国曼谷。华、泰文小学毕业后任小学教师，以半工半读毕业于泰文中学。

1963年毕业于泰国法政大学新闻系。初在泰国民众联络厅外事处当翻译，后转入新闻界，曾在华文《京华日报》、《星暹日报》、《中华日报》、《新中原报》，泰文《荣誉日报》，英文《民族日报》（The Nation），以及泰国广播电台、电视台任政治记者。曾数次随泰国总理、外交部长等政府领导人访华团访华。

1987年其夫方思若率泰华写作人协会代表团访华时，任该团顾问。所撰写的《采访外记》专栏与"专访"文章，独具特色，为各界所称道。著有《女记者生涯传真》（1988）等作品。

现任泰国华文报《新中原报》总编辑。

---

　　① 海外华人研究：《泰国作家》，http：//www.lib.nus.edu.sg/chz/chineseoverseas/oc_authors_thailand.htm。

　　② 中国侨网：《世界华人传媒人物》，http：//www.chinaqw.com/node2/node116/node117/node163/node820/node825/userobject6ai46281.html。

小　　结

　　泰国华文纸媒走过一个多世纪的历程，历经沉浮，既经历辉煌，亦陷入低谷。在泰国几代华文报人前赴后继的奋斗及默默耕耘下，为泰国华文纸媒写下了令人惊叹的历史篇章，成为世界华文传媒宝贵的精神财富。迄今为止，在这个人口不算庞大的非华语国家里出现过如此种类繁多的华文纸媒，成为海外华人传媒史上的一个奇迹。

第二章

泰国华文纸媒的现状

从华文报《汉境日报》始，华文报刊在泰国发展了100多年。在一个多世纪的报业历程中，先后出现了190多家报纸，150家期刊。到20世纪90年代末，泰国主要的华文日报共有6家。进入21世纪，中国在国际的影响力日益增强，中泰贸易往来频繁，东盟贸易圈建立，"汉语热"持续升温，新移民增加，这些条件成为泰国境内华文报刊发展的推动力。在此环境下，现今的华文日报增加到了8家，华文期刊也不断出版，呈现出百花齐放的繁荣景象。

第一节 泰国华文报纸种类

泰国华文报业在近几年的发展中不断出现新的报纸。这些报纸针对不同的读者群，开辟新的中文读者市场，从华人聚居区的曼谷逐步向旅游区的泰国南部发展。泰国目前主要的华文日报共有八家：《星暹日报》、《世界日报》、《亚洲日报》、《新中原报》、《京华中原联合日报》、《中华日报》、《中华青年报》、《暹泰时报》。

一 《星暹日报》

星系报业集团所属报纸之一。1949年由胡文虎邀华商侨领张兰臣、伍竹林、郭实秋、刘汉华等人于曼谷合作筹办，主要靠郭实秋集资200万铢。报刊于1950年1月1日在曼谷创刊。

编辑人员的筹备上，胡文虎从香港选派范基平、朱淑和、宋郁文、苏济川、杨丽生等6人主持编务，苏济川任总经理，杨丽生任总编辑，后由杨建行（又名杨捷）接任，督印人伍启芳。不久，胡氏家族收购郭实秋等人的股份，独资经营，该报遂成为星系报业有限公司的实业。此时胡文虎将其长子胡蛟从新加坡调到曼谷，担任该报社长。

1954年9月胡文虎去世后，该报由胡蛟负责，不久改称星系报业（泰国）有限公司，《星暹日报》和《星泰晚报》均在该公司的管辖范围内。1962年新加坡《星洲日报》副总编辑吴占美来泰任该报总编辑兼督印人。一直到1967年胡蛟任该公司董事会主席兼社长。

之后报社经改组，胡文豹长子胡清才任董事长，胡蛟继任社长。胡清才去世后，1971年9月16日经董事会决议，胡一虎接任董事长，李益森（胡文豹女婿）接任社长。总编辑兼督印人为泰华老报人张艺光。

1975年前后报社再经改组，李益森继任社长，兼星系报业（泰国）有限公司董事长至今。1989年张艺光辞去总编辑兼督印人职，改任主笔，后由马耀辉继任至今，执行董事总经理为黄腾凯。

该报董事会多为李氏家族主要成员，如董事长胡清心（李氏之妻）、董事总经理李坤珊（李氏二女，曾任该报市场总裁）、董事副总经理李坤德（李氏次子）、董事李坤扬（李氏长子，前任董事总经理）、李坤玉（李氏长女，曾任广告总裁）等，实际上该报的产业已为李氏家族所控制（80年代中期股份约占90%）。后《星暹日报》以星暹报业有限公司注册发行；其增版的《星泰日报》则仍由星系报业（泰国）有限公司发行。

该报称秉承胡氏（文虎、文豹）兄弟遗愿，"以宣扬文物、沟通文化、辅导教育、增进文明、促进世界大同为宗旨"；"加强中泰亲善关系，沟通中泰文化，鼓吹泰国及华侨工商事业发展，拥护政府政策等工作方针"。并声称言论"力持公正"。1971年李益森接任社长时，宣称该报为"中立性报纸，不受任何方面的约束和影响"。在泰国长期动荡不安的政局和屡次推进排华政策期间，不少华文报纸几度被封，该报均幸免于难，而且发行量剧增，一度高达2.7万份，占华文报首位。1975年中泰建交后，其报道方针开始有所改变，宣传中国和泰中友谊消息增多。80年代中期曾一度反复，报份回跌至1.5万份，变为销数次于《中华日报》的第二大报。近些年来，随着中泰关系日益亲善，该报报道中国内地新闻和宣传泰中友好，言论也较为客观。

创刊时，同时出版《星泰晚报》。日报和晚报周日无报，另出版《星暹日报星期刊》，日出报 2 大张 4 版，并随星期刊附送《星暹画报》4 开 1 张 4 版。此外，1952 年 1 月创办《星暹半月刊》。晚报于 1973 年 7 月 31 日停刊，星期刊后来也停刊，周日改出日报至今。

《星暹日报》以报道经济新闻为主，国际新闻主要采用法新社、美联社、新华社、中新社及香港中国通讯社等电讯。日出对开纸 8 大张至 9 大张，星期日出对开纸 2 大张。主要版面有：国际要闻、泰国新闻、泰国社会新闻、侨社新闻、各府要闻、经济新闻、内地新闻、副刊、娱乐版、广告（占 1/4）。尤其是经济版更具有其特色。从 1982 年 12 月起，对经济新闻报道做了全面调整改版。版面由原来的 1 版增至 4 版，至今 8 版（工商经济、工商动态、今日商情、市场中心、工商服务、股市讯息、泰国证券交易行情表），为工商界提供一系列有关经济发展和金融信息。星期日版面包括国际新闻、泰国新闻、泰国社会新闻、体育、星期文史、星期娱乐、副刊、武侠小说、医疗与健康等。日后经过调整，至 2009 年，该报日出对开纸 7—8 张，28—38 版。周日出对开纸 2 大张 8 版。主要内容为要闻、中国新闻、泰国新闻、侨社新闻、新闻图片、工商经济、股市讯息、今日商情、市场中心、环球视野、国际花絮、综合副刊、武侠小说、文艺副刊等。

1985 年 1 月创建其辖下关系公司——阿里·思斯登有限公司，经营电子分色制版印刷业务。李坤扬兼任该公司董事总经理。以 4000 多万铢的投资购置泰国首座全套电子菲林分色设备，革新该报的印刷水平，促进泰国印刷业的发展。

2010 年，《星暹日报》易主，现由泰国康蒂证券集团（大众）有限公司管辖。公司执行董事长、泰国工商总会主席郑芷荪先生致力于报业的管理，邀请泰中学会会长、泰华文学研究会理事洪林女士担任报社副总编辑，对报纸进行全面改版。改版后的《星暹日报》将全部采用简体字，这成为泰国华文报纸的首创。新版的日报将于 2012 年全面推出。

二 《世界日报》

1954年冬曼谷银行总裁陈弼臣等人投资筹办,1955年7月26日在曼谷创刊。陈弼臣夫人姚文莉为挂名社长,总主笔为王世昭,总经理为李运鹏(一说许敦茂),并向《中原报》借用张综灵任副总编辑。该报的编辑班子多由"台湾名流"组成。1957年8月泰国发生政变,支持该报的警察总监乃炮逃亡国外,该报失去支撑,亏累严重,于1958年1月承让产权,由其他亲台侨商募股筹款承购。中经数次改组。1962年8月起,该报由黄作明任董事长(当时任中华总商会主席),饶迪华为社长兼总编辑,李唯行为副社长兼督印人,经营状况有所好转。

该报以"世界报业有限公司"注册发行,并出版《世界晚报》(1973年7月停刊)和《世界周报》。宣称其宗旨是:"拥戴皇室,支持政府,遵守法令,服务社会。"但自创刊时起即以亲台湾国民党当局面目出现,长期采取"反共反华"立场。台湾当局1975年派其前驻泰"文化参赞"方国柱返泰主持该报工作。中泰建交后,仍坚持其立场不变。1978年7月1日,江萨政府以妨碍泰中友好关系为由停止该报的出版执照。该报督印人、总编辑改由泰华老报人林文稳接任后,获准继续出版,并调整了宣传报道手法。

该报由于办报方针背离时潮,发行量在曼谷华文日报中长期列于末位,一直处于堀蚀运营。为扭转不利局面,自1986年1月1日起,该报以"委托经营"的方式交台北联合报系全权经营管理,以"独立、民营的现代化企业"姿态出现,实际上继续充当台湾当局在泰国的喉舌。但宣传手法与之前相比有变化,如对外宣传称该报"致力促进侨社和谐、团结、繁荣、进步为目标,为华商企业近代化尽心力,为华裔中文教与学作贡献"。报道方针和出版内容也作了较大调整,如采用泰国中通社提供的中国新闻社电讯和香港中国通讯社稿,加强了侨社新闻版和侨社服务版。1988年报纸增辟大陆新闻版后,对大陆政经新闻、民间活动和社会生活,较客观的报道明显增多。1995年时,泰华企业家林来荣(曾任泰国中华会馆理事长、名誉理事长等职)任董事长,副董事长为王必立(原为台北《联合报》副总经理),社长为台湾资深报人、前台北

《联合报》总编辑赵玉明,总编辑为黄根和(泰国中华会馆理事长),总经理为袁守盈。2009年时,董事长为王必成,王必立为副董事长,黄根和为社长兼总编辑,林信雄为执行总编辑。《世界日报》目前是泰国规模最大、影响力最广的华文报纸,以商业报道为主。在泰国、越南、缅甸、老挝均有发行。

《世界日报》日出对开纸8—9张。版面包括:要闻、泰京新闻、东南亚新闻、泰国经贸、泰国证券、国际新闻、国际经济、台湾新闻、台湾经济、中国新闻、中国经济、社会新闻、体育新闻、侨乡风采、经济生活、工商服务、娱乐天地、教与学、湄南河副刊、小说世界、健康、妇女家庭、旅游休闲、侨社新闻、侨社活动、内地新闻以及周日特刊等。该报还发行多种刊物,包括《今日中国》、《今日台湾》、《泰华之光》、《农民历》、《工商名录》、《游走泰国》及《泰国地图》等。

90年代末该报的发行量长期徘徊在3000—4000份,之后有较大增加,并向东南亚地区扩大发行。2005年7月26日该报成立50周年之日启动"世界日报新闻网",2006年51周年庆成立"世界日报华商网"。目前,《世界日报》是六大华文日报中发行量最大的报纸,在1万至2万份。

三 《亚洲日报》

作为泰国的6家华文日报之一的《亚洲日报》,于1993年8月28日在曼谷创刊。该报由泰华金融工商企业界人士支持创办。担任该报董事局主席的李光隆是介寿堂慈善会主席、华尔街金融证券(大众)有限公司董事长,拥有饲料、金融、纺织、地产等多种企业。董事长兼总经理为郭振(泰华报人公益基金会顾问),董事局副主席为陈荣泉(泰国中华总商会常务会董、介寿堂慈善会常务委员、东亚机构总裁)、庄锡鸿(泰华报人公益基金会荣誉主席),社长为陈川,董事总经理为黄腾凯,执行总编辑为林兴(原《中原日报》、后《京华中原联合早报》执行总编辑)。报社有编辑记者100多人,主要编辑人员有:侨社版编辑张望,内地新闻版编辑刘元於,《三言两语》专栏主笔、资深老报人纪云程等。广告人员30多人。1995年报社迁入新址,业务在不断发展中。

该报日出对开纸9大张至10大张，星期日出对开纸3大张。版面内容有：国际要闻、国际经济、国内要闻、社会要闻、侨团新闻、各府通讯、港澳动态、台湾讯息、乡亲、风云、经济、股市、体育、小说、武侠及各类副刊《天窗》、《世界风情》、《旅游》、《医药健康》等。逢星期日增辟《亚洲日报（柬埔寨）》要闻专版，并向柬埔寨发行。

《亚洲日报》以宣扬中华文化、促进泰中友好关系和文化交流为宗旨。由于董事都是泰籍人士，议论政局，针砭时弊，都可秉公而论，畅所欲言，其报道所持的"不偏不倚"立场和较为客观的言论成为《亚洲日报》在泰华报业中的一大特点和优势。

1997年，金融风暴侵袭东南亚，泰华报业陷入历史上最低潮。该报出纸下限由原来的8大张（有时10张或12张）缩减成5或6大张，由盈余变为亏损。

2002年9月初，《亚洲日报》董事主席李光隆商请泰华报人公益基金会主席陈世贤协助报务改革，并改组董事会，突破困局。目前，该报董事会主席为李光隆，董事长为郭振，熊德龙任董事总经理。

2002年10月12日该报与香港《文汇报》达成新闻交流与合作协议；同时购置现代化自动彩色菲林冲印机，启用苹果计算机排版系统，由《文汇报》派员辅导培训，革新版面。终于2003年3月底完成改版计划，于4月1日起实现全面排版计算机化。

2006年8月1日，《人民日报》海外版、香港《文汇报》、印度尼西亚《国际日报》各两张8版随《亚洲日报》同步发行，该报以崭新的面貌呈现在读者面前。版面从原来的24个增至30个。后因报社经济原因，2011年年初停止了与上述三家报纸的合作。

四 《新中原报》

其前身为1958年遭封闭的曼谷《中原报》，1974年6月18日复刊，更名为《新中原报》。由原《中原报》社长、督印人李其雄以新中原报有限公司的名义注册。1976年"十六"政变后，该报又被他宁政府查封，直到1978年4月1日，江萨政府执政期间才获准复刊。1980年至1982年报社经两次改组，董事长初为历任泰南14府潮州会馆主席的李先颖，后为第一信托有限公司董事长丘小平，社长为林薇，后由李行接任，执行总编辑为吴继岳，总编辑兼督印人为郑玉洲，总经理为吴耀秉。1984年起，新中原报有限公司改名为哒叻仔有限公司。其间业务未能打开局面。

1985年12月以后，该报由方思若及何韵夫妇全部承顶独资经营。方思若自任董事长，何韵任总编辑兼督印人，社长为李行。经整顿组织，革新版面，扩充内容，报纸新辟《今日中国》和《侨乡》版，全面介绍中国情况，发行量逐日增加。

1995年6月哒叻仔有限公司改组董事局，多位知名泰华企业家受聘加入新董事局，盘谷银行常务董事长陈有汉任顾问主席；顾问为华尔街金融证券有限公司董事长、《亚洲日报》董事局顾问团主席李光隆，及华泰塑胶有限公司董事长陈卓豪。董事长为柳进雄，常务董事长为柯楚君（泰华报人公益基金会名誉主席），副董事长为方思若，董事、总经理兼执行总编辑为林宏（原《工商日报》社长兼总编辑），董事、总编辑兼督印人为何韵。

该报复刊时重申其宗旨是"始终坚持促进泰中友好、维护正义、繁荣泰华文化的方针，在新闻报道中做到翔实、公正，不偏不倚"。该报对中国态度友好，比较客观地报道中国的情况。1999年时发行量约7.2万份。

该报日出对开纸5张20版左右。采用法新社、美联社、新华社、中新社、香港中国通讯社、台北中央社电讯的通讯。版面内容包括：要闻、国际新闻、商情、经济新闻、侨团新闻、泰国国内新闻、社会新闻、体育、海峡两岸、国际财经、热点追击、大众文艺、新半岛、春秋、冰淇淋、小说、综合副刊等。

五 《京华中原联合日报》

由《京华日报》和《中原日报》合并出版。1984年7月16日正式创刊于曼谷，由京华报业有限公司发行。两报在各自停刊启事中均声称其合并原因是"借以集中人力物力财力，强化人事和先进设备，为广大读者提供更丰富多彩、内容充实的精神粮食"。合并后的新报刊头右边竖以原《京华日报》报名，顶端横贯《京华中原》四个大字，下加《联合日报》四个小字。从内容来看，实际上是《京华日报》的班底和风格。创刊献词称："以尊重泰国政府政策，宣扬尊崇皇室、宗教，维护国家安全，并以报道翔实迅速，内容力求充实，服务读者为宗旨。"1988年新年献词中重申："立论公正，报道翔实；发扬中华文化，促进侨社团结，增进泰中亲善，沟通文化交流；推进社会慈善福利事业。"该报董事局多为泰国军政界要员及泰华金融、企业界名人。担任该报董事顾问的有：前副国务院长、国家宪法团主席、原《中原日报》董事长颂朴·何禾吉，前警察总监朴·彭甲喃，中华总商会主席、泰国信托机构总裁郑明如，泰国比差房地产有限公司集团总裁、原《中原日报》副董事长兼社长纪金辉等。董事长兼社长为陈松亮（新松泰机械集团机构总裁），副董事长兼财政为林兴强（金融界名人），副社长兼督印人为原《中原日报》总经理吴金城，董事总经理为原《京华日报》总经理林妙英（女，吴金城之妻），执行总编辑为泰华报人公益基金会理事萧泽铭（原为老报人林兴，林现任《亚洲日报》总编辑）。改组后的董事局加强了经济实力，增资3600万铢，增置电脑设备和新型彩色柯氏印刷机，得到突破性效益，成为华文报的"数一数二的一份报纸"。1992年销量约4万份。2009年时董事长陈振治，社长吴金城，董事总经理仍为林妙英，执行总编辑为郑齐文。

该报以泰国佛历纪年，日出对开纸8大张至9大张。星期日出版2大张。国际新闻采用美联社、法新社、新华社、中新社、香港中国通讯社、台北中央社电讯。版面内容有：要闻、国际新闻、华社新闻、两岸消息、侨团版、潮汕风情、南粤新闻、经济、股市与商情、商场风云、影视娱乐、卫生与健康、教育等。

六 《中华日报》

其前身为1958年停刊的《新日报》，1960年3月16日以本名在曼谷复刊。陈纯任社长兼总编辑，陈宾任副社长（后退出），洪天涛任董事长。由资深老报人连吟啸、潘公辅、徐展鹏、许征鸿等人主持编务。1976年10月至1978年3月期间被封，4月间复刊后仍由陈纯注册为社长、总编辑、督印人，成为陈氏家族的产业。至1992年该报由中华资讯（大众）有限公司发行，董事长为陈纯，副董事长为陈胡娟，社长为陈正（陈氏次子），总编辑为张锦海，执行总经理为顾慧。2009年时，董事长为胡娟，社长仍为陈正，王立文任总编辑兼督印人。

1970年以前，该报曾受控于台湾国民党当局。自中华人民共和国恢复在联合国合法席位后，该报报道态度逐渐转向支持中国政府，特别是中泰建交后，常采用新华社和中国新闻社电讯，报道中国和泰中友好的消息。80年代初期，曾是所有华文报中报道中国消息最多最快，而且比较客观和严肃的一份报纸，对重大国际事务，主持公道，言论公正。宣称其一贯宗旨是"沟通中、泰两国文化，促进两族人民亲善"，言论上"不偏不倚，自由客观，言人所不敢言"；表示在"作为政府与华人的桥梁，互相沟通，加强了解"的同时，"注意中国的信息，发扬中华文化，促进、加强中、泰两族文化交流，增加感情，共同为建立地区与国际和平、安定作出贡献"。

创办初期，设备简陋，业务未臻完善。1956年购进新式转轮印报机，增聘编务人员，充实内容，革新版面，加强泰事新闻、经济新闻和副刊多样化，首创《专题报道》栏目，力求新闻报道翔实快捷，因此，报份开始上升。1970年3月在泰国率先改用柯氏彩色高速印报机。1960年与日报同时出版《中华晚报》（1973年7月停刊），周日出版《中华日报（星期刊）》。1973年发行量达2.3万份，跃居各华文日报之冠。据该报称，"1984年，读者人数占所有华文读者的43%"，90年代后"已提升到49.7%，几乎达一半"。1994年销量约5万份。平日出对开纸8张以上，星期刊出对开纸2张。主要采用美联社、法新社、中新社、新华社、香港中通社电讯。目前该报每天出版7大张28个版面，逢周一出版简体字专版，报道有关医药保健咨询、各地奇闻趣事及泰国各旅游景点；周六出版《教与学》专版，刊登泰国各校学生习作，教师教书心得，以提升学生学习华语兴趣。内容包括：要闻、国际新闻、国际姿采、泰国新闻、内地新闻、社团新闻、社会新闻、商情、财经、企业专题、经济世界、经济动态、军事天下、中华大地、中华经济、港澳经纬、专题报道、体育、国际风光、旅游、娱乐、综合副刊、妇女、小说、华园、天南地北、医药保健、科技新知、武侠、湄江随笔、文学、大千世界、古今探秘等。

1983年该报增办泰文《佬诗艳日报》，1990年11月又创办《经济日报》。

20世纪末，该报获得泰国证券市场批准为上市公司，成为泰国华文报社唯一获准股票可在证券市场交易的公司。泰国证券市场仅有出版类股票11家，《中华日报》业绩辉煌，因此占有一席之地。

七 《中华青年报》

2004年5月6日创刊于曼谷，以中泰两种文字对照方式排版。它的简体字排版印刷首开泰国华文报先河，成为泰国第一份简体字华文报。该报由《中华日报》创办，获得泰国华文民校协会、中国语言文化大学、曼谷语言学院、泰中语言文化学院等机构支持，由在泰国居住多年、来自中国的韩宗渭（女）任执行总编。目前该报董事长为《中华日报》董事长胡娟，社长亦为《中华日报》社长陈正，陈映苹为总编辑，韩宗渭任执行总编。

该报的创办旨在交流中文资讯弘扬中华文化，为学习中文的学员提供一份课外有益读物，帮助他们增强中文阅读能力，提高中文学习兴趣。它以报道新潮时尚、文娱动向、华文在泰发展、政商学界知名人士专访为主要内容，同时还特辟有学唱中文歌、教与学等版面，逐字标注汉语拼音，并且部分版面还配有简短泰文说明，便于读者阅读。

《中华青年报》创刊号为4开16版，开设有编者的话、影视欣赏、封面故事、明星专访、历史与文化、时尚与潮流等版面。目前该报设有时事透视、经济纵横、社会传真、中文教室、娱乐天地、体育世界、中文阅读、潮流时尚、健康生活等版面。

八 《暹泰时报》

《暹泰时报》（周报）中文报2008年7月由泰国普吉海南同乡会理事长云大江先生创办。2008年北京奥运会开幕前夕，暹泰日报社和中新社签订了用稿协议，并开始试刊出版8个大版的《暹泰时报》中文报，全部采用中新社、中通社的图文稿件，在泰国南部的读者群中产生了积极的影响，中国内地与港澳台游客在泰国南部看到有关奥运报道的专版时，纷纷索取这份中文报，以至《暹泰时报》十分抢手，尤其是奥运开幕当天的盛况，彩色的跨页大版吸引了众多的华人读者。

《暹泰日报》有泰文版及英文版，泰文版创办于30年前，英文版创办5年。目前，《暹泰时报》中文报已随泰文版、英文版的《暹泰日报》在泰国运行，在南部的机场、酒店、7—11便利店销售，已产生了一定的影响，也拥有了一批中文读者。

第二节 泰国华文期刊种类

泰国华文期刊产生于20世纪20年代初，主要以随报附送的形式出版，独立出版的期刊并不多见。二战后华文期刊涌现，盛极一时。至今，已有150多家期刊相继出版发行。目前主要的华文期刊有：《东盟商界》、《泰华文学》、《时代论坛》、《泰国游》、《现代泰国导报》。

一 《东盟商界》

泰国中文杂志，中泰双语，2009年10月创刊。由《东盟经济时报》和泰文《世界商贸》杂志联合主办。为商业财经类期刊，每月25日出刊。该刊主要面向东盟区域各国商界、企业界人士，为东盟各国企业和企业家提供合作交流的平台。内容主要为介绍成功的企业和企业家，研究企业管理、企业经营的成功案例并综合报道企业的创新模式和企业文化等。

作为杂志的执行副社长兼总编辑、创办人之一的韩宗渭，出生于湖北，后定居泰国。先后在泰国华文报馆打工，担任泰国中华总商会行政职员，经营过自己的展览公司，后来转行做泰国大米进出口业，之后又参与泰中语言文化学院的筹建和管理工作。在泰国的几十年，鉴于对各行业的接触，韩宗渭全面了解了泰国社会，接触了华侨和华商圈子，这为她之后创办媒体奠定了基础。之后，韩宗渭进入媒体界，起初在一家华文报的子报当主编，但因无法实施自己的办报理念于2004年辞职。

同年，她看准了东盟商业这一新兴课题，认为其中充满商机，并且在当时的泰国媒体中尚未有关于东盟商业的期刊，于是注册了《东盟经济时报》。经过两年的筹备，2006年《东盟经济时报》以网络版出刊，从创刊初始至今均为免费在线阅读，时报报道关于中国的各种消息，每日均有更新。《东盟经济时报》创办的五年中，韩宗渭积累了丰富的办报经验。2009年10月，她凭借自己的办报热情和办报经验，联合投资伙伴创办了《东盟商界》中泰文杂志，在短短几年中，《东盟商业》已发展成为东南亚地区唯一一份中泰双语杂志，在未来的发展中，还要将其变为中英双语，以便深入其他东盟国家。

《东盟商界》以促进东盟区域经济一体化建设为目标，致力于促进东盟与区域各国企业界的交流与合作、竞争与发展。该刊以"携手并进，共创辉煌"为行动准则，关注经济社会的发展，促进东盟经济圈的贸易繁荣，迎接东盟经济文化时代的到来。《东盟商界》目前为泰国第一份定期出版的中泰双语杂志，也是唯一以东盟自贸区商业为主题的泰国杂志。杂志在泰国和东盟10国发行，在中国以电子版为发行渠道。每月发行10万册以上，发行量超过1万份。

该刊分别在东盟各国设首席代表，在中国北京、上海、昆明、南宁设联络处或特派记者，杂志与东盟秘书处、各国商业部、工业部等经济部门建立联络与合作关系，还与各有关经济权威部门合作，为杂志提供最新的具有权威性的经济资讯与服务，协助东盟各国推介商务及组织商务活动等。同时杂志还与各顾问单位或政府有关部门联合举办"东盟商界大会"、"东盟商界论坛"、"东盟商界理事会"等商业活动。

二 《泰华文学》

1999年7月由泰华作家协会创办的纯文学类季刊。它以繁荣泰华文艺，对外文化交流，不图谋利为宗旨，期刊文体以短篇小说、微型小说、散文、新诗、散文诗、序跋、评论和文讯为主。每期的栏目有文论、短篇小说、散文和诗歌等。封面次页和封底是应时的文学活动彩色图片。该刊不接受任何商业广告，由泰国华人社团及泰国华商赞助出版，每期最后一页都会附上赞助人的姓名、职务和赞助金额。

《泰华文学》创刊初期为双月刊,创刊号由作协秘书长白翎主编,姚志光摄影的曼谷夜景作封面,"泰华文学"四个字由中国书法家沈进乐所题。版面16开,印刷精美,内容可读性强。作协会长司马攻在创刊词《开块园地展真情》中指出:"……泰华文学有八十年的历史,定期的文艺刊物并不多,尤其在50年代以后,虽然也曾经有几个文艺刊物在风雨中冒开,但都是昙花一现。……目前泰华文学的处境和发展的趋势,创办一个定期性的文学刊物是很需要的。因此,泰国华文作家协会决定出版《泰华文学》双月刊……"创刊之时,方思若、姚宗伟、吴佟、胡惠南为期刊顾问,司马攻任主编,副主编为梦莉。

　　创刊以来,该刊经历了几次改版。2000年3月第5期开始,版面改为32开,更有益于保存和收藏,字数和之前一样。2002年3月第17期,《泰华文学》改为简体字出版,为泰华期刊的惊人之举,同期,该刊登上网络(http://www.thaisinoliterature.com/),与互联网相结合。2004年9月第31期由双月刊改为季刊出版,编委会在编前话中指出,"……改双月刊为季刊的主要原因在于编务方面。《泰华文学》的编务繁重而人手不足,因此,不得不退一步,使《泰华文学》显得洒脱一些,这是《泰华文学》改季刊的因由"。2006年第十三届泰华作协理事会会议上,决定加强调整《泰华文学》的编务工作,明确分工。从2006年3月始,编委会新阵容为,主编:司马攻,副主编:梦莉。陈小民负责《泰华文学》的网络工作。编辑依旧采取轮编制,由八名编委分成四组,轮流负责校对工作。

　　《泰华文学》一直是在泰华文作家发表文章的主要园地,创刊以来《泰华文学》专门出版了六期专辑,分别为:2001年5月第12期的《诗专辑》、2004年3月第29期的《2003年泰华短篇小说征文比赛得奖作品专辑》、2004年12月第32期的《微型专辑》、2006年3月第37期的《散文诗专辑》、2006年第40期的《纪念专辑》、2007年12月第44期的《泰华微型小说比赛参赛入围作品专辑》。

三 《时代论坛》

　　泰国华文综合性期刊,1994年创刊于曼谷。它是在泰国华文刊物处于低潮，泰华报人相继凋谢，后继缺人的情况下艰难创业，坚持下来的。1997年的亚洲金融风暴使其雪上加霜，但仍能保持十几年来从未脱期中断并且发展壮大，成为一本拥有众多读者，远销东南亚各国及中国香港的华文刊物。

《时代论坛》初创时为月刊。社长陈静。内容有政经、文艺、社团、专访等，以专题特辑为主，报道实事重大课题，对亚洲地区尤以中国台湾的评论性文章居多，兼容知识性、趣味性短文。辟有专论、特稿、名人逸事、文艺小说、散文、游记等栏目。主笔为南雁，专栏作家有勃海等。每期刊登文章30多篇。第3期后增加反映现实生活的图片专辑和轻松、趣味性的内容。1995年10月第26期起改为大16开本，除保持原有各栏特色外，增加页数。同年12月，更新电脑打字设备，充实内容，并做重大调整。为适应"国际政经及社会态势瞬息万变"，及时报道和反映情况，该刊决定自1996年1月1日起，出版《时代周报》，原《时代论坛》改为双月刊继续出版。随着中国经济的快速发展以及中泰经济文化的交流，目前该刊在国际新闻方面以报道中国为主，介绍中国的发展进步、民风民俗和传统文化，促进中国与各国特别是东南亚各国的相互了解和交流。刘利州、萧汉昌、顾慧任该刊顾问，陈春强任董事长，社长仍为陈静，南雁为主编。

该刊创办宗旨是报导翔实，立论公正，涉及面广，包罗泰国和国际经济、文艺、科技、医疗卫生等内容。《时代论坛》的立场是以泰人办报的立场为根本。

四 《泰国游》

泰国华、英文期刊。1994年8月创刊于曼谷。由大同社出版有限公司出版发行。创办人为该公司董事长王鸿宾，董事总经理为叶同。内容具有实用性、知识性和趣味性特色，为去泰国旅游、投资考察的人士了解名胜古迹、风土人情、文化历史、泰华社会和工商投资等提供咨询和实用资料。为适应泰中旅游业在新时期的发展，该刊的创办"正在（旅游方面）扮演一个连接泰国与中国、东南亚与中国的角色"。该刊在各大酒店、机场等公共场所免费赠阅。

五 《现代泰国导报》

1995年6月创刊于曼谷。获泰国政府支持和肯定的首本报道泰、中经济的刊物。由经营出版业及旅游业仅数年的殷富投资集团出版发行。原名《现代泰国人经济导报》，出版3期后改现名，同时延聘泰华知名作家陈博文任总编辑。其创办目的主要是为日后前来泰国寻求投资、合资的中国内地及港澳台地区的集团、企业预先传递资讯，同时也为泰国工商、金融界与上述地区发展业务提供便捷的管道。内容主要报道泰国现代焦点人物、经济贸易、工商动向、房地产讯息、泰国投资概况及国事民情等，详细介绍泰国经济态势。该集团另在1993年发行《泰国旅游杂志》（中文版）。1995年12月已出版至第27期，经历两年多时间，打破泰华杂志最长命纪录。以上两刊除行销国内各地外，还向中国内地、香港、台湾及新加坡、马来西亚各地发行。

小　　结

泰国目前拥有8家华文报纸，主要有5家华文期刊，其内容从传统的关注泰国国内新闻、中国新闻向多元化发展。新出现的报刊将关注点侧重于在泰留学生、热衷汉语的泰国本地人，到泰旅游的中国游客、商人等群体，因此，这些报刊一般以中泰双语、中英双语出版，扩大了读者群。同时，报刊的发行在以华人聚居区曼谷为主的基础上，开始向旅游区泰国南部发展，开辟新的华文读者群和受众市场。华文报刊出现了从综合报刊向专业报刊发展的特点，读者群也细化到经商人士、华文文学爱好者、旅游者、留学生等不同领域。

第三章

泰国华文纸媒的依存环境分析

泰国华文纸媒的依存环境,从传播学的角度分析,(数目相当的受众市场是一个决定性因素)。受众在媒介传播中占有重要的地位,是媒介的服务对象,也是媒介信息的接收者。受众的人口数量、阅读习惯、亚文化掌握程度直接影响到泰国华文纸媒的发行量;而从经济学的角度进行分析,需求决定供给,即受众对华文信息的需求决定了华文纸媒的产生,并为华文传媒的发展提供生长土壤。无论这种需求是华文纸媒创办之初的出于党派斗争中抢占舆论先机的需要,还是回归市场化运作后的为满足受众在精神文化上的需要,更何况前者归根结底是为了争取受众的同情与支持,研究受众的喜好是两种需求的共通之处。由于华文纸媒最为直接的依存环境是受众,因此对受众市场的研究将成为本章阐述的重点。

当然,影响泰国华文纸媒的因素,除受众市场外,还有诸如宏观方面的国际关系、政策、经济等,微观方面的人才、资金、管理等方面。但受众因素始终贯穿于泰国华文纸媒的内外部环境。各种影响因素作用于华文纸媒的同时,也影响着受众市场,甚至通过受众市场间接作用于华文纸媒。受众市场直接影响泰国华文纸媒未来的发展。

第一节 泰国华文纸媒受众市场分析

泰国华文纸媒的受众市场,主要面向泰国华人社会,即华侨和华裔为主要受众,学习中文的泰人以及来自中国及港澳台等地的旅游者、留学人员、经贸往来人员所占比例较小。分析泰国华文纸媒的受众市场,既要研究受众市场自身的容量、消费习惯、教育水平等，也要分析各种对受众市场产生重大影响的外部因素，如国际关系、政策因素、经济发展及社会文化等，这些因素对受众市场直接产生影响，或推动或抵制。

一 受众依存环境系统分析

泰国华人社会是对个体华人及华人家庭直接产生作用的环境，而泰国社会是泰国华人社会所依存的环境，一般通过作用于华人社会对个体华人及华人家庭产生间接影响，两者共同构成了泰国华文纸媒受众依存环境系统。

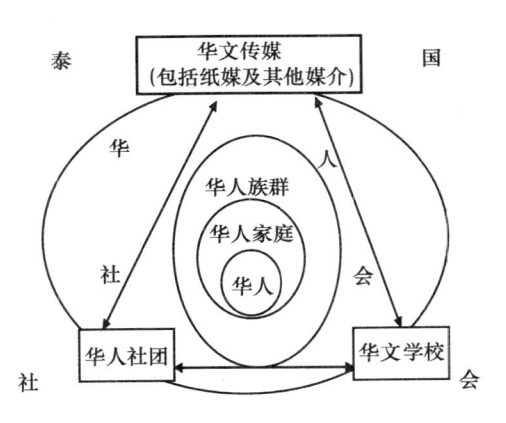

图 3—1 泰国华文纸媒受众依存环境系统图

如图 3—1 所示，华文纸媒的受众市场由个体华人及华人家庭作为基础元素，通过姻亲、宗亲及生产劳动等关系将各个分散的基础元素联结，形成了在小团体内部联系紧密、外部松散的单元，而将这些相互游离的单元组织成一个群体，需要有共同的基础，即在精神层面上对文化的认同及对华夏民族的热爱。这种在精神层面的认同及在感情层面的偏向具有持久性及排他性，以至于在当今泰国社会，虽然华人与泰人的区分已经模糊，华人与泰人联姻的后代连华语都不懂，但他们仍认同自己的族群身份，会为自己身上流淌着华人的血液而骄傲，这就是认同感及归属感的一种表现。通过这种内在的、牢固的情感联系，将华人聚合起来，成为泰国社会的一支华人族群。在泰国共同生活的华人们通过各种社会关系结成的集合，形成了华人社会。实际上，华人族群形成的同时，华人社会已经产生，因为社会关系中的家庭关系、共同文化以及传统习俗等是族群形成的重要标志。而华人社会为了强化认同感、延续族群文化，会通过经济往来、教育、传播及社团形式密切华人之间的联系，由此出现了华人社团、华文学校和华文传媒。这三者共同支撑起华人社会，成为华人社会的三大支柱，而华人经济是华人社会发展的基础。

华人社会作为子系统存在于泰国社会，而作为母系统的泰国社会与子系统之间是融合与被融合、作用与被作用的关系。华人融合成为泰人，既是一个自然同化的过程，也是一个被政策强制的过程。自然同化的过程如水滴石穿、积微成著，个人及组织均难以抗拒；但同时，泰国政府长期以来推行同化政策，并将其作为解决国内华人问题的重要措施。同化政策的推行，既有像20世纪30年代后期暴风骤雨式的强制推行，以关闭华文学校、封闭华文报社及取缔华人社团等方式限制华人社会的发展，虽有一定成效，但加深民族积怨，弊大于利；亦有80年代以来，实行温和式的同化政策，在政治上，不将华人视为少数民族，将华人与泰人共同归入泰国社会，从思想意识上灌输整体泰国的意识，防止狭隘民族主义滋生。

虽然作为子系统的华人社会处于被融合、被作用的关系中，但其对来自母系统的作用并非消极地承受，而是进行积极的反馈。作用力越强，反作用力就越大，这种积极反馈的关系在华文纸媒发展的各个历史阶段得到了印证。

泰国华文纸媒受众所依存的系统，是一个矛盾的、动态发展的系统，系统中的任一环境的变动，都将对其产生影响。但同时，受众并非被动的环境受予者，他自身的行为及变化，对环境亦将产生反馈作用，尤其是对于华人社会的三大支柱，其作用明显而积极。

二 受众市场的容量评估

根据市场营销学对市场容量的估算公式，市场容量与所在地区的人口、购买力及购买动机相关，其中人口及购买力起着关键性作用。而对于泰国华文纸媒而言，人口及购买动机决定了华文纸媒的市场容量，价格反而成了次要因素。泰国华文报纸的售价由政府统一规定，从原来的 6 泰铢调整为目前的 10 泰铢，即人民币 2 元左右。对于人均国民收入达 4210 美元的泰国①，对于低价定位的华文纸媒基本上不存在购买力问题，懂华文的人口数量及购买意愿成为决定泰国华文纸媒存在及发展的关键因素。

泰国是华人较早定居的国家之一，且为世界第二大海外华人聚居国。据暨南大学华侨华人文献信息中心截至 2002 年 4 月的统计，全世界共有华侨华人②34072632 人，集中分布于 140 个国家。其中亚洲分布最多，为 21875752 人。世界各国华侨华人分布极不均匀，多的达百万以上，少的仅有十余人。华侨华人数量超过百万人口的国家有 8 个，其中最多的国家是印度尼西亚有 731 万人，其次是泰国 610 万人，马来西亚 528 万，新加坡 229 万，菲律宾 220 万，缅甸 200 万，美国 200 万和越南 190 万③。

泰国具有华裔血统的人口在逐年上升，但华侨数量逐年递减。如表 3—1 所示，与日益递增的泰国总人口相比，华侨数量在战后递减速度明显；同时，华侨男女比例在 2000 年已经达到 2∶1，意味着有一半的男性华侨的婚配对象是非华籍妇女，这也是华侨人口递减的主要原因之一。

经过约十年的发展，泰国华人人口略有上升。根据 2011 年 4 月 9 日泰国《世界日报》公布的由泰国统计局完成的人口统计数字显示，截至 2010 年底，泰国人口总数为 6540 万人，在东南亚国家之中排名第 4 位④。由于华人不作为少数民族另行统计，根据 14% 的经验估算比例，泰国华人华侨数约为 900 百万。除了人口自然增长的因素外，经济全球化的浪潮也为泰国带来新的华人移民。

---

① 根据 2011 年 7 月 1 日世界银行发布的《2010 世界各经济体人均国民收入数据一览表》，2010 年泰国人均国民收入为 4210 美元，仅次于中国的 4260 美元，位于世界第 122 位。
② 这里的华侨华人应包括具有中国血统的华裔。
③ 钟欣：《世界华侨华人分布概况》，《四川统一战线》2003 年第 3 期，第 21 页。
④ 新浪财经：《泰国人口 6540 万 女比男多 120 万》，新浪网（http：//finance.sina.com.cn/roll/20110409/12509662802.shtml）。

表3—1　　　　　　　泰国历年华侨人口比重变化表①　　　　人口单位：百万人,%

年份	泰国总人口	华侨人口所占比例	华侨人口 男	华侨人口 女	华侨人口 合计
1919	9.21	2.82	0.20	0.06	0.26
1947	17.44	2.75	0.32	0.16	0.48
1960	26.26	1.56	0.27	0.14	0.41
1970	34.40	0.90	0.18	0.13	0.31
1980	44.82	0.65	0.19	0.10	0.29
1990	54.55	0.46	0.16	0.09	0.25
2000	61.88	0.34	0.14	0.07	0.21

数量庞大的华人群体，为泰国华文纸媒的发展打下深厚的根基，为其提供继续发展的空间及广度。然而，对于泰国华文纸媒而言，人口数量仅从量上进行规定，而民众对华文纸媒的需求及购买动机规定了其发展质量。

三　受众市场的特征分析

如果说数量庞大的华人人口为泰国华文纸媒的发展提供了广度，那么对华文纸媒的需求或购买动机则决定了泰国华文纸媒发展的深度。

如果按照泰国约900万的华人人口进行估算，那么泰国华文报纸的日发行量即使按平均4人一份报纸，其发行亦达100万份。然而实际情况就是华文报纸的日发行量10万②份左右，期刊类的订阅数更少。究其原因，需分析华文纸媒受众市场的特征及发展变化。

首先，直接影响泰国华文纸媒生存及发展空间的受众特征是其使用华文的程度及频度，以及其对自身族群文化价值的认识与所在国主流文化价值的比较。目前，泰国第三、第四代华人对华文的掌握程度明显减

---

① ［泰］江白潮：《泰国华侨华人现状的探讨》，《泰中学刊》2002年版，第3页。
② 泰国华文纸媒的发行量作为商业秘密一般不向外界披露，笔者向多位业界人士求证，基本认同《世界日报》的发行量最大，估计在1万多份，而发行量最少的报纸仅三四千份。按此估计，实际发行量应比向外界公布的日均发行量10万份要少。

弱，甚至完全不懂华文的大有人在。导致华人不懂华文的原因，除历史上泰国政府封闭华人学校，导致华文传承出现断层现象外，更主要的是华人家庭对自身族群文化价值观的改变，以及出于对现实利益的考量，更愿意让下一代学习英语。另外，华人与泰人的通婚，也使得孩子在家庭里失去华文语境。在家庭内外均没有华文学习的环境，泰国华文的传承出现断代现象也就在所难免了。因此，虽然泰国华侨华人人数众多，但熟练掌握中文的人数比例日趋下降。从表3—2的1990年泰国居民识中文者的人数及性别统计表中可以看出，懂中文的华人，年龄在50岁以上的占了53.1%，30岁以下的年青一代所占比例仅为24%，并且年纪越小，所占比例越少，6—9岁的儿童所占比例是全部年龄段中最小的，仅为4.1%。年青一代华文传承者越少，泰国华文纸媒的传播范围就越窄，这种情况如果不能改变，华文纸媒将只会成为一种文化象征意义的存在，而不具备作为媒介的其他社会功能，或者是功能受损。

表3—2　　　1990年泰国居民识中文者人数及年龄统计①　　　人数单位：千人，%

年龄组	男	女	总计	百分比
合计	49.6	46.1	95.7	100.0
60岁以上	20.8	15.7	36.5	38.1
50—59岁	7.1	7.3	14.4	15.0
40—49岁	5.1	5.2	10.3	10.8
30—39岁	5.5	6.1	11.6	12.1
20—29岁	4.8	5.6	10.4	10.9
10—19岁	4.3	4.3	8.6	9.0
6—9岁	2.0	1.9	3.9	4.1

其次，新一代的受众对信息的消费习惯及接触媒体的习惯明显发生了改变。由于网络的发展，年青一代对信息的消费从传统的媒体转向了电子媒体，消费需求也从过去的信息获取转为时尚休闲。虽然泰国华文纸媒已经根据受众的变化进行了积极调整，但明显落后于现实的变化。

---

① ［泰］江白潮：《泰国华侨华人现状的探讨》，《泰中学刊》2002年版，第6页。

不过，随着中国成为世界第二大经济体以及中泰经济合作的深度发展，泰国华文纸媒的受众亦将随之发生变化，为泰国华文纸媒在新世纪的发展带来了新契机。

第二节　泰国华文纸媒依存环境细分

内外力作用构成泰国华文传媒生存及发展的动力，这两股作用力既相互限制又相互促进，此消彼长，推动泰国华文纸媒向新的历史高度发展。这两种作用力可以概括地称为外生作用力和内生作用力。外生作用力包括来自外生环境，包括宏观环境、中观环境及微观环境的影响，宏观环境的影响如政治、法律、社会、科技、文化及教育等因素，中观环境主要指来自华人经济、华人社团发展及华人教育等因素的影响，微观环境的影响因素主要来自华人家庭，华人家庭的价值取向、家庭教育等对华文纸媒的发展产生作用；而内生作用力来自内生环境的影响，主要来自华文纸媒内部自身环境的影响，如资金、人才、管理及发展目标等。宏观、中观和微观环境共同作用，成就了泰国华文纸媒的今天。

一　外生环境分析

在本书中，外生环境是指存在于泰国华文纸媒之外并对其产生间接作用的环境，包括了宏观的政治、经济、外交等因素，中观的华人社会的社团、教育的发展等以及微观的华人家庭。

（一）宏观环境

对泰国华文纸媒生存及发展起决定性影响的宏观因素主要有泰国对国内华人政策以及中泰两国关系的变动及走向，其他的如国际政治关系、经济变动、战争等影响因素的变动，将折射到上述两个方面，因此统合到一起进行阐述。

1. 泰国对华人态度的演变

泰国是华人最先定居的国家之一。在泰国的第一代王朝——素可泰王朝时代（1209—1350），随着中国人冒险渡过七洲洋到泰国谋生，就把中华文化带入泰国。到大成王朝时代（1350—1767），因与明朝关系密切，两国交往频繁，有很多中国人到泰国定居。及至华裔王郑昭的吞武里王朝时代（1767—1782），泰国的华侨已逾百万人①。

同时，泰国也是最早接受华人文化的国家之一。陈学霖先生在《暹罗贡使谢文彬事件剖析》一文中指出："饶中颐教授最近指出，早在元泰定帝天历年（1328），暹国吕泰帝（1317—1354）曾遣一旅暹浙江钱塘人为来华贡使，蒙朝廷封为武略将军并授以顺昌知州荣衔……明代旅暹华人为少出仕其国为赴华贡使及通事，见于《明实录》及有关记载有洪武五年（1372）来朝充通事之李清，六年（1373）十二月充副使之陈举成……"② 由此看出，早在14世纪，泰国已经录用华人作为外交使臣，是东南亚国家中最早接受华人官员的国家。

泰国政府对国内华人的政策，经历了接受、抵制、打压、融合并存的历史过程，在政权更迭频繁的年代，对华人的政策经常反复调整。泰国对华人的政策以1910年、1938年、1974年作为三个分水岭。

1910年（拉玛五世时期）以前，宽容优待时期。初到泰国生活的华侨，以单身青壮年男子为主。出于经济发展的需要及对劳动力的需求，泰国采取一系列吸引华人定居的政策。首先，不限制华侨入境，同时在税赋、劳役等方面给予优惠，甚至优于泰国国民待遇；其次，允许泰国妇女与华人通婚，甚至一些华人侨领的女儿，嫁到泰国王室和贵族家庭；再次，鼓励华人在泰国安居乐业，允许自由经商。对有功之华人，泰国王室往往封爵授禄，委以重任。从素可泰王朝到拉玛五世时期，许多华人受泰王重用在政府中担任官职，其中有突出贡献者与泰人一样被授予爵位，加官晋爵，甚至被赐予泰姓、泰名和泰国公民身份等。这一时期，华人与泰人和睦相处，关系融洽，泰国的华人政策主要侧重于鼓励华人实现自然同化，并协助他们在泰国落地生根。

1910年至1938年，强制同化时期。强制同化措施的制定，有其特有的历史背景。20年代末期，中国大革命失败后，政局动荡，一些在中国求学的泰国华侨青年以及中国东南沿海的大量居民从大陆南渡。他们

---

① 郑朕：《泰国华文新文学的历史扫描与前瞻》，《唐山师专学报》1999年第1期，第52页。
② 陈学霖：《明代人物与传说》，香港中文大学出版社1997年版，第279页。

在国内接受了新文学思潮的影响，来泰国后多半从事文化、教育、新闻等工作。一时间，华文学校增多，华文报纸及一些华文报纸的副刊越办越活跃。由于受中国新民主主义思潮的影响，华人的民族主义意识觉醒，华文学校的蓬勃发展、华人社团的兴起以及华文报刊的摇旗助威，华人的民族主义情绪加剧，引起了泰国当局的忧虑。其次，从20世纪初期开始，移居泰国的华人中女性比例不断上升，致使华人以本民族间的通婚逐渐代替了异族通婚，在相当程度上延缓了华人的自然同化进程。鉴于上述两个方面，从拉玛六世开始，采取了一系列强制同化的政策。如1913年颁布第一部国籍法，其中针对华人，规定所有在泰国境内出生的人，无论其父母属何国籍，均可成为泰国公民；而品德优良并拥有相当财产的中国人，在泰国居住时间满五年者，可申请泰籍。此国籍法是对1909年清政府颁布的中国国籍法的一个回应。1914年，泰王拉玛六世在报上连续发表文章，批评泰国华人移民。1921年开始，泰国当局开始着手打断华文传承的链条。如1921年颁布《强迫教育条例》，规定在泰国出生的儿童，7岁至14岁必须接受四年的泰文初级教育，对于考核不及格者需延长学习时间。1933年将华文规定为外语，严格限制教学时长。1935年查封了多家华文学校。与此同时，制定措施限制中国移民入境。如1927年颁布首个移民法，大幅提高外侨的居留费，限制华人妇女入境以及推行移民识字测试等。华人不再享受以往的优厚待遇，开始成为泰国政府警觉和提防的群体。

　　1938年至1974年，总体排华阶段。1938年至1944年出现第一次排华，其时日本占领泰国，銮披汶政府掌权，执行狭隘的民族主义，推行泰化运动及"大泰族主义"，从政治、经济、文化等各个方面对华人社会进行"清洗"。如政治上，大肆逮捕并驱逐参与抗日救亡运动的华侨。将泰国的10个府规定为禁区，强制华人华侨搬离；经济上，打压并排挤华人经济，建立国营企业；文化上，关闭华人学校并查封华文报纸，使全国仅剩下两所华文学校及一家华文报纸，且此华文报纸由日军掌控。整个华人社会跌落谷底，华人经济凋敝，华人社会的三大支柱被肢解得四分五裂。1944年至1947年，日本面临战败，泰国政府更迭，由主张抗日的"自由泰"当权，取消各种高压政策，不再限制华人入境，泰国华人社会迎来难得的三年黄金发展期。而后1948年銮披汶政府再次掌权，开始第二轮的排华运动。拘捕侨领、迫害华侨、查封华文学校及打压华人经济等。如1949年实行华人限额入境，每年入境者不超过200人，不久又将限额减至100人。同时，将华人擅长的十多种职业保留给泰人。第二次排华浪潮从1948年延至1953年。1954年至1958年，由于国际形势出现大的变动以及国内对于过激泰化政策的反感，泰国当局开始反思过度亲美的后果，放松对华人的管制，泰国华人社会得到四年的恢复发展期。1959年，沙立政府当权，执行亲美"反共"、发展民族经济的政策。其时华人已陆续加入泰籍，因此沙立政府制定的禁止外侨执业的64种规定对华人社会没有太大影响。1971年，中美关系解冻，联合国恢复新中国的合法席位，泰国亦开始与新中国秘密接触。中泰关系开始峰回路转。

1975年至今，是友好相待、扶持发展的时期。1975年，泰国与中国正式建立外交关系，两国高层频繁往来，开始在多个领域展开合作。1997年7月2日，亚洲金融风暴席卷泰国，导致泰铢大幅度贬值，政局因此产生动荡。中国政府做出人民币对外不贬值的承诺，为稳定亚洲的繁荣和稳定作出了贡献，赢得了泰国社会的赞赏。随着中国在国际政治经济舞台发挥越来越重要的作用，泰国国内掀起了一股前所未有的华文热。泰国政府陆续放松对国内华文教育的管制，鼓励大学、中小学开设中文课程，允许华文拥有自己的报纸，给予华文传媒更多的自由。2009年，泰国教育部在全国2000多家中小学开设中文课程。诗琳通公主26次访华，并在北京大学学习，更成为泰国"华文热"的推动力量。目前，泰国已与中国汉办建有12所孔子学院与11间孔子学堂，超过40万的泰国人正在学习华文。与此同时，中泰两国留学人员日益增多，2010年，中国更一跃成为泰国最大的留学生源国，在泰国留学的中国学生已达9000多人，比2001年增长近10倍。泰中两国建交36年来，高层互访频繁，政治、经济、军事、教育、文化等领域的交流与合作全面发展，已经建立起平等、互信、互惠、互利的战略合作伙伴关系。

综上所述，泰国对国内华人的政策虽然经历了几十年的排挤打压时期，但纵观900多年的泰国华人发展史，总体而言，泰国对华人持友好态度，并欢迎他们在泰国定居、发展地区经济。而进入 21 世纪，随着东盟自贸区的建立，泰中两国的合作日益加深，泰国华文纸媒亦将迎来新一轮的发展机遇。

2. 中国对华侨态度的演变

从中国海外移民史归纳海外移民原因，主要有以下几个方面：统治阶级在政治上的软弱无力与分崩离析、外国的侵略与干涉、人口膨胀的压力、自然灾害、海外商贸及劳务以及寻找更好的发展机会等。无论是通过合法途径或是非法途径，海外移民常常被看做改变个人及家庭命运的重要方式，而泰国与中国邻近，长期以来对华人移民的态度是欢迎和包容的，因此成为中国东南沿海地区居民海外移民的目的地之一。

新中国成立以前，中国政府对泰国华侨的政策仅检索到下面两条：

1926 年，国民党第二次全国代表大会，由萧佛成提出的保护华侨案获得通过[1]；

1929 年，萧佛成代表中国政府与暹罗当局谈判，签订了改善华侨处境的条约[2]。

新中国成立到改革开放前，内忧外患时期，中国对出入境实行严格的管理。1978 年以后，中国政府开始放宽了出入境的限制，有正常出境理由者基本完全放行。大批以家庭团聚、访亲问友原因出国者，成为新移民的先驱，随后而至的是留学潮。据统计，1979 年至 1985 年共有 35 万的大陆人被允许出国，1986 年至 1996 年出国人数增加到 560 万，其中至少有 60 万人定居国外。除了通过合法途径出国的人外，从大陆出去的非法移民的规模亦很大。据曼谷有关侨领透露，近十几年来，合法和非法进入泰国并定居的潮汕人有 10 万—20 万人[3]。

1978 年，经济发展第一次成为中国共产党和中国政府的中心工作。为启动经济发展所需资金的筹措问题，成了摆在中国中央政府和地方政

---

[1] 李和龙：《爱国侨领萧佛成》，2010 年 11 月，中国南靖网（http：//www.fjnj.gov.cn/QJNJ/ShowArticle.asp? ArticleID=3652）。

[2] 同上。

[3] 庄国土：《1978 年以来中国政府对华侨华人态度和政策的变化》，《南洋问题研究》2000 年第 3 期，第 1—2 页。

府面前的巨大难题。他们开始将眼光放在几乎被忽视了近30年的海外华侨华人群体上，海外华人经济实力的逐年增加，使政府意识到他们在中国社会经济发展中将发挥重要的作用。1984年4月20日，时任中共中央总书记胡耀邦在全国省级侨办主任会议上提出，3000万华侨华人是了不起的力量，要好好加以利用。并认为侨务工作是长期的工作，是很重要的工作，全党都要重视这项工作。海外华人开始成为一支重要的经济建设力量投入到祖国的发展当中。

1978年初，中国政府重新成立主管侨务的机构——国务院华侨事务办公室，随后，各个省、自治区（除西藏外）和直辖市几乎都成立了侨务办公室。中央和省级的人民代表大会和人民政治协商会议也都设立处理海外华侨华人事务的专门委员会。人大设立华侨事务委员会，政协设立港澳侨台联络委员会，这些机构或多或少与海外华侨华人保持了一定的联系，官方涉侨机构的增加意味着从中央到地方的各级政府都对华侨华人事务高度重视。

在政策上，华人和华侨同样享有在投资、税收的减少与豁免以及旅游等方面的各种优惠待遇。这是顺应了获得外国国籍的海外华人越来越多而华侨的数量越来越少的事实，从关注华侨开始转向了关注华人。

1986年，全国人大颁布了《中华人民共和国外资企业法》。同年，全国人大颁布对1979年《中华人民共和国中外合资经营企业法》的修改版，在照顾地方特点、更具可操作性等方面补充了原有的法规。全国各地方政府，尤其是侨乡政府根据本地特点也颁布相应的吸引海外华资的地方优待法规。例如福建省人民政府于1986年颁布《福建省贯彻国务院关于鼓励外商投资的规定的补充规定》，1998年8月，福建省人大颁布《福建省保护华侨投资权益若干规定》，以立法形式明确规定各项对华侨投资的优待政策。

在中央及地方政府的努力下，海外华人开始关注祖国的发展，而第一家到中国投资的外资集团，正是泰国华人企业——正大集团。在20世纪80年代，当中国内地刚刚开放，正大集团掌门人谢国民先生率先响应祖国号召，参与祖国的经济建设，这一举动令世界经济人士震动。正大集团由泰籍华人、著名潮汕企业家谢易初、谢少飞兄弟创办，谢国民为第二代掌门人。正大集团不仅是第一个来中国投资的外资集团,也是在中国投资项目最多、投贸额最大的外国公司之一,与中国合资及独资经营的企业超过70家,范围从初期的饲料加工、摩托车制造发展到房地产、金融及通信等多个领域。

除了通过官方渠道密切与海外华人的关系外,中国还加强了与非官方的社团组织、基金会的联络。华侨华人社团以宗乡社团为多数,在华侨华人与家乡关系方面扮演重要角色。如1992—1995年,泰国泰华报人公益基金会主席、著名侨领、华人企业家陈世贤先生连续四年被邀请访华,并得到中央领导亲切会见。

为凝聚全球华商的力量,加强华人之间的经贸合作,1991年,由新加坡、香港地区和泰国中华总商会共同发起,成立了世界华商大会。世界华商大会被全球公认的华人商业高峰会议。世界华商大会已经为中国经济搭建起"外引内出"的平台,不仅方便华人外交投资中国,更成为中国企业走向世界的重要通道。分布在世界各地的华商由于同根同源,成为中国企业走向世界的重要伙伴。泰国华人企业对世界华商大会的促成起着关键性的作用。

90年代开始,针对留学移民群体,政府采取开放式的态度,将重点放在完善出国留学程序、加强与留学生的交流以及吸引回国服务上。而各出国留学较多的地区,如上海、广东、福建等地,还专辟留学生高科技园区提供优厚投资条件吸引海外高科技人才。

进入21世纪,随着中国经济繁荣社会稳定,国际地位和国际影响力不断提升,海外华文媒体的传播功能受到关注。首先是华人移民国里,中国被视为极具开发潜力的市场,关注中国,愿意到中国投资经商的人越来越多,而华文报是获取中国信息的重要渠道,华文报的市场得到进一步的拓展,增强了华文报的吸引力。另外,随着中国注重对外形象的塑造,海外华文媒体更肩负起向世界介绍中国的功能。由于共同面对经济全球化的浪潮以及向世界发出华人声音的责任,世界华文媒体开始走上互助合作的轨道。2001年,由中国新闻社主办,地方政府承办的世界华文传媒论坛为世界华文传媒搭建起沟通合作的平台。论坛每两年举办一届,成为继世界华商大会后又一华人盛事。泰国七家华文报纸全都加入了世界华文传媒论坛,由此看出泰国华文报纸对论坛的重视程度以及对于华文媒体合作发展的积极性和紧迫性。

华文媒体走向联合,为泰国华文纸媒在新世纪的发展提供更为广阔的空间。无论从引进人才、科学管理和稿源的及时性和真实性上都得到不同程度的保障,更为重要的是,经济贸易、人员往来及文化交融为泰国华文纸媒带来更为灿烂的明天。

3. 中泰贸易往来

中泰两国双边贸易的发展,随着两国关系的稳定而渐入佳境。1978年3月,两国签订了中泰贸易协定,并成立了经济合作联合委员会,1985年3月签订了促进和保护投资协定,并成立经济合作联合委员会。1986年10月签订了关于对所得双重版税和防止偷漏税协定。上述协定的签订,为两国商贸走上合法化、正常化的道路提供了保障。

1975年刚建交时,两国贸易额仅为2100万美元,到1982年就增至4.67亿美元[1]。刚开始,中国从泰国进口的商品主要为大米、玉米、绿豆、橡胶、原糖等农产品,而向泰国出口的主要是轻柴油、机械设备、生丝和医药等。

随着中泰两国互信友好关系的日益加深,中泰两国的贸易额逐年上升。1999年,中泰经济贸易合作深入发展,合作领域更加宽广,开始在工程建设方面展开合作。2002年,双边经贸合作再上新台阶,泰国一跃成为中国对东南亚投资最多的国家。

2010年,中国已成为泰国第一大贸易伙伴。2010年双方贸易额达到529亿美元,较2009年增长38.6%。其中,中国向泰国出口197.5亿美元,较上年增长48.6%,中国从泰国进口332亿美元,较上年增长33.3%,中国逆差134.5亿美元。目前,泰国在中国与东盟各国贸易中处于第三位[2]。

图3—2为中泰自建交后到2010年的历年贸易数额柱状图。从图中

---

[1] 中华人民共和国外交部外交史编辑室:《中国外交概览》,世界知识出版社1987年版,第65页。

[2] 赵珊:《中国已成为泰国第一大贸易伙伴》,《人民日报海外版》2011年1月31日第002版。

可以看出，中泰两国的经贸基本呈直线上升趋势，除1990年和1996年与上年同比稍有回落外，其余均保持增长的态势。2010年的双边贸易额要与建交之初的1975年相比较，共增加了2518倍。

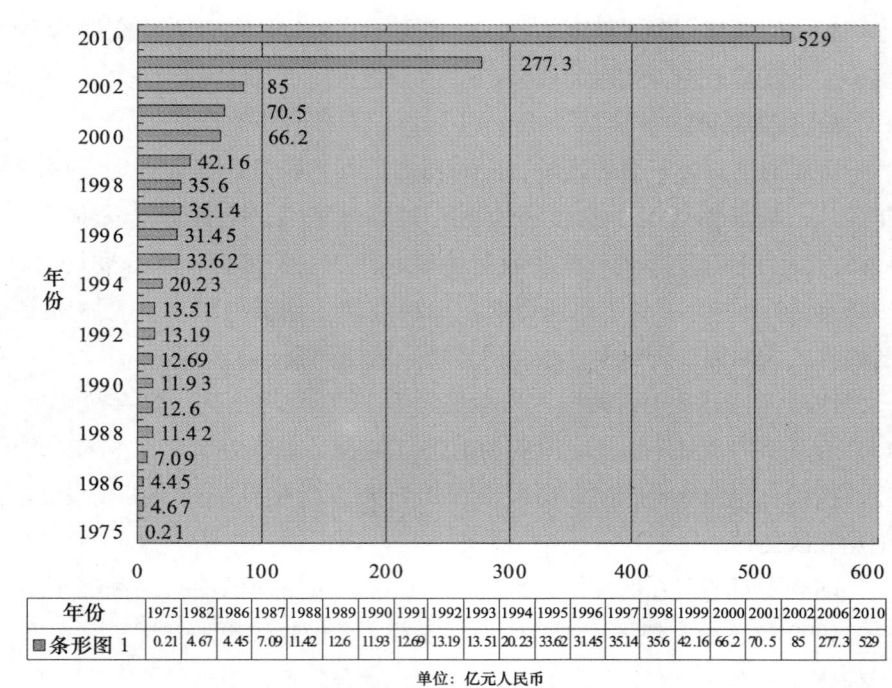

年份	1975	1982	1986	1987	1988	1989	1990	1991	1992	1993	1994	1995	1996	1997	1998	1999	2000	2001	2002	2006	2010
条形图1	0.21	4.67	4.45	7.09	11.42	12.6	11.93	12.69	13.19	13.51	20.23	33.62	31.45	35.14	35.6	42.16	66.2	70.5	85	277.3	529

单位：亿元人民币

图3—2 中泰历年双边贸易额（1975—2010）①

中泰两国在经济上的紧密合作再度激活了沉寂多年的泰国华文传媒界。经贸合作的发展，华文翻译成为紧俏人才，带动泰国国内华文教育的兴起。华文热进一步拓展了泰国华文纸媒的受众市场；与此同时，中国投资吸引力的增强，增加了泰国社会对有关中国信息的需求量。泰国华文纸媒当仁不让，竞相报道中国的财经信息，分析投资环境及点评中国的投资政策，受到了泰国民众的欢迎。

---

① 数据整理自中华人民共和国外交部外交史编辑室编制的《中国外交概览》（1987—2009）中泰国部分，而2010年中泰双边贸易数据来自2011年1月31日《人民日报》（海外版）第002版，记者赵珊撰写的《中国已成为泰国第一大贸易伙伴》一文中的数据。

中泰两国在政治上加强对话，在经济上紧密合作，为泰国华文传媒业的发展，营造了良好的外部发展环境。过去操纵泰国华文纸媒命运的政策因素，已经发生了根本性改变，制约泰国华文纸媒发展的宏观因素中的障碍已经基本移除。随着中泰经贸交流与合作的日益密切，以及中国—东盟自由贸易区建设的深度发展，这一切为泰国华文纸媒业的发展，尤其是泰国华文纸媒赖以生存的广告业务的发展带来了广阔前景。

（二）中观环境

泰国华文纸媒依存环境中的中观因素主要是华人社会，华人社会的整体发展情况，包括华人经济、华人社团及华文学校的发展情况直接对华文纸媒产生影响。华人经济体现整体华人的经济地位，进而体现华人的政治地位，华人经济的强盛与否对华文纸媒的发展具有重要影响；华人社团与华文纸媒之间是相互促进、相互扶持的关系，两者不仅在业务上有密切关联，在管理层上，许多华文纸媒的负责人或报人均在华人社团中担任重要职责；华文学校是传承中华文化的重要场所，华文学校对华文纸媒的影响主要体现在报业人才培养及受众市场培育方面，华文学校的兴旺与否直接影响华文纸媒的可持续发展。

1. 泰国华人经济发展情况

泰国华人经济由泰国华侨经济演变而来。早期进入泰国的华人多以技术工和劳工为主，经过长达900多年的辛勤耕耘，华人为泰国经济的繁荣作出巨大贡献的同时，华人经济亦与泰国经济紧密结合，成为其重要的组成部分。

曼谷王朝早期，为发展商品经济，招募大量有技术工艺的华人（以潮汕人为主）到泰国，从事生产劳作。如种植甘蔗及砂糖生产、陶瓷制作（由此创造出名噪一时的宋伽洛陶瓷）、建筑工艺、餐饮文化和中医药学等。据史金纳的《古代的暹罗华侨》一书中记载，阿瑜陀耶最受尊敬的医师来自中国，国王的御医也是中国医生。随着中医受到重视，中药店亦应运而生。第一个代客煎药赠医施诊的华人李松青所创办的李天顺堂药材店，成为泰国中药业世家[1]。

---

[1] 许肇琳：《中华文化的传播与海外华人》，《东南亚研究》1996年第1期，第26页。

而到了现代，华人已经深入泰国的各行各业，华人经济成为泰国经济中耀眼的明星。据统计，1986年泰国的商业，包括运输、仓储、金融、建筑等行业的生产总值占泰国国内生产总值的40%。而这些产业属于华裔者达70%。泰国华人的商业经营（包括经营规模、范围、金额等）约占全国该行业的80%，在纺织、食品加工行业占60%，在金属生产和化学工业占40%[①]。泰国几乎每一行业，均有代表性的华人企业，如机械工业方面有陈龙坚创办的暹罗机械集团公司；制造业方面有以种子饲料生产起家，后扩张到房地产、国际贸易和金融等多个行业的正大集团，遍布泰国大街小巷、总数超过1700家的7—11 24小时便利连锁店的特许经营权为正大集团所有；工业区方面则有郑午楼的挽蒲工业区和李景河的明泰工业城、京城工业区等众多工业生产基地；轻工业方面更是华人参与度相当高的行业，如食品加工、皮革生产制造、橡胶制品和纺织业等。仅占泰国总人口14%的华人掌握了40%的国内生产总值，其重要性不言而喻。

更为重要的是，华人资本在泰国金融业中发挥着举足轻重的作用。泰国现有15家商业银行，其中盘谷银行、泰华农民银行、大城银行、京华银行、泰国第一银行、京都银行、曼谷商业银行、亚洲银行、联合银行和黉利为华人创办及华人资本为主，中有泰人股东，其余5家银行为泰人创办，但亦有华人股东。其中华人创办的盘谷银行，其资产总额占全泰商业银行资产总额的37%[②]。

泰国华人经济已经深深扎根于泰国经济中，成为泰国经济中不可分割的组成部分。实力雄厚的华人经济为华文纸媒的发展打下了坚实的基础，并为之提供良好的运营环境及市场机会。

2. 泰国华人社团发展情况

如果说华人经济是华人社会地位的体现和保障，那么华人社团则是华人力量的黏合剂。华人侨团社团重视华人之间的团结与和谐，决不是偶然的。在泰国，华人900多年的奋斗史已经无数次从正反两方面证

---

① 朱芳：《泰国华人经济及其走向》，《当代亚太》2001年第9期，第61页。
② 吴凤斌：《泰国华人经济构成新探》，《八桂侨史》1994年第2期，第27页。

明，华人社团内外的和谐和团结是华人社会生存、发展和壮大的根本保证。仅有社团内部的团结是不够的，社团的社会功能是最大限度地聚合华人的力量，通过组织的力量，帮助华人融入主流社会，在经济上繁荣华人经济，在政治上表达华人的诉求，维护华人的权益。

泰国华人社团种类繁多，按其建社目的的不同，大致可分为地缘、亲缘、业缘、帮派、文艺、公益等，这些社团基本上将不同的性别、职业及社会层次的华人纳入其中。

泰国华人社团的功能随着时代的变化，亦发生改变。以1945年作为分界，之前多为华侨社团，简称侨团；之后随着华侨转入泰籍，侨团亦转变为华人社团。侨团的主要种类及功能大致如下：

（1）帮派组织。作为早期侨团的一种组织形式，帮派组织出现的时间较早。在曼谷王朝拉玛二世时期，华侨已在泰国沿海、南部和中部各地建立秘密洪字会，泰国当局称之为大兄会。洪字会有严密的组织结构、会规、入会仪式等。明为救贫互助，帮助会员抵御灾难，谋求生活来源；暗地里从事违法活动，造成不良影响。

（2）政治类社团。政治类社团是指将有共同的政治追求、理想信仰的华人聚合在一起而建立的团体。如1928年由琼籍华侨陈灼之成立的暹罗反帝大同盟、1938年由许一新等人创办的暹罗华侨各界抗日救国联合会等，这些社团的宗旨是反对帝国主义的侵略政策，支持民族解放运动，支援祖国的抗日救亡运动。

（3）宗教类社团。以地缘、亲缘等关系组建的社团，以祭拜祖先和神灵为主要目的。在雏形阶段多为寺庙、公所、会馆等形式，现在在曼谷及各府仍有不少华人建造的寺庙，供奉妈祖、关公等。如佛丕客属会馆就是典型的地缘式社团，其前身为泰国客属总会驻佛丕干事办事处。社团通过联络本府各地暨全国客属同乡，巩固乡情，曾经修建山庄碧陵墓苑、捐资在本府皇家山花园内兴建中国式凉亭，并组织庆祝秦皇60圣寿等活动。

（4）宗亲类社团。宗亲组织按照血缘、地缘、语缘的不同而分别组建社团，主要是宗亲观念的体现。宗亲社团主要反映了华侨对家庭、宗族、家乡的认同，进而对华夏文化及价值的认同。

(5) 行业协会组织。聚合行业内华商，形成合力，影响业内商品的价格。如泰国火砻公会。其成立于 20 世纪初，由马立群、蚁光炎等发起组织。最先为火砻商协调米价、沟通信息的场所。1928 年，正式向泰国政府注册成为合法社团。宗旨是：通过调整华商内部米价及谷价，促进泰国米粮顺利出口，推动火砻业的开展，积极参加华社慈善福利活动。行业侨团同时肩负起接待、安置新来侨民，帮助他们尽早适应新的环境，以及介绍工作、资助其子女上学等，同时通过捐资助学、建华校、医院、养老院等方式，为侨胞提供福利。

(6) 文化团体。文化团体以传承中华文化、繁荣泰华文艺为主要目的，如暹罗华侨艺术协会，集合了泰华爱好艺术人士，以研究艺术，发扬祖国文化并促进中暹亲善为宗旨，得到泰华著名诗人、画家、社会活动家、《真话报》社长邱及等文化名人的支持，曾多次举办美术作品展览、义卖展品活动，所得款项用于捐助当地华侨的慈善机关和文化团体。

1945 年之后，华人社团的功能最明显的变化是向着细分化发展，开始出现以争取华人在当地的权益、参政、助选以及促进泰中经济文化交流、联合世界华人等为目标建立的社团。如 2001 年成立的泰中和平统一促进会，就是以推动中国的和平统一为目的。

如今，从曼谷到各府都设有华人社团，华人社团与中国政府部门及民间机构均互有往来，社团活动也很频繁。华人社团在活跃泰国华人社会、凝聚华人力量方面起着积极的作用。

泰国华人社团对华文纸媒而言，意义同样重大。首先，社团对于活跃泰国华文纸媒，起着关键的作用，尤其是行业、文学及教育等社团。行业社团支撑着泰国华文纸媒的发展。在历史上，泰国华文纸媒的各个发展阶段，均有行业社团的身影。文学社团起着繁荣华文纸媒的作用。早在 20 世纪 30 年代中期，一群热爱文学的青年纷纷成立文学社团、读书会，聚集文友，交流心得，并在各大华文报纸上出版"寄刊"。当时文学社团性质的组织众多，其中最具影响力的有彷徨学社、椒文学社等。这些文学社团掀起了文学创作的风潮，活跃、充实甚至开创了各大华文报的文艺副刊，推动了华文纸媒的快速发展。而教育社团的发展，在传播中华文化的同时,为华文纸媒的人才培养及受众培育打下了坚实基础。

其次,社团在资金上、业务上支撑着泰国华文纸媒的发展,这些支持帮助泰国华文纸媒渡过了一个又一个难关。1998年,泰国遭受亚洲金融风暴的席卷,经济凋敝,失业率上升。泰国华文报纸却无一家倒闭,这与华人社团在困难时候继续给予报社广告支持密不可分。

最后,泰国华文纸媒本身就组建有社团组织。目前,泰国华文传媒的社团有泰华报人公益基金会、泰华内地记者报业协会、泰华通讯记者协会和泰华通讯记者联谊会。其中,泰华报人公益基金会由已故侨领陈世贤先生于1978年发起,其目的是以振兴泰华报业、扶助报业同人的宗旨,促进报人团结,为报人及其眷属谋求福利;泰华通讯记者协会,1991年由泰国各地热爱新闻报道的人士组织成立。其宗旨是团结泰国内地各府热爱华文新闻报道的通讯记者,共同发扬中华文化,并举办华文师资培训班。

当然,泰国华人社团与泰国华文纸媒是双向互利的关系,社团在扶持泰国华文纸媒的同时,泰国华文纸媒利用其舆论功能,对社团的活跃起到促进作用。华文报纸为社团提供大幅版面,刊载各侨团的活动信息,为社团的和谐发展起着积极的作用。

如果泰国华人社团对于泰国华文纸媒而言是其发展的坚实后盾,那么泰国华文学校则是判断华文纸媒后续发展势头的一个依据。

3. 泰国华文学校发展情况

华文学校的出现,以华侨在泰国已经达到一定数量为基础,按常理进行推算,华文学校出现的时间,应晚于帮派社团,先于华文纸媒。如果按谢犹荣先生的著作《新编暹罗国志》中关于华文学校的记载进行推算,作为第一所有据可查的华文学校,出现在曼谷王朝拉玛一世(1782—1809)时代,由泰国华侨在大城府阁良区创办。以此推算泰国第一所华文学校的创办时间在18世纪末期至19纪初,从此开始了在泰国这片异土进行中华文化传承与延续的工作。

清乾隆年间,祖籍广东澄海的华裔郑信成为泰国吞武里王朝创建者(1734—1782),郑信在位期间,重用华人,委以军队首长、地方官吏等官职，并在政治、军事和商贸等方面给予特权。在暹罗南部沿海地带，华人的地位尤为突出，为华商的中暹贸易和华人的迁入创造了有利的条件。同时，华侨还享有免征人头税等优惠政策，因此在吞武里王朝期间，中国东南沿海贫民大量移居暹罗，尤其是郑信的祖籍广东潮州地区的移民所占比例最大。形成了近代中国人移居泰国的第一个浪潮。至1914年旅泰华人已达150万之多，仅1918—1931年移居泰国的中国人就有50万人左右。随着华侨人数的增长，华文学校日益增加，最早的有：客属会馆的进德学校、广肇会馆的明达学校、福建会馆的培源学校、海南会馆的育民公学等①。1912—1921年，全泰共创办了华侨学校30所②。

1927—1931年，泰国华文学校数量剧增，迎来了第一个华文教育的黄金时代。1929年，泰国华文学校增至188所。

华人数量的增多、华文教育的盛行以及中国新民主主义革命思潮的涌入，开始让泰国政府产生担忧。早在1918年，泰国当局已经颁布《民校条例》，对华文教师的任教资格及学生学习泰文的时间进行了规定；1921年颁布《强制教育条例》，规定在泰国出生的儿童，从7岁至14岁必须接受四年以上的泰文教育。虽然泰国当局颁布了上述两项法令，但并未严格执行，华文学校的数量仍不断增加。

1933年，泰国当局推行强制同化政策，开始严格执行1918年的《民校条例》和1921年的《强制教育条例》。1937—1938年，华文学校尚有293所，华文教员492人，学生15711人③。到1940年底，被借口《民校条例》而遭政令查封的华校多达242所，加上自动停办的51所，残存者只有1所小学④。泰国的华教事业步履维艰，几乎全军覆没。

1945年，第二次世界大战结束后，泰中两国签订了《中暹友好条约》，建立外交关系。随着泰中关系的缓和，当局对华文学校的管束开始松动。1946年底，华文学校的学生17.5万人，华校500所，到1948

---

① 李谋：《泰国华文教育的现状与前瞻》，《南洋问题研究》2005年第3期，第60页。
② 李玉年：《泰国华文学校的世纪沧桑》，《东南文化》2007年第1期，第72页。
③ 李谋：《泰国华文教育的现状与前瞻》，《南洋问题研究》2005年第3期，第60页。
④ 高玛琍：《泰国华文教育的现状和前景》，《八桂侨史》1995年第2期，第46页。

年8月被泰国政府强迫注册时仍有华校426所，学生6万人，达到在泰注册华校数、学生数历史上的最高纪录①。1948年，出于政治上的考虑，泰国当局开始全面限制华文学校的发展，华文学校开始逐年减少。如果说60年代以前，是政策因素导致华文教育的衰败，那么60年代至80年代泰国华文教育的凋敝则是多种因素导致的。无可否认，它是前期打压政策成效的一个表现，但更主要的原因是，首先随着50年代后期华侨纷纷入籍泰国，对祖国的认同感及归属感开始减弱，对泰国的认同感及归属感开始增强，对华文的热情不再；其次，中国其时处于经济低谷期，华文的价值无法在经济上得到体现；再次，华文学校的教学体系、教材等均差强人意，华语的博大精深难以掌握，加上资金上的短缺，难以为继。华文教育被泰国华人自主地放弃。由于以上各种原因，导致生源缺乏，华文学校逐年减少，出现长达50年之久的华文教育断层期。

20世纪80年代之后，泰国政府积极发展本国经济，密切对外经济联系。台湾、香港地区的商人纷纷到泰投资，其时，中国的改革开放已经初见成效，泰中两国的贸易繁荣，华语翻译成为紧缺热门职业，华文的经济价值引起关注。泰国政府开始鼓励兴办华文教育，小学、初中、高中及大学均可开设华语课程。1992年，泰国当局允许一般中小学和专科学校开设汉语课程；1999年，规定汉语作为大专联考的一门外语；2000年泰国教育部正式通过了高中的汉语课程。许多学校包括一些专科学校、一般中学也陆续开设汉语课，每周2—4小时不等。

现如今，华文学校在新的历史阶段迎来了新的起点。泰国华文教育从幼儿园、小学、中学到大学连贯起来，形成一套完整有序的教育体系。诗琳通公主对华文的热爱起到了极佳的示范作用，华文已成为热门的外语受到学生和家长的欢迎。华文教育甚至进入泰国最高学府朱拉隆功大学。华文教育的兴起，促使华文教育组织的成立。80年代后陆续成立了泰国的华文教师公会、泰国课授华文民校联谊会和泰国华侨教育协会等教育组织，这些社团组织成为提高泰国国内汉语教学水平的中坚力量。与此同时，中国对泰国的汉语教学也给予了极大的帮助。迄今，中

---

① 李玉年：《泰国华文学校的世纪沧桑》，《东南文化》2007年第1期，第72页。

国国家汉办在亚洲31个国家和地区建立了82所孔子学院,仅泰国就占12所,并且,泰国是中国派出汉语教师志愿者最多的国家,每年来泰任教的中国汉语教师志愿者都超过1000名。为提高泰国汉语教育水平,2008年9月,泰中共同启动了泰国本土化汉语教师培养项目,而泰国的汉语远程教育亦已经启动。目前中泰合建的12所孔子学院、11所孔子课堂和1000多名汉语教师志愿者在汉语教学中发挥了积极作用,泰国学习汉语人数已超过60万人[①]。泰国华文教育已经迎来了新的黄金发展期。

泰国华文教育重新焕发生机,从长远而言,将有助于缓解泰国华文纸媒的发展困境。由于泰国华文教育经历了数十年的断层,老一辈新闻人才面临凋零,新生代新闻人才尚未成长,正处于青黄不接阶段,致使新闻写作水平日益低落,华文新闻人才荒日显严重,已濒临"有人看报、无人做报"的窘境。目前虽然通过加强与中国业务合作的方式暂时摆脱困境,但是泰国华文纸媒的发展最终还需依靠本国华文新闻人才的培养。因此,泰国华文教育及华文学校在新时期迎来新的发展,对泰国华文纸媒而言的意义重大。长期以来,受众市场及报界人才培养一直是限制泰国华文纸媒发展的瓶颈,随着华文的普及以及华文高等人才的培养人数日增,有望改变华文纸媒业受众市场狭窄以及业界人才青黄不接的现象。当泰国华文教育步入新的黄金发展阶段,必将迎来泰国华文纸媒新的辉煌。

(三)微观环境

泰国华文纸媒依存的微观环境中,起决定性影响的是泰国华人社会的细胞——家庭,家庭的价值观、认同感等体现在个体华人身上。

泰国华人保留和弘扬中华传统文化的主要力量有如下几支:华人社团、华文教育、华文报纸及其他传播媒介和家庭,前面三种力量或直接或间接地影响着华人价值观,而华人家庭对文化传承的认识以及精神层面的认同直接影响着个体华人。华人家庭对祖国的归属感、中华文化的

---

① 梦凌:《首届"陈纯杯"汉语水平大赛圆满落幕》,澳华文学网(http://www.aucnln.com/main/article7.asp? id = 2424&web = % u6fb3% u534e% u6587% u5b66% u7f51)。

认同感以及中华文化熏陶下养成的固有的思维模式以及价值取向，决定并影响着泰国华人的同化速度。

泰国华人社会始终处于变动发展中，既有资深老移民的泰化后代，又有随着各个历史时期不断涌入的新移民，使文化在新老移民中不断地碰撞、改变和发展。即使同属中华文化，由于地域性、阶段性的不同亦有较大的差距。因此当来自不同地域的华人聚在一起的时候，泰语及泰文化成了彼此共通的语言和文化。美国社会学家科赫林·理查德·詹姆斯曾经在20世纪60年代对60对泰国华人夫妇进行了问卷调查，调查对象均为移居泰国的第一代华人，有30对夫妇是潮州人，另外30对夫妇是中国其他方言群的人。他们中有57个人认为泰语是重要的，56个人认为潮州话也很重要，没有人认为英语对他们的职业是必要的，7个人认为中国其他方言也是必要的。詹姆斯发现，当各个方言群的华人走到一起，他们在不懂对方的语言时，便使用泰语进行交谈。如果是潮州人小店主和小商人，他们的顾客也主要是潮州人，那么平时一般都是使用潮州话[1]。当泰语及泰文化成为华人与华人之间唯一的沟通桥梁时，标志着华人已经融入泰国社会。

虽然在社会交往、饮食习惯、语言及行为上，华人与泰人已难辨彼此，从表面上，华人已经融合或同化于主流社会，但实际上，华人在家庭方面仍然保留了比较多的本民族特征。台湾学者戎抚天曾对泰国华人家庭做出以下描述："泰国华人通常仍维持扩展家庭（与核心家庭相对应，主要指三代同堂家庭），婚后毫无例外地从父居，从母居绝无仅有。父亲是绝对的一家之主，老人受尊重，父母更应该受到子女的孝顺、奉养，家庭中成员的权利、义务及其所受到的尊重完全依其年龄、世代与性别而定，和他们在家乡的传统并无二致。老人，无论有无亲戚关系，都受到年轻人的尊重……泰国华人家庭父母的权威仍然继续保持，传统中国式的权威形态仍维持不坠……泰国华人家庭受到最大影响的是亲属称呼，许多华人家庭不再依严格的称谓呼唤兄弟，而直呼小名。"此外，

---

[1] Coughlin Richard James: The Chinese in Bangkok——A Study of Cultural Persistence, Published by University Microfilms, Inc., Ann Arbor, Michign, USA, 1969, pviii -9 -11.

泰国华人家庭还"十分重视亲戚关系"、"妇女显然居于劣势地位,男人是一家之主,社区活动也是男人的天下"①。由此可见,在内在的价值观方面,华人家庭仍然保留着原有文化的精髓。这种内在精髓的保留,使得高度同化程度的泰国华人与泰人又有所区别,华人社会因此得以保留并延续下去。而泰国华人文化的发展方向,笔者较认同戎抚天先生的观点:既不是华人泰化,亦不是泰人华化,而是双方的现代化。

泰国华人家庭在形式上的同化,在精神上的保真,看似矛盾却又真实地存在,将折射到具有传播功能的泰国华文纸媒上。华人所认同的伦理、道德和价值观点,在华文报道中得到体现。当然,泰国华文纸媒面向的受众层面较广,既有来自中国内地,又有来自港澳台地区,其中还有新老移民之分。如何找到受众共通的最大交集并予以最大限度的满足,是泰国华文纸媒在现实的发展中需要解决的问题。

二 内生环境分析

泰国华文纸媒所依托的内生环境源于自身系统内的发展动力,包括资金、管理决策和科技等方面。虽然泰国华文纸媒的产生源于需求,但其能否继续生存和发展,在不考虑政策因素的条件下,取决于自身的市场适应能力和应变能力。通过自身能力的提升,适应新形势下的变化,以促进泰国华文纸媒的可持续发展。

(一)经济的可持续性

资金是传媒的生命线。没有资金的支持,无法创办媒体;但若媒体不创造效益,再雄厚的资本亦为之耗干。因此,判断泰国华文纸媒在经济上能否可持续发展,主要分析其赢利点及对市场的占有程度。

环看泰国华文纸媒,大部分纸媒的背后有财团的支撑,董事长及社长大多是商界、政界具有影响力的人物。如《亚洲日报》的董事主席李光隆先生是泰国赫赫有名的金融精英及侨领,其名下的产业除了金融证券业,还有房地产、饲料、纺织及酒店业;《中华日报》社长陈正亦为

---

① 戎抚天:《泰国华人同化问题》,载李亦园、文崇一、施振民主编《东南亚华人社会研究》(下),台北正中书局1985年版,第21—25页。

泰国青年企业家协会理事长;《京华中原联合日报》董事长陈振治先生是振和兴大金行的老板兼泰国金业公会的主席;《星暹日报》是著名巨商胡文虎兄弟留下的产业,现任社长李益森为胡文豹的女婿;《新中原报》75%的股份由盘谷银行集团控制;《暹泰时报》的创办人云大江先生为著名侨领,任普吉海南同乡会理事长;月刊《时代论坛》的董事长陈春强先生兼任泰国陈氏宗亲总会的副理事长;文学类季刊《泰华文学》的主编司马攻先生,既是泰国五福织染厂有限公司董事长兼董事总经理,也是泰国华文作家协会会长和世界华文微型小说研究会副会长,是位精通文学界与商界的人物。财团的支持是泰国华文纸媒产生和发展的重要资源,而自身的财富创造能力则是其赖以生存之根本。

泰国华文纸媒中除了极少部分刊物不以经济利益作为主要考量,其余均走市场化的道路。纯文学类期刊《泰华文学》属于少数派,以繁荣泰华文艺、加强对外文化交流为宗旨,不以谋利为目的,不接受商业广告,依靠协会成员的支持以及社会团体及个人对报刊的捐赠维持运作,每期刊物的最后一页均会详细地列出捐助人的姓名、职务及捐助金额。

华文报业基本以市场运作为主,收入来源较为单一,广告占据较大的份额。1997年亚洲金融风暴对泰国华文纸媒而言是一个极为严峻的考验,单一依靠广告收入的报纸几乎遭受灭顶之灾。为保生存,裁员、改组成了无奈之举。《亚洲日报》在实力雄厚的李光隆先生的独力支撑下,勉强维持了数年,终于2002年进行全面的报业改组。

泰国华文纸媒的经济可持续性依赖于自身的赢利能力,既要贴近市场经营、拓展销售途径,亦要做大做强,向集团化方向发展。贴近市场经营,需要对纸媒进行准确的市场定位,分析细分市场的特性,为受众提供感兴趣的话题及报道,从而吸引相关行业广告主的关注;报刊销售网点的布局,直接关系到报刊的销量。泰国华文纸媒应改变靠邮寄订阅和固定报刊点销售的传统模式,缩短报刊与目标受众的距离。值得一提的是创刊不久的《暹泰时报》中文报,在销售上不走寻常路,而通过在泰国南部的机场、酒店和7—11便利店布点销售,大为提高了读者购报的便利,受到读者的欢迎。同时,泰国华文纸媒从事的是文化产业经营,除了经营报刊外,还应将目光放到产业内部的行业,以及上下游产业的延伸，如投资纸厂、印刷厂、物流等其他业务。通过组建传媒集团，上市募集资金，既拓宽了资金来源，亦巩固和扩大了集团实力，可为华文纸媒谋求经济的可持续性发展。

（二）管理的战略性

毋庸置疑，目前泰国华文纸媒的受众主要是第一代移民，这些受众中的大部分是上了年纪的、对中国传统文化有着几近固执坚守的华人；而随着"中文热"出现的移民后代主要由掌握现代汉语的年轻人构成，他们有着新思想和新观念，并掌握及使用着新技术。随着老一代华人的陆续离去，泰国华文纸媒的受众结构已经面临重大调整。如何在保有老客户的前提下，吸引新读者，是华文纸媒面临的难题。能否让移民后代继续成为华文纸媒的受众，使华文纸媒代代相传，是关系到每一份华文报刊生存的现实问题。

应对新时期出现的变化，泰国华文纸媒赖以生存的条件将面临很大的改变，既要开拓新市场，又要做好节流工作，需要华文纸媒在经营管理上具备战略眼光。

为吸引新读者，泰国华文纸媒需要解决新老文化冲突、口味改变以及媒体形态的转换等问题。新一代青年人接触的中文是简体中文，而老一代所认同的中文是繁体中文，由于泰国华文纸媒以老一代华人为主要读者，8份中文报中有7份是以繁体中文发行。仅从发行文字上，泰国华文纸媒就要做出非常大而且冒险的调整，并且根据形势判断，这种调整势在必行，只是时间早晚而已。部分华文纸媒已经意识到了这个问题，开始着手新市场的试探性工作。2004年，《中华日报》创办的《中华青年报》就是以新读者作为主要目标受众，采用简体字发行，每月出一份，栏目设计上多为迎合爱好学习中文的年轻人关心的时事、学习、时尚及娱乐类等。通过发行以月刊子报的方法投石问路，有针对性地吸引新的读者，胜可占有新市场，逐步完成新旧版式的更替；败亦无伤筋动骨，可全身而退，不失为明智的经营妙招。

针对新读者口味改变的问题，需要对报刊的人才结构进行调整。目前泰国华文报刊的骨干报人，大多为上了年纪的老报人。老报人在勉力支撑，而新报人尚未形成气候，使泰国华文纸媒面临进退两难的境地。仅依靠泰国目前的华文新闻人才培养速度，毕竟是远水不解近渴。作为过渡时期的权宜之策，可以通过"走出去"和"请进来"的方法暂时缓解矛盾。"走出去"是指通过定向培养的方式，将国内新闻人才或报社内部的职工送到中国学习，与国内知名高校或报社机构合作培养，可在一定时期内部分解决华文新闻人才短缺的问题。但毕竟联合培养仍需要一段时间，现阶段的难题唯有通过"请进来"的方式解决，即通过邀请中国及港澳台的华文报业精英、聘请在泰国从事汉语教学的华文教师等方法，可暂时缓解华文记者、编辑短缺的难题。泰国华文纸媒目前倾向于与境外通讯机构合作，如中通社、中新社等，采用对方的稿子，虽能解决稿源问题，但长远而言，过于依赖境外通讯机构而忽略自身人才的培养，不利于报刊的长远发展。

新读者对于媒体形态的喜好，亦与老一代存在相当大的差别。新读者基本上是在数字媒体、网络环境下长大，对于信息的获取有多种途径。而泰国华文纸媒仍然采用传统的报刊形式，拉开了与新读者的距离。要么适应新的环境，要么退出历史舞台，这是泰国华文媒体面临的两难选择，要生存，只能背水一战。

可喜的是，目前泰国一部分华文报刊在突破受众瓶颈方面已经有了较为成功的经验。如《星暹日报》在战略思维上突破了华文传媒只能生存于华人社区的传统观念，将其影响力扩大至华人社区之外，已逐渐跻身于泰国主流媒体之列。

而对于资金实力较为薄弱的华文纸媒，节流将成为日常管理中一项重要的工作，可通过提高员工工作效率，运用科技手段、节省人工成本等方法加以控制。

总而言之，华文纸媒的经营管理，应具有将目光放在全球华人市场的胆识，通过调整企业战略，逐步将华人传媒的影响力从华人社会发展到所在国的主流社会，最后将目标定在全球华人市场，将区域性报纸发展成为世界性报纸。

（三）科技的应用性

科学技术是撬动世界的支点，也是推动华文纸媒变革的原动力。从全球视角而言，决定新闻媒介形态的经济基础和技术条件在发生变化。现代科学技术和装备的不断应用，使得新闻媒介的技术实力不断增强，媒介传播技术的不断推陈出新，不仅产生了网络媒体、手机媒体等新的媒体形态，也产生了诸多新的信息传播方式，使得不同媒介间的依存关系、功能边界发生变化，促进媒体之间融合，并且模糊新闻业与其他行业的界限。传播技术的不断变化，促使媒介形态加速演变，而以传统媒介形态存在的泰国华文纸媒则将面临一场科技的变革。

高科技发展使传统纸媒面临更新换代的挑战，新媒体的创新经营正一点点蚕食传统媒体原来的市场。由于科技发展速度太快，导致媒介市场正在发生翻天覆地的变化，使传统媒体感到无所适从。在新的时代下，传统媒体面临的变革不是以往的在设备上的更新换代，而是在经营理念上的颠覆性改变。在新的传播技术层出不穷的科技时代，以传统媒体形态存在的泰国华文纸媒已经站在了发展的三岔路口上。虽然目前泰国的华文传媒不存在生存问题，但随着受众结构的改变以及广告主对传媒影响力要求的提高，其面临变革的压力将骤增。

泰国华文纸媒比较关注于新技术装备的更新，如印刷技术、排版技术等，但媒体形态仍保持着近乎固执的坚守。以华文报纸为例，8份华文大报中仅有《世界日报》和《星暹日报》拥有报社网站，针对新媒体的如手机报纸、电子报纸等业务，目前仍处于探索阶段，尚未开发；期刊类媒体的实力稍弱，对新传播技术的应用显得更为滞后。对于泰国华文纸媒目前所处的状况，笔者认为喜忧参半。喜的是大部分华文纸媒已经实现市场化改制，会根据市场的变化调整经营方式；忧的是在目前泰国汉学热方兴未艾，使得华文纸媒的受众不减反增，这种阶段性繁荣或许会使经营者产生盲目乐观的心态，而忽视了市场正在面临的大变革。科技使媒介创造新的经济增长点，为媒介的发展提供最为有力的技术支持，这一点毋庸置疑。

小　　结

本章通过对泰国华文纸媒的依存环境分析，系统地了解外生环境与内生环境的主要细分点与华文纸媒的关系,以及对华文纸媒产生的作用。通过分析每一细分点对泰国华文纸媒的影响,有利于拨云见日,了解泰国华文纸媒目前存在的问题以及面临的发展机遇,并对其在新的历史条件下的发展趋势有基本的把握;同时,有利于促使华文媒体的可持续发展,继续发挥其传播功能,充当联系政府与华人之间的沟通桥梁,传达华人诉求,关注华人社会,为华人谋求平等权益。

第二篇
内容研究及比较分析

在本篇中，主要阐述泰国华文纸媒的报刊内容、读者群体及经营状况，同时，将泰国与两个条件相似的东盟非华语国家的华文纸媒发展情况进行比较，从中说明不同的政策环境、社会背景、文化特性及宗教环境，对华文纸媒的发展有着重要的影响。

第四章

泰国华文纸媒主要内容分析

内容分析是对各种信息传播形式的明显内容进行客观的、系统的和定量的描述与分析。① 它是对被记载下来的人类传播媒介的研究,并回到传播媒介研究的一个经典问题:"谁说了什么、对谁说、为什么说、如何说,以及产生什么影响?"本章节即采用内容分析法,对泰国现存的八份华文报纸、四份华文期刊进行分析。

第一节 报道内容分析

报刊的报道内容显示了泰国华文报刊"说什么"的问题,从内容上我们可以了解泰国华文社会的概貌,以此进一步窥探其特征。

一 关注国内国际政治经济新闻

泰国传统六大华文报(《星暹日报》、《世界日报》、《亚洲日报》、《新中原报》、《京华中原联合日报》、《中华日报》)均为综合性报刊,版面所涉及的内容包含各个方面,其中以经济类信息、国际国内新闻、中国新闻为主,同时在版面安排上,六大报版面基本依此排序:要闻、国际新闻、国内新闻、副刊。这样的排序符合华人读者的心理需求。据调查,泰国华人在报纸内容上较为关注国内的政治情况,其次为经济状况。据崔贵强先生调查,65%的读者关注国际新闻和国内政治新闻,56%的读者关注经济新闻,51%的读者对中国专题报道有兴趣,37%的

---

① 风笑天:《社会学研究方法》,中国人民大学出版社2005年版,第226页。

读者关注社团信息，仅仅有16%的读者对文艺、小说、旅游及体育等副刊有兴趣。

二 关注侨乡、侨社新闻

泰国华人主要来自广东潮汕地区，因此，他们十分关心家乡的变化，这就意味着他们对中国新闻，尤其是广东地区的新闻尤为关注。《京华中原联合日报》就开办有《潮汕新闻》、《南粤风情》板块，专门介绍侨乡动态。在2003年，广东省政府撤销潮阳县和澄海县并入汕头市区的事情引起泰国华人的强烈反对，许多华人反对广东汕头撤县设区的政策，足以窥见在泰华人对中国内地的关心。

侨社新闻在华文报中占有较大的比例，侨社消息成为华文报重要的新闻来源。作为华人社会三大支柱之一的华人社团，与华人经济发展密切相关。他们可为华人排忧解难，加强华人间的团结、振兴华人经济、联系乡亲、弘扬中华文化等。同时，许多华文报的创办人即是各个华人社团的领袖，因此华人社团的活动都在牵动着华人地位及华文报的发展。在六大华文报中，我们会发现每份报纸都专门辟有《华社新闻》、《侨社活动》的版面，对社团活动进行详细报道。

三 副刊内容丰富

副刊内容上至旅游随笔，下至武侠小说，无所不包。六大华文报除给华人提供政治经济信息外，同时充满浓郁的人文关怀。副刊中的题材和内容十分广泛，既有对社会低下阶层悲惨命运的描述，也有对中高阶层生活的赞叹。弘扬中华文化一直是华文副刊所要担负的责任之一。《小说》、《春秋》、《随笔》等版面为在泰华文作家提供了发表作品的园地，这不仅培育了泰华文学，而且有益于中华文化在海外的发展。"泰作家方思若任董事长的《新中原报》，尤其重视文艺副刊，该报共有《大众文艺》、《新半岛》、《新平原》三个副刊。《中华日报》的文艺副刊也有三个，而且都办得很出色，分别是《文学》、《华园》、《新苗》。《新中原报》白翎主编的《大众文艺》和《新半岛》两个文艺副刊，在1989年间发表了文学评论文章 110 篇，其篇幅在这两个副刊占 1/3 以上。"①

四 各有侧重、各放异彩

六家报纸日出对开纸 5—9 张，版面内容丰富多彩，各个版面所占比例也不尽相同。如《星暹日报》以经济新闻为主，为工商界提供经济发展和金融信息。8 版的经济新闻几乎占到全版的 1/4。《世界日报》由于其创办背景和政治立场，在版面上设有《台湾经济》、《台湾新闻》等内容。有关台湾的新闻和报道成为其特色之一。《中华日报》则侧重报道中国新闻。《新中原报》的新闻特写为其主要特色。《京华中原联合日报》尊重泰国政府政策，宣扬尊崇王室、宗教，维护国家安全，并以报道翔实迅速，内容力求充实，服务读者为宗旨，比较重视社会新闻，对华人侨团较为重视，特别重视对中国与乡情的报道。

在 20 世纪 90 年代后出现的报刊内容上的侧重点更加明显，向专业报刊发展。《中华青年报》为文学性报刊，主要面向青年学生，宣扬中华文化。《泰国游》以介绍泰国旅游、投资信息为主。《现代泰国导报》主要是为前来泰国寻求投资、合资的中国内地、台湾、香港等地的集团、企业传递资讯，同时也为泰国工商、金融界与上述地区发展业务提供便捷的管道。

在版面文字的运用上，之前的华文报采用繁体字排版，之后的报刊出现了华文简体、中泰双语、中英双语多种样态。《泰国游》为中、英文期刊。创刊于 2004 年的《中华青年报》以简体中文排版印刷，开了泰国华文报先河，成为泰国第一份简体字华文报。

五 报刊由综合性向专业性发展

20 世纪 90 年代之前的泰国华文报，总体上以综合性报刊为主导，版面主要以政经新闻为主，繁体字排版。六大传统华文报是其代表。90 年代后，中国的改革开放，中泰外交的平稳发展，促进了中泰贸易、旅游人员频繁往来，为了适应读者需求，各类服务性报刊相继问世。内容

---

① 周南京：《华侨华人百科全书：文学艺术卷》，中国华侨出版社 2001 年版，第 480 页。

上,这一时期的报刊以服务为主,从传统的政经新闻转向生活、旅游、文学方面。《中华青年报》以报道新潮时尚、文娱动向、华文在泰发展、政商学界知名人士专访为主要内容。《泰国游》以内容的实用性、知识性和趣味性为特色,为去泰国旅游、投资考察的人士了解名胜古迹、风土人情、文化历史、泰华社会和工商投资等提供咨询和实用资料。《现代泰国导报》详细介绍泰国经济态势,为到泰投资的华商服务。

第二节 读者群分析

受众作为信宿是基本传播过程的终端,它是媒介的服务对象,受众的特点在很大程度上影响传者传播的内容及传播渠道的选择,因此受众分析一直是媒介分析的重要内容。

一 以国内华人大众为主

华文报的读者60%是泰籍华人,38%是持永久居住证的华侨。他们的教育水平较高,大部分是拥有一定经济地位的商人。"泰华文报的读者大多数是中年人,46岁至65岁的读者占62%,65岁以上的读者占13.5%,31岁至45岁的读者占17%,30岁以下的读者占7%,男女读者的比例分别是81%与19%,可见男读者比女读者多得多。"[①] 这些中年华人扎根泰国土地,在泰发展经济,因此较为关注泰国经济对自身的影响,同时他们心系侨乡,十分关注祖国的发展,心中拥有浓郁的中国情结。针对这一时期的华人,老资格的六大华文报随之呈现出要闻—国际新闻—国内新闻的版面排列特点,这也是为了适应读者的需求。

二 读者群进一步细分

进入90年代,改革开放后的中国发展迅速,国际影响力日益增强,中泰交流逐渐频繁。尤其在经贸方面,中国成为泰国的主要投资国之一。2001年,中国对泰国投资2.1亿美元,在泰工程承包和劳务合作逐

---

① 崔贵强:《东南亚华文日报现状之研究》,南洋学会(新加坡)2002年版,第185页。

年扩大。同年，泰国在华留学生到达 860 人。根据泰国教育部的统计，至 2009 年就读于泰国高等学校国际教育项目的中国留学生已达 7300 多人，成为泰国高校国际教育项目的最大生源。泰国国内华文报读者群日益多元化，除了在泰的华人华侨，还包括了到泰经商的港澳台及内地商人，随着到泰留学的中国留学生不断增多，也成了华文报不可忽视的一个特殊群体。针对读者群的多元化发展，华文报也出现了多元化的发展趋势。90 年代后的华文报刊多为针对某一群体创办，从大众群体向分众群体转换。《中华青年报》即是针对青年读者创办的华文报纸，内容新潮时尚，其中的《学唱中文歌》、《教与学》等版面，逐字标注有汉语拼音，并且部分版面还配有简短泰文说明，便于读者阅读。《泰国游》、《现代泰国导报》的读者以到泰国经商、旅游的中国人为主，向他们提供泰国投资和旅游信息。创刊于 2008 年的《暹泰时报》尤其值得一提，这份华文报摆脱传统的以曼谷为中心的华人读者市场，将眼光放于旅游业发达的泰国南部。近年到泰国南部旅游的中国人日益增多，中国成为泰国的第三大国际游客来源国。《暹泰时报》瞄准这一市场，在 2008 年北京奥运会期间，出版 8 个大版的奥运专版，深受华人读者的欢迎。

三 读者群向境外扩展

现今的八家华文报纸和五家华文期刊在立足本地华人读者的基础上，积极向境外扩展，力图扩大报刊读者群。《世界日报》在泰国、缅甸、越南、老挝、柬埔寨均有发行。《亚洲日报》逢星期日增辟《亚洲日报（柬埔寨）》要闻专版，向柬埔寨发行。《时代论坛》远销东南亚各国及中国香港。《现代泰国导报》除了行销国内各地外，并向中国内地、香港、台湾及新加坡、马来西亚各地发行。

第三节 经营、管理状况分析

报刊作为信息传播的媒介，传播信息是它最基本的功能。在市场经济条件下，报刊自身也存在经济问题。报刊的生产过程同时是物化劳动和活劳动的消耗过程，它要么接受政府、社会团体或者个人的资助以获得运营所必需的资金，要么凭借自身实力从市场上获得价值补偿与价值增值。如果说报刊的传播内容决定了报刊的定位和受众，那么其经营管理状况则决定了该报刊是否能在市场中生存发展。

一　发行渠道

在泰国、菲律宾、印度尼西亚，报纸的发行主要依靠华人社团、华人财团的资助，建立发行网络。在泰国，资金雄厚的财团成为华文报纸发行的强有力的后盾。除此之外，基于东南亚特殊的地理因素，这三个国家的华文报发行也受制于客观因素。在泰国，华人的分布较为集中，主要分布在曼谷和泰北的清迈府，发行网络在这两个大城市中较为成熟。而菲律宾和印尼岛屿众多，华人分布十分分散，因此华文报纸发行网络的建立就相当有难度，建立这样分散的发行网络，需要大笔的资金支持。在此情况下，这两个国家只能依靠邮政发行报刊。邮政的效率决定了报纸的发行速度，但情况往往是当天的报纸通过邮政发往较远的地方，变成了前天甚至是一个星期前的报纸。地理环境的制约，使报纸传送困难，报纸缺乏时效性的问题十分严重。因此，在这两个国家，华文报纸只能选择在华人比较集中的地方发行，显然，这些地方的华人数量是相当有限的。与泰国相比，呈现出了发行管道不畅通，发行分数少的缺点。

泰国华文报在发行上不局限于本国之内，20世纪90年代，各华文报社扩大发行面，向东南亚华人社会进军。《世界日报》在泰国各大华文报中发行范围最大，它以曼谷为中心，发行至柬埔寨、越南、马来西亚等地。同时，将报刊送上四条泰国国际航线飞机，首创华文报史先例。老资格的《星暹日报》与《世界日报》一样，已经进入国际航线飞机，在周边国家也有该报的发行。除了上述两家报纸外，《亚洲日报》的发行业扩大到了柬埔寨，《中华日报》等也瞄准了东南亚市场。除了进入国际航线，针对旅游市场，一些华文报在各大酒店、机场等公共场所免费赠阅。

二　与中国报社的合作

历来泰国华文报常采用中国新闻社、新华社、中国通讯社的通稿、专稿和图片新闻。近年来泰国华文报与内地、香港报业合作紧密，促进了泰国华文报业的发展。以《亚洲日报》为例，2002 年该报与香港《文汇报》达成新闻交流与合作协议，同时购置现代化自动彩色菲林冲印机，启用苹果计算机排版系统，由《文汇报》派员辅导培训，革新版面，使《亚洲日报》扭亏为盈，走出困境。2006 年该报与中国媒体进一步合作，同年 8 月，《人民日报》海外版、香港《文汇报》、印尼《国际日报》各两张 8 版随《亚洲日报》同步发行，版面从原来的 24 个增至 30 个。《亚洲日报》与中国媒体的成功合作对泰国华文报的发展起到了可行的借鉴作用。

小　　结

泰国华文报在内容上以报道国内国际新闻为主，注重侨社活动信息，关注侨乡发展。华文报副刊内容丰富，异彩纷呈，在促进华文文学发展的同时也扮演着教授华文的角色。近年来，华文报刊呈现出由综合性报刊向专业性报刊发展的趋势，这一改变是随着读者群的变化而改变的。华文报的读者不再局限于泰国境内的华人，还包括在泰的中国留学生、到泰投资的华商以及中国旅游者。华文报刊积极探索与中国媒体的合作渠道，寻求合作机会，在促进华文报发展的同时也促进中泰经济的合作。

第五章

泰国华文纸媒与菲律宾、印尼的比较研究

海外的华人华侨分布，主要集中在亚洲地区，尤其以东南亚为主。在东南亚11个国家中，马来西亚、新加坡华人人口在所在国人口中占的比例最大。据资料统计，2002年马来西亚华人人口占全国总人口的25.7%，新加坡的华人人口占全国总人口的76.7%。华人在这两个国家已经成为主流民族之一，华人所代表的文化也成为主流文化的一方代表。但在东南亚其他国家中，华人在法律和文化上居少数民族地位，由于人口分布参差不齐，华文文化在除新、马以外的东南亚地区发展也大有不同。因此，本章在选取对比对象时，把华人分布较少的几个国家排除在外。同时，鉴于华人报刊在印支三国（越南、老挝、柬埔寨）的发展较为落后（20世纪80年代无一份华文报刊），最终，选取菲律宾、印尼作为与泰国的比较对象。在这三个国家中，华文在当地并非主流文化，华人人数占有一定的比例，但华文报刊在各国的发展不尽相同，因此具有较大的可比性。

第一节 菲律宾、印尼华文纸媒总体发展状况

泰国、菲律宾、印尼三国的华文报业均拥有100多年的历史。100多年间，由于各国的历史、华人分布状况及各国的政策不同，三个国家的华文报业均走上了不同的历史征程。发展至今，有的国家华文报纸较多，发行量较大，有的国家华文报业的状况令人担忧。鉴于笔者在第二章已对泰国华文报业的发展状况做了详细描绘，因此在本小节中，将只对菲律宾及印尼的华文报业发展状况进行论述。

一 菲律宾华文纸媒状况

菲律宾的华文报业拥有 100 多年的历史。第一家华文报《岷埠华报》创刊于 1888 年，由侨商独资创办，杨汇溪任总编辑，一年多后停刊。百余年的华文报历史中，出现过 40 多家华文报纸。在日本统治的三年多时间里，菲律宾的华文报纸被迫全部停刊。1972 年，马可斯总统实行军法统治，颁布戒严令，查封报刊，对新闻实行控制，华文报业受到严重打击。1986 年，有华人血统的阿基诺总统执政，出台比较宽松的华人政策，华文报刊相继复刊和创办。

目前共有五家华文报纸：《世界日报》、《商报》、《联合早报》、《菲华日报》、《环球时报》，发行量总共有 3 万份。两家杂志：《潮流》、《华商纵横》。

大量的华侨华人的家事广告成为菲律宾华文报纸的一个显著特点。在菲律宾，华侨华人家中凡有红白喜事，以及生日、毕业、各种比赛得奖等，无所不登。

现今菲律宾华文报业面临读者少、华文水平低的问题。菲律宾《世界日报》总主笔侯培水说，菲律宾华人读报率很低，而且 90% 的华文读者集中在马尼拉市区，华人后代读中文报纸的人越来越少，而且华语水平比较低。

由于华文水平的滑落，近年来菲律宾华文报的读者有所减少，读者群逐渐萎缩。据统计，在 1992 年，销量最多的华文报为《世界日报》，1 万多份，其余的不足万份，最少的只有 2000 份。

二 印尼华文纸媒状况

印尼最早的华文刊物是由英国传教士麦思都于 1823 年创办的《特选撮要每月纪传》，主要以宣传基督教教义为主。在印尼由华人自办的最早的华人报刊在学界仍存在争议，有的学者认为，最早的华文日报为 1908 年在爪哇泗水发行的《泗滨日报》，也有学者提出不同的看法，认为《新报》及《天声日报》为印尼华文日报的开端。之后，在印尼华人聚集的棉兰、望加锡、坤甸等地华文日报陆续涌现。到了30年代，日军扩大对华侵略，印尼多家报社被勒令停刊。

1945年印尼宣布独立后，华文报业出现新的生机。这一时期，由于受到中国国内政治的影响，印尼华文报业主要分为拥护新中国、亲台湾及标榜中立三类报刊。

1965年，印尼爆发"九卅政变"，苏加诺政府被推翻，由"反共"军人苏哈托掌权。苏哈托上台后掀起了大规模的"排华"运动，华文报业随之受到重大打击，进入印尼华文报业的衰落时期。近40年的"排华"政策的实施，华文报纸全部停刊，13家华文报纸全部被关闭。迫于政府与华人社会的沟通，1966年9月12日印尼情报局出版了一份双语报纸——《印度尼西亚日报》。这份报纸成为苏哈托执政期间唯一的一份华文报纸。

1999年苏哈托下台，瓦希德上台，华文报业再度出现繁荣景象，新的华文报刊不断创刊，有《世界日报》、《国际日报》、《印度尼西亚商报》、《印度尼西亚广告日报》、《华文邮报》、《和平日报》、《新生日报》、《印华之声》、《千岛日报》、《坤甸日报》、《诚报》、《华商报》、《印度尼西亚日报》13家。1999年9月9日，印尼文版《罗盘报》和英文版《雅加达邮报》联合推出电子华文版《指南日报》。这一时期的华文报纸有的是华人自办，有的是由华裔与印尼裔合办。2007年，马来西亚《星洲日报》入主《印度尼西亚商报》，并在此基础上创办《印度尼西亚星洲日报》。

目前在印尼发行的华文报纸有：雅加达的《国际日报》、《印度尼西亚星洲日报》、《印度尼西亚商报》，泗水的《千岛日报》、《诚报》，棉兰的《印广日报》、《讯报》、《棉兰早报》，坤甸的《坤甸日报》等；期刊有：《东盟与世界》、《印度尼西亚风情》、《印华之声》、《印华文友》、《印华新声》、《呼声》、《城市快递》等。

目前印尼华文报刊以报道时事和华社动态为主，另外还有副刊和论坛，其余的为喜庆哀悼广告。时事报道一般转译自印尼记者的新闻报道，有关中国内地及港澳台的新闻多由中新网下载。华社动态则大部分为宣扬铺张排场的报道，也有一些作为私人宣传的文章。副刊大多为汉语水平并不是很高的作者的作品，其质量可想而知。在内容上，印尼华文报刊并未抓住华文读者的信息需求对印尼华人社会的动态进行报道，很多报刊并未反映大众的需求，因此印尼的华文报常被称为"电邮报"和"传真报"。

印尼华文报发展至今虽然报刊数量很多，但总体的情况并不尽如人意。印尼虽然具有在东南亚最多的华人人口分布，但充其量只占到全印尼人口的5%左右，由于华文教育的断层，如今能看懂华文的也不过两三万人。读者群十分有限成为印尼华文报业面临的最主要问题。目前全印尼的华文报刊发行量总数不足5万份（一说为10万份），但已趋于饱和状态。而华文教育发展不到位，使得年青一代认识华文的人数越来越少，华文报刊的销量日趋下降，结果导致华文报刊的运营长期入不敷出。

泰国的华文报业在三个国家中发展较好，很多报纸已经进入市场，依照市场化运作。华文报刊不再只是依附于华社资金，大部分销售额逐年上涨，已经开始赢利，大者则已成为上市公司。但在印尼，华文报刊虽然种类繁多，但规模大者并没几家，发行量少，入不敷出使很多华文报社难以为继。菲律宾华文报业的状况亦使人担忧，华文报刊少、读者群小、华文报质量低等为华文报业面临的主要问题。三个国家华文报业的发展各异，与所在国的环境和华人社会的环境密切相关，以下两小结将从宏观的国家整体环境和华人社会的环境两方面进行比较，进一步分析造成三国华文报业发展水平差距的原因。

第二节 国家整体环境比较

媒介作为一种社会子系统，它的存在与发展与其他子系统（政治、经济、文化）有着密切的联系。一个国家的政治、经济、文化发展水平决定了本国报业的发展状况。

一　政治环境比较

政治环境对媒介发展的影响是多方面的，下文主要从政治体制和政策环境两方面分析不同国家的政治环境对新闻媒介的影响。

（一）政治体制

政治体制决定了新闻体制，一国的新闻体制决定了该国在媒介、政府及公众三者关系中的态度。

1. 泰国

1932 年泰国爆发推翻君主专制的立宪革命，进入君主立宪时期。至今泰国为君主立宪制国家。然而自 1932 年以来，军人政变或文人政变频频发生最终导致军人的长期执政。1992 年，泰爱泰党执政，军界逐步淡出政治舞台，泰国处于 14 年的议会民主阶段，但 2006 年 11 月，泰国国内再次发生军事政变，这再次说明军方在泰国政治中所扮演的角色不容小觑。从 1932 年至今泰国已经发生 20 次军事政变，泰国政治即为一部军事政变和军权统治的历史，军权干政是泰国政治的一个突出特征。

泰国国王普密蓬·阿杜德为现任国家元首、武装部队最高统帅。普密蓬·阿杜德 1946 年继位，是当今世界在位最久的君主。泰国国王独立于政治之外，不出现重大社会矛盾国王不轻易干政，一旦出现危及国家社会大局的不和谐因素，国王将利用其在民众心中的权威性予以打击。国王仍是维持泰国社会稳定的重要力量。国会为最高立法机构，实行上、下两院制。

泰国政治虽频频发生政变，但整个社会处于较安定的局面之中，这一矛盾的政治特征有学者归因于佛教在泰国社会中所起的作用。

2. 菲律宾

菲律宾历史上长期为西班牙的殖民地，后陆续被日本、美国占领，1946 年 7 月菲律宾宣告独立。现今的菲律宾实行总统制。总统为国家元首、政府首脑及武装部队总司令。2010 年 6 月，自由党候选人阿基诺三世就任菲律宾第 15 届总统，目前，新政府民意支持度较高，政局总体稳定。菲律宾现行宪法对菲国体进行了规定：实行行政、立法、司法三权分立政体；总统拥有行政权，由选民直接选举产生，任期 6 年，不得连选连任；

总统无权实施戒严法,无权解散国会,不得任意拘捕反对派;禁止军人干预政治;保障人权,取缔个人独裁统治;进行土地改革。① 议会为最高立法机构,由参议院、众议院两院组成。

3. 印尼

15世纪,印尼先后遭受葡萄牙、西班牙和英国的入侵,1962年荷兰开始其在印尼长达300多年的殖民统治,1942年日本入侵,1945年8月17日印尼宣告独立,成立印度尼西亚共和国。

印尼宪法规定,印尼为单一的共和制国家,实行总统制,总统为国家元首、行政首脑和武装部队最高统帅。2004年起,总统和副总统不再由人民协商会议选举产生,改由全民直选,只能连选连任一次,每任五年。总统任命内阁,但需征得国会同意。作为国家立法机构的人民协商会议,由人民代表会议(国会)和地方代表理事会组成,负责制定、修改和颁布宪法及国家大政方针,并对总统进行监督。印尼实行三权分立,最高法院和最高检察院独立于立法和行政机构。

1997年以前,印尼处于苏哈托统治时期,亚洲金融危机引发印尼政治危机,统治印尼30余年的苏哈托政权于1998年倒台,印尼进入后苏哈托时代,开始政治民主化的新阶段。在民主化的最初几年,改革带来了一系列问题,经济复苏迟缓、政治腐败、分离主义和宗教种族冲突、政局不稳定等,印尼被认为是一个混乱的国家。2004年大选成为印尼一个关键性的事件,使印尼真正走上了民主的道路,各方面秩序逐步恢复常态,到2008年,印尼实际上被认为已经是"一个正常的国家"了。

(二)政策环境

华人在他国文化中融合程度如何,很大程度取决于该国的政治措施和对华政策。国家对华人政策的实施直接影响到华人在海外的发展,从而影响到反映华人社会的华文媒体的发展。本小节即从三国所实施的华人政策来对比华人在三个不同国家的生存环境。

---

① 《菲律宾国家概况》,2011年7月,中华人民共和国外交部网站(http://www.fmprc.gov.cn/chn/pds/gjhdq/gj/yz/1206_9/)。

1. 泰国

泰国对华实施循序渐进的同化政策，步伐较为温和。

（1）国籍政策

泰国政府对华人的同化政策遵循两个原则，一是限制新移民，二是放宽入籍制度。1979年，泰国政府颁布的《移民法》规定，每个国家每年移民的限额不得超过100名。1975年中泰建交，泰国国务院于同年9月16日决定进一步放宽华人入籍的条件："一、取消须在泰国连续住满5年以上方得申请入籍的限制；二、申请入籍者只需要具备下列三个条件：1. 每月收入在100美元以上；2. 能说泰语；3. 非政治犯。"① 当时的泰国总理克立·巴莫还宣布："华人申请入籍，泰国政府将尽量给予方便，并放宽手续，入籍后也可不必改换泰名。"② 1989年5月23日，泰国政府为了加速实行对华侨华人的同化政策，宣布放松禁令：允许1959年以前到中国内地的泰籍华裔返泰探亲和游览，但必须接受背景和所谓的调查。而在此之前，泰国政府一直不准在泰出生的侨生从中国内地返泰探亲。到了20世纪80年代初，泰国政府进而取消了第一代和第二代华人的参政限制，规定只要是合法的泰籍公民，包括改为泰国籍的华侨，均享有选举权和被选举权。

（2）经济政策

经济方面，面对掌握泰国经济命脉的华人经济，泰国政府采取了"经济泰化"的政策。这一政策的实施不是以种族为基础，而是以国籍为基础的。因此，当华侨工商业者加入泰籍，成为泰国国民时，就可以与泰人享有同等的优待政策。泰国政府一向认为，"如果想通过市场竞争去取代华人或者是通过政治手段去控制经济，这都是不实际的做法"，"政府应鼓励泰人与华裔合作，邀请华裔商人及上层领袖协助泰人经济，以达到双方谅解"，"吸收和同化非公民华裔的子孙，平等对待各个民族"③。政治上同化政策的实施和经济上"经济泰化"目标的落实，使

---

① ［泰］江白潮：《论泰国华侨社会非实际存在》，《东南亚》1990年第1期。
② 戎抚天：《泰国华人同化问题研究》，《民族与华侨研究学报》1981年第3期。
③ 吴元黎、吴春熙：《海外华人与东南亚的经济发展》，正中书局1985年版，第33页、第79页、第80页。

华侨加入泰籍成为泰国的一分子,华人经济也转化为泰国经济的组成部分,华人资本实现本地化。泰国官方曾宣布:"泰国已经不存在华侨掌握泰国经济命脉的问题了。"

泰国历届政府对华人入籍的态度较为积极并且强调国家民族的团结和统一,华人一旦加入泰国国籍,则不存在歧视的情况,他们和原住民一样,同样享受政府为国家发展而实施的优惠政策和鼓励措施。这就特别有利于华人融入泰国主流社会同原住民合作,共同为繁荣泰国经济作出自己的贡献。

(3) 文化政策

泰国政府不阻挠华人从事社会经济活动,华人入籍后享有结社的自由,可以在各个领域组织各种团体,华人可办学校,可发行报刊拥有自己的报纸,把华文报业视为一般事业之一,只要不违背政府制定的法律法规就允许它们存在。泰国政府对待华人的这些政策使泰国的华文报业拥有较好的生存环境。

同化政策的实施,使泰国华人在政治上认同泰国同时在文化上认同华人并不存在矛盾,这成为泰国华人社会与当地民族关系融洽的必要保证。在东南亚各国中,泰国的华人被同化程度最深,对华侨华人的政策也最为成功。这使在泰华人对泰国的认同感越来越强,成为泰国国家意义上的一个组成部分。

2. 菲律宾

20 世纪 50 年代始,菲律宾政府为了保护土著居民的政治利益和经济利益,实行了长达 400 年的"菲化"政策。在这漫长的历史中,华人经济和华文教育受到严重的破坏。

(1) 国籍政策

1946 年菲律宾独立后,依据其《菲律宾宪法》规定,有下列情况者可为菲律宾公民:①在本地出生,父母为他国国籍,但在制定本宪法前曾被选任菲律宾官员者;②其父为菲律宾公民;③其母为菲律宾公民,本人成年时选择菲律宾国籍者;④依法归化者。对于归化公民另有具体条件:①年龄不小于 21 岁;②在菲律宾连续居住十年,从未离菲;③品德端正,无犯罪记录;④在菲律宾拥有 5000 比索的不动产,或有某种专利的营业、专门职业或合法职业；⑤懂得讲、写英语（或西班牙语）及菲律宾任何一种主要语文；⑥在菲律宾居住十年期间，曾送其学龄子女入公立学校或政府承认的私立学校接受教育者。① 从这些条款中可看出面对如此严厉的入籍政策，华侨要加入菲律宾籍十分困难。1960年，菲律宾政府还要求华侨在取得菲律宾国籍前必须首先放弃中国国籍，并出示退籍证明。

70年代后，菲律宾政府对待华人的态度趋渐宽和。1975年至1976年，马斯科总统发布一系列政令，放宽入籍制度，简化申请手续，很多华侨加入菲律宾籍。其中颁布的第270号总统法令和第491号总统命令书做出的关于入籍问题的规定如下：①申请入籍者的年龄限制为18岁，而非过去的21岁；②只须能讲、写菲律宾语或菲律宾主要语种之一，而非过去的双重语文要求；③不再提出拥有不动产的条件，申请者只需有足以维持其个人及家庭生活的合法收入便可。② 据统计，1975年至1986年，约有20万华侨加入菲律宾籍。1988年4月，阿基诺总统签署第324号总统政令，公布菲律宾移民局制定的《非法外侨居留合法化方案》，只要符合条件者，经申请审批，均可获得合法永久居住权。但此方案受到一些国会议员的反对。同年11月21日起，政府被迫暂停执行该方案。

1995年，拉莫斯总统签署《共和国7919号法案》，准许未持有效身份证件进入菲律宾的外国人（大部分为华人）成为合法居民，并使经过法定程序和缴纳融合费用后成为合法的外侨得到了法律上的保护。

（2）经济政策

战后菲律宾政府实行"菲化"政策，制定各种限制华侨经济的法令，排挤压制华人经济的发展，使华侨最普遍经营的茶市、零售商、米业几乎陷于消灭境地。"菲化"运动不仅打击了华人经济，同时也使菲律宾本土经济受到严重破坏。为了缓解局面，稳定社会秩序，60年代中期后菲律宾政府开始修正"菲化"政策。

---

① 黄明萤：《从侨民到公民：战后菲律宾华人社会地位的提升》，《东南学术》2003年第2期。
② 同上。

1963年至1973年，菲政府陆续颁布各行业的禁止"菲化"法案，开始重视华侨在菲律宾经济中扮演的重要角色。1987年，阿基诺总统颁布了《综合投资法案》，对外来投资者提供新的奖励措施，其中包括给予新投资者5年至8年的公司所得税免税期，进口设备免除进口税，对购买本国的生产设备的可以减免相当于进口同类设备进口税的其他国内税收，放宽外籍员工的就业限制，简化海关手续，劳务费可从应课税的所得额中剔除等优惠。1991年《外资投资法案》出台，继续鼓励国内外资本投资，同时对没有享受到优惠待遇的外资企业给予开放国内市场的优惠。1992年8月，拉莫斯总统取消了长达40年的外汇管制，面向出口企业可以将其出口所得的全部外汇存入菲律宾境内的批准银行，华人的银行业借此得到进一步发展。

（3）文化政策

在文化上，菲律宾同样实行同化政策，抑制华人文化的发展。1956年，菲律宾政府成立"监督华侨学校委员会"，强迫华校大量削减华文科目，增加菲文和菲律宾政治、历史和社会等科目。1973年1月，菲律宾新宪法第八条明确规定：私人学校必须全部由菲律宾人拥有，一切学校必须由菲律宾人管理。1975年，菲律宾政府要求全部华校在1977年内全部"菲化"，并规定华校董事会董事和教员只能由菲籍人担任。1976年当局又出台规定：华文只能作为外语课教授，其他场合禁止教授华文。同化政策的实施，使华文教育受到了严重的影响，很多年轻华人在家基本上说闽南语，会写中文的人仅占15%。

菲律宾"排华"政策实施后，不仅使华人经济、华文教育受到严重破坏，华人的生命财产安全也受到威胁，华人常遭菲律宾土著的欺辱、敲诈甚至残杀。一直到90年代中期，华人才基本上同化于菲律宾，完成400多年的同化历程，并开始与菲律宾主流社会融合。但从每个成员来说，并不见得成员均被菲文化同化。菲律宾政府和媒体常制造华人垄断菲律宾经济的"神话"，把华人称为"经济动物"，认为华人是"不可同化的"。

3. 印尼

印尼与泰国实行的是两种完全不同的同化政策，泰国属于高度同化型，印尼则为种族隔离型。采取的政策不同，导致了同化结果的不同。

（1）国籍政策

印尼曾为荷兰的殖民地，受荷兰统治长达 300 多年。印尼土著居民对华人的种族偏见与荷兰殖民统治时期对原住民和华人所采取的"分而治之"政策密不可分。荷兰统治者在统治时期，把印尼居民分成"欧洲人"、"外来东方人"与"印尼土著人"，他们分别属于一、二、三等级。在 19 世纪，规定爪哇华人必须居住在城市中限居区，华人离开限居区必须有通行证。这种制度将华人和土著爪哇人在空间上加以隔离。由于两个群体之间减少接触，必然影响种族关系，使种族界限更分明。

印尼独立后，在初期的一段时间里，为了国家的建设和社会的稳定，印尼政府对华人加入印尼籍持积极的态度，之后则改变为消极、抑制的方针。1950 年，印尼政府实行"堡垒政策"，限制、抑制华人社会的发展。

1954 年开始，印尼国内民族主义情绪高涨，"排华"氛围日益浓厚，政府对华人实施的政策更为严厉。

1958 年 7 月，印尼国会通过新的国籍法，其中涉及华侨华人入籍的主要内容有：①承认根据独立以来生效的法令、条约或条例已经是印尼公民者仍是印尼公民；②不再规定必须是第二代土生华人方可申请入印尼籍；③申请入籍者须年满 18 岁、在印尼出生或在印尼连续居住了 10 年，通晓印尼语和对印尼历史有一定知识，等等。① 新的国籍法加大了侨人入籍的难度，表明印尼政府实质上并不欢迎华人加入印尼籍。

1965 年印尼发生政变后，各地发生"排华"运动，印尼当局暂停一切入籍业务。1966 年，苏哈托上台执政，严格限制华人加入印尼籍。1969 年，印尼政府单方面废除《关于双重国籍的条约》（1955 年 4 月，中国和印尼政府签订了《中国—印度尼西亚双重国籍条约》，条约规定，同时具有双重国籍者可根据自愿原则选择一种国籍）。至此后，申请加入印尼籍的华侨必须办理烦琐的申请手续和花费昂贵的申请费用。

---

① ［韩］洪源善：《当代泰国与印尼华人社会比较研究》，博士学位论文，中国社会科学院研究生院 2003 年，第 65 页。

随着中国改革开放经济发展，以及国际形势的转变，1980年印尼政府放宽入籍门槛，简化入籍程序。同年印尼政府分别颁布第2号及第13号总统令，规定凡在印尼居住五年以上的外侨，均可申请改籍或入籍，并降低申请费用。1984年3月，印尼总统苏哈托签署《总统决定书》宣布废除"原住民"与"非原住民"的提法。1991年8月，雅加达市政府从本月起取消60万印尼籍华人身份证上的特别代码【0】，保证华人享有与本地居民同等的政治权利。

1998年苏哈托政府倒台，后苏哈托时代的历任总统致力于民主化改革：释放政治犯、放宽新闻管制、实行多党选举制、军队非政治化等。1999年，瓦希德上台后，逐步废除歧视华人的政策和条例，实行较为宽松的华人政策。2002年6月，梅加瓦蒂政府宣布停发"印尼国籍证"，从此以后华裔凭身份证和出生证即可办理护照。① 2006年7月，印尼国会通过新国籍法，新国籍法中无原住民与非原住民之分，并且取消了对华族和其他少数民族在种族、性别和婚姻方面的歧视性条款，这使华人在法律上拥有与其他公民平等的权利与义务。2007年12月30日，印尼国会通过了《人口登记行政法》，印尼居民从此不再以血缘、族群来区分。一系列政策的发布，虽然使华人在法律上获得了平等地位，但苏哈托30多年的统治留下的负面影响仍然存在。旧的官员对中国仍有疑虑和戒心，印尼社会对华人仍存在偏见，种族主义还会制造"排华"事端，"排华"因素仍然存在。

（2）经济政策

经济上，苏加诺统治时期，为了保护民族资本，对非原住民的华侨资本加以限制。如限制华侨经营进出口贸易、汽车、碾米、卷烟、印刷等行业。1959年印尼政府颁布第10号总统令，规定外侨不能在县以下的乡镇从事零售商业。在此期间，几十万华人陷入失业状态。比较突出的几项措施是：一是把印尼公民分为原住民与非原住民，打击华人资本，保护民族资本；二是政府颁布"堡垒"输入商制度，规定民族输入

---

① 高伟浓、郝洪梅：《试析"五月风暴"后印尼华人政策的新走向及华人的处境》，《东南亚纵横》2003年第10期。

商享有特殊的进口权;三是实行碾米厂"原住民"化;四是1954年颁布关于码头、港口的"原住民化"条例;五是加强对外侨企业的管制与监督;六是1959年11月18日苏加诺颁布《总统第10号法令》禁止外侨零售商在县以下营业,让印尼人或合作社来经营;七是支持"阿萨阿特运动",等等。①

苏哈托执政后,依然延续限制华人经济的政策,但基于华人资本在印尼经济建设中的影响,苏哈托政府对华人经济采取既利用又限制的方针。在此基础上,华人经济获得了在夹缝中生存与发展的机会。

(3) 文化政策

文化上,限制华校的发展,1958年4月起,只准许在州县政府所在地开办外侨学校,学生从45万人减少到15万人。同年,发布《禁止中文报刊条例及修正条例》,对华文书刊的进口和出版加以限制,中文出版物不许在印尼出版发行,同时不准悬挂中文广告或招牌、不准在公众场合举办有中国习俗的活动及讲中国话。1967年1月印尼政府发布关于改名换姓的通知,规定印尼华人不得使用"中国风格"的姓名,必须改用"能以正常拉丁字母拼音的印尼化"名字。1967年12月颁布《关于华人宗教信仰和风俗习惯》的总统第14号法令,禁止华人公开举行中国宗教和传统习俗的节日庆祝活动,只准许他们在家庭或私人范围内进行。同时,政府取缔了除慈善性的一部分社团以外的所有华侨社团。这些法令都提出消灭中国文化习俗以便加快同化华人的问题。苏哈托说,"我们要向印尼籍华裔建议,他们不应该再拖延使他们自己结合到印尼社会中去的行动。结成一体和同化,就是一起参与到印尼社会的各个方面去,大家共甘苦共欢乐"。② 在此严厉的政策下,华文文化在印尼几乎绝迹。

后苏哈托时期,瓦希德1999年执政后实行较为宽松的华人政策,瓦希德总统在第6号政令中宣布:"撤销行之30多年限制华人文化与宗教生活的第14号政令,华人自此可以公开过春节","政府还恢复了孔教的合法地位,解除禁止使用华文的禁令"。同时,政府工贸部于2001年决定取

---

① 杨阳:《二战后印尼政府的华人政策与华人参政》,《东南学术》2003年第2期。
② 廖建裕:《1900年至1977年印尼华人的政治思想》,新加坡大学出版社1977年版,第277页。

消1978年贸易合作社部长决定书，即关于禁止进口、发行和买卖中文印刷品，"中文印刷品，不管是报刊、书本、影像或艺术文化作品，今后都可自由进入印尼，不再有任何禁止"。新政府实行结社自由和言论自由，在此期间，华人社团和华文报刊纷纷涌现，并且得到发展。

印尼进入民族化进程后，华人生存环境虽有所改善，但由于历史原因，华人与原住民的长期的隔阂，华人对印尼政府的敌意依然存在。

由于泰国方面采取的同化政策较为成功，华人在政治、经济、文化等方面已经高度融入泰国社会，已经不被认为是泰国的"少数民族"，即使政府的人口普查，也没有针对华人的专门统计，更无针对性特殊政策。这与同样有大量华人移居的东南亚其他各国，如印度尼西亚、马来西亚、缅甸、越南等国，形成鲜明的对照。在那些国家，华人被视为少数民族，而且，印尼、菲律宾、越南等国还出现过大规模的暴力"排华"事件。在泰国虽然也实行过"排华"政策，但之后经过政府同化政策的实施，华人在泰国的生存处境已经与其他泰国民族无太大差异，可以说，移居海外的华人与本地人相处最为融洽的就是泰国。

二　经济环境比较

经济水平对传媒的发展具有决定性的影响。泰国、菲律宾、印尼三国经济发展水平的不同，决定了三国媒介发展的差异。

（一）泰国经济发展环境

泰国是中南半岛的经济强国，在中南半岛五国（越南、老挝、柬埔寨、缅甸、泰国）中经济处于领先地位。1996年泰国被列入中等收入国家，1997年金融危机后经济衰退。近几年，泰国政府积极推动经济发展，取得良好成效。2010年，泰国全年的GDP增速达7.8%，达到3188亿美元，比上年增长20.9%。国际货币基金组织发布的数据显示，2010年泰国人均GDP为4620美元，居世界第89位。失业率为1.04%。人民生活水平较高。

1. 主要产业

作为传统农业国，农产品是泰国外汇收入的主要来源之一。20世纪80年代，制造业尤其是电子工业发展迅速。除此之外，在泰国经济中，旅游业一直是泰国的支柱产业之一，创收占到国民生产总值的6%左右。2010年，泰国接待外国游客约1580万人次，同比增长12%左右，带来收入约6000亿泰铢，同比攀升17%。泰国丰富的旅游资源吸引世界各地的游客，其中中国即为泰国的第三大国际游客来源国，约占到所有外国游客总人数的7.5%。仅2011年春节，就有13万中国游客到泰国旅游，创造了将近35亿泰铢（约合1.14亿美元）的收益[①]。同时，泰国与我国南方省市交往密切。其中泰国已经成为云南最大的客源国，2010年云南共接待泰国游客约27万人次。

2. 对外贸易

在经贸出口上，20世纪90年代中后期以来，泰国的出口市场日趋多元化，传统的东盟、美国、日本、欧盟四大出口市场的比重，除东盟外均呈现下降趋势，而包括中国内地、印度、澳大利亚、中东、拉美、非洲在内的新兴市场的比重，则在稳步提高。

3. 中泰贸易

随着东盟自贸区的建立和中国—东盟自贸区的发展，泰国与中国的双边贸易关系稳步发展。据泰国海关统计，2010年中泰双边贸易额达到529.47亿美元，同比增长37.9%，与泰国对全球贸易增幅相比，高出近5.9个百分点，其中出口为214.73亿美元，同比增长33.2%，中国已成为泰国第一大出口市场；进口242.4亿美元，同比增长42.3%，中国是泰国的第二大进口来源国。[②] 图5—1为2001—2010年十年间中泰双边贸易额的增长图，从图中可看出2008年、2009年虽受全球金融危机的影响，两国的双边贸易额不但没有滑落还保持小幅增长，至2010年，随着经济的回暖，贸易额同比增长达38.6%。据中国海关统计，2010年前10个月，泰国对中国实际投资4468万美元，同比增长18.2%。泰国投资促进委员会统计，2010年1—10月，中国对泰国投资达3.2亿美元，在泰吸收外资国家中排名第三。

[①] 《中国春节游客为泰国带来巨额收益》，《人民日报》2011年2月6日第003版。
[②] 《2010年度中泰双边贸易简析及2011年度预测展望》，2011年5月18日，中华人民共和国驻泰使馆经济商务参赞处（http://th.mofcom.gov.cn/aarticle/ztdy/201105/20110507556587.html）。

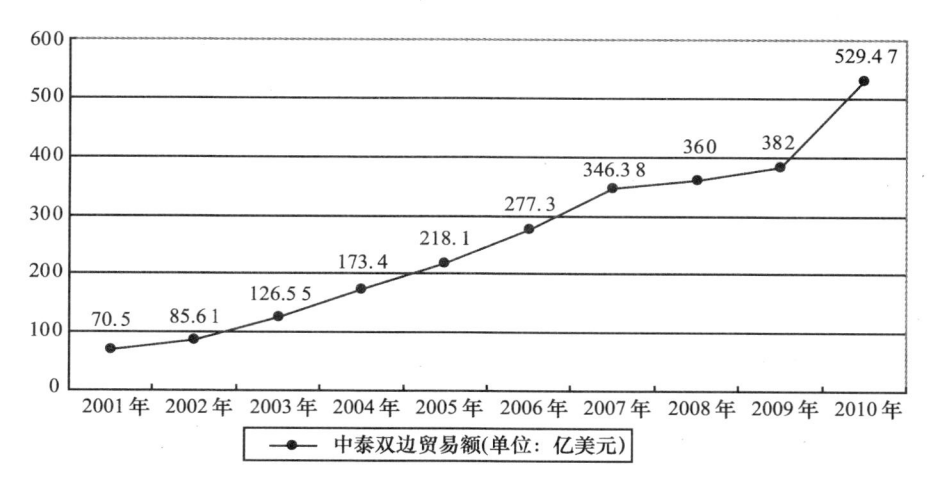

图 5—1　2001—2010 年中泰双边贸易额①

4. 中泰双方投资

泰国对外投资国主要为美国、东盟、中国内地及台湾。其中在中国内地的投资近年来有较大发展。2010 年泰国来华投资项目有 4015 个，实际投入 32.9 亿美元。在华投资的公司主要有正大集团、盘谷银行等。中国对泰国非金融类直接投资累计 6.01 亿美元。泰国已成为在东盟十国中与中国有密切经贸往来的国家之一。

（二）菲律宾经济发展环境

自 2004 年阿罗约再次当选菲律宾总统后，菲律宾经济开始步入中高速发展时期。2007 年 GDP 增长率为 7.3%，是过去 30 年来的最高水平。2009 年受全球金融危机的影响，国内经济受挫，经历了 2009 年 GDP 增长 1.1% 的低谷后，2010 年 GDP 同比增长恢复到 7.3%，达 1887.19 亿美元，人均 GDP 为 2011 美元。

---

① 图 5—1 的数据主要来源于以下四个网站：《中泰经贸合作：成绩斐然前景广阔》，2008 年 3 月 7 日，北京东盟商务顾问中心 [http://www.cafta.org.cn/CAFTA/（00mg3v55g23slu45jvbx55ef）/ABCCSecond.aspx?ID=327&sqls=BECAItemContent]。《泰国》，绵阳市人民政府外事侨务办公室（http://www.my.gov.cn/bmwz/9606795930716O7808/20110130/548089.html）。《2010 年度中泰双边贸易简析及 2011 年度预测展望》，2011 年 5 月 18 日，中华人民共和国驻泰使馆经济商务参赞处（http://th.mofcom.gov.cn/aarticle/ztdy/201105/20110507556587.html）。《三部门联合发布中国参与大湄公河次区域经济合作国家报告》，2008 年 3 月 28 日，新华网（http://news.xinhuanet.com/newscenter/2008-03/28/content_7871673.htm）。

国内经济虽逐步恢复，但人民生活水平提高较慢，贫困家庭比率为25%，2011年4月失业率为7.2%。菲律宾是个债务大国，2010年外债总额为598亿美元。据《马尼拉公报》报道，2012年菲外债总额将达到760亿美元，占GDP的40%，高于2010年底的34%。①

1. 主要产业

菲律宾经济为出口导向型经济，第三产业具有突出地位。2010年菲律宾的服务业占国内生产总值的54.8%，菲律宾在海外的劳工超过900万人，汇回国内188亿美元。旅游业为菲律宾的重要经济部门，是其外汇收入的重要来源之一。美国、韩国、日本是其主要的游客来源国。但受国际经济环境和国内自然灾害及不稳定性因素的影响，近两年菲律宾旅游业持续低迷。2009年全面接待外国游客仅300万人，2010年略微增长到345万。同时，在我国旅游业中，2010年菲律宾游客为82.83万人次，在入境旅游客源的外国市场中排名第八。渔业也占有相当大的比重，是其外汇收入的重要增长源泉。

2. 对外贸易

近几年，菲律宾政府积极发展对外贸易，促进出口商品多样化和外贸市场多元化，进出口商品结果发生显著变化。主要出口产品从传统的矿产、原材料转变为电子产品、服装等非传统商品。主要的贸易伙伴有美国、日本和中国。

3. 中菲贸易

中菲贸易近10年来总体呈现上升趋势。如图5—2所示，2002—2007年，中菲贸易的年平均增长率达到44%，远远高于同期中国—东盟贸易31%的年平均增长率，菲律宾成为东盟十国内与中国贸易增长速度最快的国家。2007年，双方贸易总额达到306.2亿美元。两国贸易虽然增长速度较快，但相对于其他东盟主要成员国，双边贸易总体规模仍然偏小。2007年，中菲双边贸易总额也只占同年中国与东盟贸易总额的15%。受全球金融危机的影响，2008年、2009年中菲贸易持续萎缩。

---

① 《预计明年菲律宾外债总额将达760亿美元》，2011年5月20日，凤凰网（http://finance.ifeng.com/roll/20110520/4048741.shtml）。

2009年中菲双边贸易额仅有205.5亿美元,比2008年下降了28.1%。2010年,随着经济形式的好转,双边贸易迅速恢复,与2009年相比增长了35%,达到277.46亿美元。

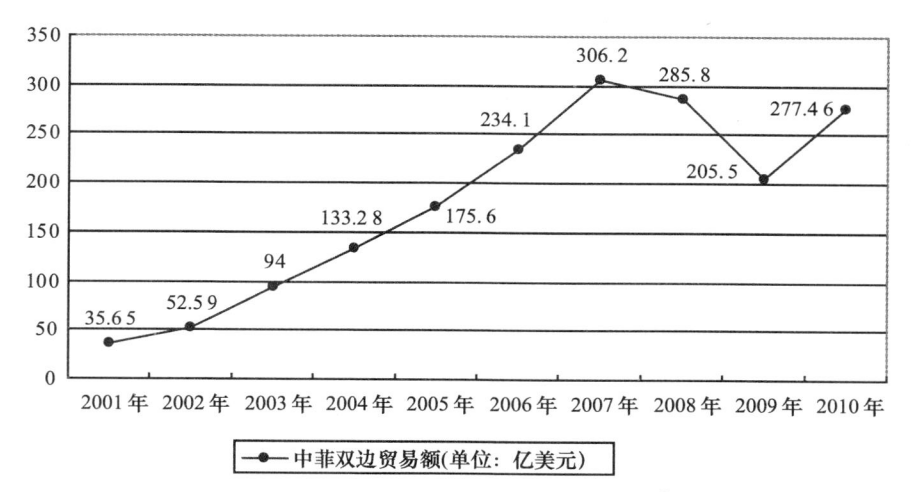

图5—2 2001—2010年中菲双边贸易额[①]

4. 中菲双方投资

近年来,中国开始加大对菲律宾的投资,2010年菲律宾吸引中国的直接投资近57亿比索(约合1.33亿美元),为2009年的两倍。截至2011年6月底,中国累计对菲非金融类直接投资额为2.51亿美元,其

---

① 《日益密切的中菲经贸合作》,2003年2月18日,中华人民共和国驻菲律宾共和国大使馆经济商务参赞处(http://ph.mofcom.gov.cn/aarticle/zxhz/hzjj/200302/20030200069434.html)。《专访中国驻菲律宾大使馆经济商务参赞于世忠》,中国—东盟博览会官方网站(http://www.caexpo.org/gb/zhuanti/t20041231_60536.html)。《中菲双边关系》,2006年12月8日,人民网(http://politics.people.com.cn/GB/8198/75410/75417/5142367.html)。《2006年中国—菲律宾经贸合作简况》,2007年6月12日,中华人民共和国驻菲律宾共和国大使馆经济商务参赞处(http://ph.mofcom.gov.cn/aarticle/zxhz/hzjj/200706/20070604772169.html)。《2007年中菲贸易额达到306.2亿美元》,2008年1月24日,新华网(http://news.xinhuanet.com/newscenter/2008-01/24/content_7490140.htm)。《2008年中菲贸易额出现负增长》,2009年2月26日,腾讯网(http://news.qq.com/a/20090226/001118.htm)。《2009年中菲贸易合作概况》,2010年2月25日,中华人民共和国驻菲律宾共和国大使馆经济商务参赞处(http://ph.mofcom.gov.cn/aarticle/zxhz/hzjj/201002/20100206796298.html)。《中菲双边贸易增速居东盟次席 专家指需增互信》,2011年8月31日,南博网(http://www.caexpo.com/news/info/focus/2011/08/31/3542600.html)。

中2011年上半年新增直接投资额3309万美元；菲累计对华实际投资额为28.3亿美元，其中2011年上半年，菲对华投资实际投入5115万美元。其中菲律宾对华投资主要为华商投资。

（三）印尼经济发展概况

印度尼西亚为东盟第一大国，人口2.3亿，占东盟总人口的2/3以上。印尼在亚洲金融风暴前20多年中，经济发展较为稳定，在东南亚国家中经济发展较快，在1997年的亚洲金融风暴后，印尼经济遭受严重破坏，陷入经济困难。1999年底印尼经济开始缓慢复苏。苏希洛政府上台后，经过一系列经济政策的刺激，2009年印尼GDP为5243亿美元，同比增长4.5%，2010年上半年，印尼GDP总值为3338.7亿美元，2010年人均GDP为2963美元。印尼作为人口大国，提高人民生活水平一直是印尼政府要努力解决的问题之一。2009年印尼贫困人口3253万，贫困率14.15%，失业人口920万人，失业率达8.1%。印尼外债比率高，2000年达89%，2009年已降至30%，为678亿美元。

1. 主要产业

印尼作为东盟最大的经济实体，农业、工业和服务业均在国民经济中发挥重要作用。其中，旅游业是印尼非油气行业中的第二大创汇行业，1997年后旅游业因金融危机、政治动荡、"非典"等不利因素的影响发展缓慢，直到2007年才出现好转。印尼中央统计局数据显示，2009年印尼接待外国游客人数为632万人，2010年达700万人次，同比增长10.76%。

2. 对外贸易

对外贸易在印尼国民经济中占重要地位。2005—2007年外贸总额年均增长率在10%左右。2007年印尼外汇储备达到570亿美元，债务占国内生产总值的39%，印尼政府提前还清了1997年借国际货币基金组织的420亿美元债务。印尼主要的出口产品有石油、天然气、纺织品、纸浆、纸制品、橡胶等。主要的贸易伙伴为日本、新加坡、中国、美国。

3. 中印贸易

中国印尼双边贸易往来频繁，双方数据显示，2000年以来，中国—印尼经贸发展速度以15%—20%增长。从图5—3中可看出，自2001年起，中国—印尼双边贸易额呈阶梯式的增长，每年的同比增长额也逐步增加（2009年因受金融危机影响，贸易额有所下滑），其中，2010年达427.5亿美元，同比增长达50.6%。中国对印尼出口219.7亿美元，中国自印尼进口207.8亿美元，中国对印尼小额顺差11.9亿美元，基本实现贸易平衡。2010年，中国成为印尼非油气产品第一大进口来源地、第二大出口市场和最大的贸易伙伴。

4. 中印双方投资

2005年中印尼战略伙伴关系建立，两国在经贸领域的合作十分突出，其中，中国对印尼的投资逐年加大。2009年，中国对印尼非金融类直接投资比2008年增长62.3%。2010年，据中国商务部统计，中国对印尼非金融类直接投资2.9亿美元；印尼对中国投资项目40个，实际使用外资金额0.8亿美元。印尼成为中国在亚洲投资最多的国家之一。

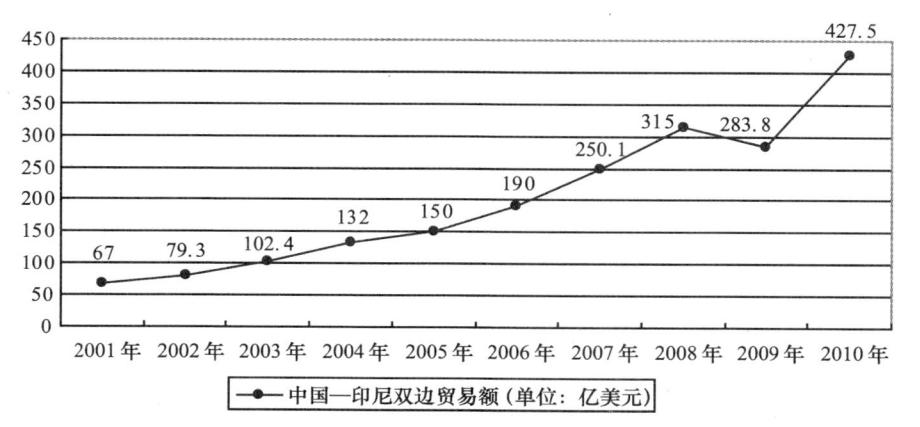

图5—3　2001—2010年中国—印尼双边贸易额增长趋势图[①]

从国家的经济总体实力、人民的生活水平、国家贫困率及失业率等指标上看，泰国与其他两国相比经济发展较快、水平较高，这为媒介的

---

①　温北炎：《中国与印尼经贸关系的新发展》，《东南亚研究》2006年第2期。《傅水根在总领事馆举办春节晚会，2008年印（尼）中贸易达315亿美元》，《（印尼）千岛日报》2009年1月27日。《2010年中印尼双边贸易额再创新高，突破400亿美元》，2011年1月18日，南博网（http://www.caexpo.com/news/important/trade/2011/01/18/3519891.html）。

发展提供了必要的条件。而中国与三国的经济交往中，泰国与我国在历年中经济往来频繁，经济合作平稳，使华文媒体在泰国的发展有了稳定的物质基础和必要的发展需求。

三　社会文化环境比较

社会文化环境包括民族宗教环境和政府颁布的文化政策及法规，同时还包括与媒介发展相关的周边产业。文化政策直接影响到报业的生存和发展，与媒介相关的产业（如印刷业）则与媒介发展相互促进，相辅相成。

（一）宗教环境

泰国有30多个民族，其中泰族占40%，老族占35%，华人占11%。全国95%的人信奉佛教，200多万人信奉伊斯兰教，30多万人信奉基督教。官方语言是泰语和英语，是东南亚唯一未沦为欧洲殖民地的国家。如表5—1所示，泰国与菲律宾、印尼在宗教方面的比较，泰国以佛教作为国教，而菲律宾和印尼的宗教情况则呈多元格局。

表5—1　　泰、菲、印民族构成及宗教信仰、华人人口比例表[①]　　单位：万，%

国别	民族数量	宗教	总人口	华人人口	华人人口所占比例
泰国	30	佛教	6300（2004）	649	10.3
菲律宾	90	天主教、佛教、伊斯兰教	7530（2000）	103	1.2
印尼	100	伊斯兰教、佛教、基督教	20350（2000）	1000	4.9

泰国的少数民族与我国的少数民族有千丝万缕的联系。其中作为跨境民族的拉祜族，在中国、泰国均有分布。中国的拉祜族主要居住在云南省澜沧江流域的普洱市和临沧市，泰国的拉祜族主要分布在泰北的清

---

① 数据主要整理自：彭伟步：《东南亚华文报纸研究》，社会科学文献出版社2005年版。

莱府、清迈府、达府和媚宏颂府。在语言上，泰国拉祜族在普遍稳定使用母语的基础上兼用泰语。在泰国北部也居住着来自中国的傈僳族，他们大概于20世纪初迁徙到泰国。中国的苗族在泰也有分布。泰国中部和北部至少13个府有苗族。75%的苗族住在碧差汶、清迈、清莱、达等府。壮族与泰国的泰族同源，具有地域性文化的许多共同特征，母语同源、稻作为本、习俗相类等。民族构成上，泰国很多少数民族与我国的少数民族同祖同宗，在民族意识和民族习俗等方面有共同的意识，这使两国人民更具有亲近感，沟通也更为便利。

泰国崇尚佛教文化，是佛教之都，在泰华人大部分是潮汕人士，潮汕人多信奉佛教，因此在与泰国文化融合方面，有较少的信仰冲突。在泰国，因共同的佛教信仰，华人很容易融入泰国文化中。同时，佛教尊崇和平主义的教理，温和的中观思想使泰国整个政策都是在缓慢中进行的，佛教在政策上所体现出来的即为渐进的、温和的文化政策，使得泰国成为在东盟十国中华人问题最少的国家。相比之下，菲律宾、印尼民族数量众多，是多民族的国家，民族问题在两国中时常突显。菲律宾主要信仰伊斯兰教和基督教，印尼是世界上最大的穆斯林国家，而移居两国的华人华侨在伊斯兰教、基督教、天主教等方面人数很少，因此在融入当地文化上又增加了一层障碍。而泰国稳定的文化环境、较少的文化冲突，更有利于华文报业的发展。

（二）媒介文化环境

媒介产业环境与媒介的发展相辅相成，一国的新闻法规规定了该国的新闻的生存环境。华文媒体作为所在国新闻事业的一部分，该国的新闻法规直接影响华文媒体的生存发展。

1. 媒介产业环境

报业的发展与印刷技术不可分离，印刷技术的逐步成熟使报业的发展迈上新的台阶。在泰国，一向注重印刷业的发展，泰国印刷业的书籍、印刷材料和包装的产值（Valued）为280亿泰铢。泰国拥有两个印刷专业培训机构：泰国国家印刷技术培训中心和泰国印刷专科学校。

泰国国家印刷技术培训中心于1989年成立，由德国政府通过德国技术合作公司（GTZ）向泰方提供多方面的援助：机械、设备、工艺、印刷技术、培训费用、职员开发，包括派遣德国专家担任顾问提供咨询和培训该中心的工作人员。培训中心通过远程教育系统进行教学和人员的培训工作。课程纲要由泰国和德国双方的专家共同开发，专门针对印刷业从业人员和相关行业人员。培训中心还参与了一个合作项目，即与泰国印刷协会和其他公营私营部门的外部机构合作，按照他们的要求来安排培训课程。

泰国印刷专科学校由泰国印刷协会成立，它是第一所泰国印刷专科学校，该校的创办欲使泰国成为东南亚的一个印刷中心及提高行业人员的素质。学校的目标是解决国内印刷人才不足的问题，由泰国印协与职业教育委员会合作成立。2007年该校举办了第一期培训班，有70名学生参加培训。澳大利亚"国际图像（图形）技术中心"（ICGT）为该校的筹建提供培训合作，有两名教师一直在为此合作项目工作。

除了创办印刷学校外，2006年起，亚洲纸业展览会（Asian Paper）在泰国曼谷举行。亚洲纸业展览会创办于1992年，被誉为全球覆盖面最广的专业造纸展览会之一。其每两年举办一次，从2006年开始，会展地点由新加坡转移到泰国曼谷。

而在菲律宾和印尼，印刷业的发展总体上不如泰国。

2. 新闻法规

新闻法规是国家对新闻事业实施管理的主要依据。各国的新闻法规规定了本国新闻事业的发展，法规不同，发展情况亦有不同。

在泰国，政府对新闻控制由紧到松。泰国宪法第三章第三十九条规定，个人享有以言论、著作、出版、宣传和进行其他舆论活动方式发表意见的自由。"第三十九条第三段所述的版权不得受到限制，除了根据法律规定授权旨在维护国家安全，或为维护人民的安宁生活或良好道德风尚，或为预防和制止使人民群众的身心健康遭受损害等外，没有法庭判决书或命令剥夺泰国人民言论自由的权利，查封印刷厂或禁止印刷出版的行为是不允许的。在报刊、广播电台、电视台发表消息或文章之前，要求将稿子报送主管官员检查的做法，是不允许的，除了在国家处于作战或战争状态期间，或宣布紧急状态戒严令期间的以外。宪法明确规定，报纸和其他宣传媒介的主人必须具有按照法律规定条件的泰国国籍。国家不得以经济或任何财产形式资助任何私人报纸或其他宣传媒介。"①

1946年菲律宾独立后,在宪法的第三章第四条中规定,任何人不得通过任何法律,剥夺言论、表达及出版自由,或剥夺人民和平集会或向政府申诉请愿的权利。政府在有关新闻出版法中明确表示,当公众利益需要时,国会应管制、禁止对商业新闻媒介的垄断,不允许成立旨在限制贸易或进行不公平竞争的联合体。菲律宾曾是美国的殖民地,长期接受美国的军事援助,与美国结为盟友。社会上也普遍受到美国新闻自由主义的影响,因此在菲律宾传媒拥有自由的新闻言论。华文报纸也不例外,报刊敢于批评现任政府,甚至总统也会被华文报纸痛骂。但在菲的一些华文媒体记者也指出,菲律宾过度的言论自由导致政府舆论导向的缺失,使媒体在重大事件面前形成混乱的局面。新闻自由赋予记者揭露社会腐败的神圣职责的同时,也使记者暴露在危险之中,由于没有得到更多的保护,记者被枪杀的事件时有发生。

在泰国和菲律宾,言论较为自由,华文报刊中也会出现对泰国总理抨击的文章。在泰华文报纸上出现的对政府的评论文字,在印尼是政府所不能容忍的。1965年苏哈托上台后,制定新宪法,一直实行至今。"宪法第二十八条规定,结社、集会、言论与出版自由以法律明言规定之,但是它在第二十七条第一款又规定,凡公民不论在法律上或是在政府中都有同等地位,并须毫无例外地遵守法律和政府法令。第三十二条规定,政府优先发展印度尼西亚的民族文化。"② 苏哈托时期,印尼制定了相当严厉的新闻法,规定创办报刊之前必须获得经营许可证,外国传媒进入印尼首先要先向政府申请,获得许可证并接受严格的新闻审查,才能在境内发行。政府的新闻主管部门有权随时根据国内需要,或者依据传媒的守法程度吊销传媒的经营许可证。直到1998年哈比比上台后,面对公众的强烈要求,国会通过新法律,颁布了关于取消限制言论自由的法律和条例,禁止新闻检查。法律明文规定,如果有人妨碍新闻自

---

① 彭伟步:《东南亚华文报纸研究》,社会科学文献出版社2005年版,第323页。
② 同上书,第319页。

由，最高可判处两年徒刑。因此，与之前相比，现在的印尼传媒拥有比较多的新闻自由。新闻检查制度废除后，印尼国内又出现新闻过度自由、假新闻满天飞、记者职业沦丧的情况。对于如今印尼新闻业的状况，印尼的学者和新闻工作者认为西方的新闻自由理论同印尼的国情不相适应，西方的新闻自由在印尼行不通。

四 与中国的关系比较

近年来，三国与中国交往密切，关系平稳发展。三国与中国的经济往来在前文已经提及，因此在本节中将不再赘述。

（一）泰国

泰国与中国的外交关系可追溯至明朝。明朝的洪武年间，暹罗国的"阿瑜陀耶王朝"已经与中国有频繁交往，曾派人到南京的"国子监"学习。万历年间，明政府在"四夷馆"中特设"暹罗馆"，还招收了马应坤等12名儒生向泰国派来的"通事"及使臣学习泰语。明代中叶以后，中国东南沿海尤其是潮汕地区的中国人开始大量移居暹罗。中泰之间，逐渐形成了斩不断的血脉联系。

如今泰国长期推行独立自主、灵活务实的全方位外交，重点发展与东盟和周边国家的关系以及与中、美、日的合作。近年来，泰国重视发展与东盟的友好合作，积极推动东盟扩大组织，并在地区事务中发挥主导作用，大力促进东盟经济合作，支持建立东盟自由贸易区，帮助印支国家发展经济。

泰国重视发展对华关系，积极加强全方位泰中友好合作。泰国在东盟国家中与我国关系密切，1999年两国签署了《面向21世纪的行动纲领》。近年来两国人员交往频繁，在各领域实现交流与合作。两国高层保持密切往来，两国主席、总理互访。2007年5月国务院总理温家宝与素拉育总理进行会谈，就深化中泰战略性合作达成共识，并见证签署《中泰战略性合作共同行动计划》纪要。2011年1月，全国人大常委会副委员长、全国妇联主席陈至立访问泰国。同年4月，泰国诗琳通公主、朱拉蓬公主、国防部长巴威访华。

中泰文化交流随着两国经贸的发展也日益加强。2002年，中国援建的清莱王太后大学中国语言文化中心落成。北京语言文化大学和北京师范大学曼谷学院相继招生。2003年，中国在泰国成功举办"西藏文化周"系列活动。2005年，在中泰建交30周年时，两国联合举办了"中国春节文化周"、第三届"中泰一家亲"音乐会、历任大使互访和百名青年互访等建交30周年庆祝活动。2007年两国政府签署了《中泰教育部关于相互承认高等教育学历和学位的协定》。两国有关部门联合举办了第四届"中国春节文化周"等活动。2007年12月，两国文化部签署了《关于互设文化中心及其地位的协议》。文化合作的加强也促进了两国互派留学生人数的日益增多。2001年，泰国在华留学生860人。2010年，在泰国留学的中国学生已达9000多人，比2001年增长近10倍，中国已经成为泰国最大的留学生来源国[1]。

中泰双方还成立了泰中友好协会（1976）、中泰友好协会（1978），缔结了25对友好城市和省府。

（二）菲律宾

菲律宾奉行独立自主的外交政策，以确保国家安全、主权和领土完整；推动社会发展，保持菲律宾在全球的竞争力；保障菲海外公民权益；提升菲律宾国际形象；与各国发展互利关系为外交目标。

1975年6月9日，中国与菲律宾建交。建交以后，两国高层互访不断。2000年，双方签署《中华人民共和国政府和菲律宾共和国政府关于二十一世纪双边合作框架的联合声明》，确定在睦邻合作、互信互利的基础上建立长期稳定的关系。2005年，胡锦涛主席对菲律宾进行国事访问。2007年，温家宝总理对菲进行正式访问，双方发表了联合声明，愿共同全面深化中菲致力于和平与发展的战略性合作关系。2010年6月30日，胡锦涛主席特使、全国人大常委会副委员长严隽琪赴菲出席阿基诺总统就职仪式。2011年5月，中国全国人大常委会副委员长蒋树声、国务委员兼国防部长梁光烈访问菲律宾。6月，菲众议长贝尔蒙特访华。

---

[1] 《中国成为泰国最大留学生来源国》，http：//finance.ifeng.com/roll/20101004/2678551.shtml。

中菲在文化、旅游等领域的交流也不断深入。两国至今签署了13个双年度文化合作执行计划，举行了13次科技合作联委会会议，共确定了244个科研合作项目。① 同时，两国结有广州市和马尼拉市、上海市和大马尼拉市、广西壮族自治区和达沃市等27对友好城市，以此形式进一步促进两国的交流。

（三）印尼

1950年4月，中国与印尼建交。1965年，印尼发生"9·30"事件，大批华侨遭受迫害，两国外交中断。1990年，在全球发展的形式下，双边恢复外交关系。1998年5月，在雅加达发生了骇人听闻的"五月风暴"。在这次暴乱中，1190名华人被杀，27人死于枪击，168名妇女遭到强暴，其中20人死亡。② 暴乱过后，许多华人将孩子和妇女送到国外居住或留学。

"五月风暴"后，印尼进入后苏哈托时代。印尼政府积极改善两国关系，调整对华政策，中国也重视发展与印尼的关系，双方建立了战略伙伴合作关系。1990年8月，李鹏总理访问印尼，两国签署了《关于恢复外交关系的谅解备忘录》，宣布自当日起正式恢复两国外交关系。近年来，中印关系发展迅速。1991年1月，两国签署航运协定，开辟直飞航线。1992年1月，双方签署《新闻合作谅解备忘录》，新华社在雅加达开设分社，人民日报向印尼派驻记者。1999年12月，双方发表联合新闻公报。中国成为瓦希德上任后出访的第一个国家。2000年，印尼外长阿尔维·希哈普宣布印尼的外交政策，优先考虑与亚洲国家加强合作，主张建立印尼—中国—印度战略合作关系。梅加瓦蒂上台后表示，对外仍保持与美欧等西方国家的密切关系，同时会加强与包括中国在内的亚洲国家的合作关系，并致力于恢复印尼在东盟国家中的领头地位。2005年4月，胡锦涛主席访问印尼，双方签署了关于中印尼建立战略伙伴关系的联合宣言。同年7月，苏西洛总统正式访华，两国元首年内实现互访。2009年11月，两国元首在出席

---

① 《中国同菲律宾的关系》，中华人民共和国外交部（http://www.fmprc.gov.cn/chn/pds/gjhdq/gj/yz/1206_9/sbgx/）。

② 黄昆章：《印尼华侨华人史》，广东高等教育出版社2005年版，第289页。

新加坡APEC会议期间举行会晤，双方确定2010年为"中印尼友好年"。2010年1月，两国签署战略伙伴关系行动计划。2010年11月，吴邦国委员长对印尼进行访问。

60年来，中国与印尼的外交一路走来磕磕绊绊，曲折地前进着。目前，在外交政策上，印尼积极向亚洲向中国靠拢。瓦希德和梅加瓦蒂两届政府积极推动中国印尼友好合作关系，两国在各领域中的合作发展迅速。

第三节 华人、华校及华社的发展情况比较

华人、华文教育、华人社团是海外华人社会的三大支柱。三者相辅相成，推动着华人社会的发展。华文报纸与三大支柱关系密切。华文教育是华人系统学习华文及中华文化的基础，华人社团是华人争取利益的力量中心，同时是华人自身发展和华文教育的后盾，华文报纸则成为宣传华文文化、提供华人信息的有效渠道。因此，华文报纸与华人、华社、华文教育相互联系、相互影响。

一 华人情况

据2000年统计，在亚洲地区印尼拥有1000万华人，为亚洲地区华人分布最多的国家。其次为泰国，为664万人，马来西亚559.8万人，新加坡247.3万人，菲律宾103万人。[1] 到2004年，泰国华人人口约649万，占泰国总人口的10.3%左右，印尼华人人口向来为亚洲华人分布最多的国家，但在总人口中的比例只占5%—9%，菲律宾华人人数估计为75万—120万，据2000年人口普查，全国总人口约有7530万，华人约占1.2%。从以上数据可看出，在泰、印尼、菲三国中，泰国华人在本国总人口中比例较高，华人分布较为集中。

下文将从移民历史、华人从事职业、华人经济三方面分析三个国家

---

[1] 程曼丽：《海外华文传媒研究》，转引自《海外华侨华人总数共计三千四百五十余万分布世界五大洲以亚洲最多美洲次之》，《宏观报》2000年5月20日，新华出版社2001年版，第295页。

不同的华人状况。

（一）移民历史

泰国、菲律宾、印尼三个国家的华人祖籍均有不同，并且呈现出来自中国同一城市的华侨华人聚集在同一国家的特点。

1. 泰国

中国人移民泰国拥有较早的历史，在 20 世纪初出现大量移民。1928 年、1929 年，中国移民泰国人口分别为 150000 和 131500 人，[①] 之后呈逐步上涨的趋势。来自广东潮汕地区的泰国华人，约占泰国华人的 60% 以上。有人称泰国唐人街是潮汕一条街。在泰国商界，除了汉语，潮汕话也成为商业通用语言。

2. 菲律宾

移居菲律宾的华人人口较多，遍布菲律宾各地。据人类学家的研究，在菲律宾民族中，华人血统约占 20%。其中 85% 为福建闽南人，15% 来自广东。因福建闽南人在菲华人社会中占据主导，因此他们历来浓厚的宗派意识和小团体意识在一定程度上影响菲律宾华社的团结。菲华人社团不团结的局面有这一因素的影响。

在当今华人社会的人口构成中，第一代移民仅占 10%，90% 是第二、第三甚至第四代在当地出生的华裔菲律宾人。但仅占 10% 的第一代移民仍掌握着社区的领导权和经济支配权。

3. 印尼

印尼华人大多数来自福建、海南、广东。据史料记载华人最早到印尼为东晋时期的高僧法显，从海南去印度取经时途经印尼。从 17 世纪到 19 世纪，华人在印尼从事的主要职业为垦荒、种植工作。二战结束后，在印尼人民的独立运动中，华人给予了大力支持。但在印尼独立后，政府推行一系列的同化政策，在经济与文化上对华人进行限制。1965 年"9·30"事件后，苏哈托政府开展了大规模的"排华"运动和"大屠杀"，在"大屠杀"中至少有 30 万华人死亡。到 21 世纪，印尼的

---

① ［泰］泰中研究中心：《泰中研究：泰国华侨华人史》第三辑，泰中研究中心出版社 2005 年版，第 340 页。

华人人口已达到 1000 万。

（二）华人从事职业

移民之初，华人在各个国家所从事的职业不同。从华人所从事的职业中可以看出该国华人的文化水平，这也决定了华文纸媒在当地的发展。

1. 泰国

泰国华人所从事的职业遍及各个领域，在各行业中都占有相当分量的比重。在泰国历史上，华人已经成为对外贸易的主力、航运的先驱和商业的核心。他们聚集在泰国主要的城市，从事商业贸易，掌握着泰国的经济。华人经济已经成为泰国国民经济的中流砥柱。

在泰华人除了在商业上有巨大成就外，在政坛上也有不小建树。在泰国，华人积极参与政治，据调查发现，在 1965 年至 1966 年的泰国政府内阁中，19 位内阁即有 12 位有中国血统。"目前的国会，约有 30%的议员是商人，其中大多数是中泰混血后裔。""1987 年的政府内阁成员 44 人，有中国血统的占 1/2 以上，包括总理察猜·春哈旺上将和几位副总理、部长与部长助理在内。高级军政官员中 80% 有中国血统。"[①]

2. 菲律宾

战前，菲律宾华侨所从事的职业集中于工商业，主要从事贸易和小型制造工业。职业主要为商人、店员、劳工和服务人员，知识分子、科技人员、工程专业人员的比重很小。50 年代菲化运动后，华商为了自身的经济利益，与菲律宾政界及军方高层建立"政商关系"。这些企业一般发展较大并且拥有雄厚的资金，发展成为多元化经营的富豪大班的企业集团。

随着政府政策的改变，菲律宾华人的参政意识逐渐提高。但由于菲律宾人在经济上嫉妒华人，华人在参政时常受到当地强势政治人物的抵制，因此到目前菲律宾的政坛上华人或华裔的身影仍占少数。

3. 印尼

历史上，印尼华人主要从事种植业、农产品加工业和手工业生产，

---

① 曹云华：《泰国华人社会初探》，《世界民族》2003 年第 1 期。

从事商业的不到23%。涉及商业的主要为小商贩，地位比较低，文化程度不高。在第一代华人中，来自不同祖籍的华人具体从事的职业又有不同。如福建福清人主要从事金融（银行）和纺织业，福建兴化人经营汽车等交通工具，福建人经营土产和咸鱼生意，客家人开杂货店等。到了第三、第四代华裔，他们开始融入当地社会，因此多在私企或外企打工，开咨询公司、当律师、公证员、教师、艺术工作者、设计师、非政府组织人士等。之后由于苏哈托时期的"排华"政策，华人在印尼被排挤在关键的经济部门之外。

由于长期的"排华"政策和土著居民对华人的民族歧视，印尼华人的参政意识并没有泰国和菲律宾高。在印尼政坛上看到华人身影还有很长的路要走。

（三）华人经济

华人经济的发展决定了华人的社会地位，华文媒介的发展在起步初期也需要华人企业和华人财团的资助。

1. 泰国

华人是泰国的少数民族，占泰国人口的10%，但泰国社会资本的90%掌握在华族、华裔资本家、企业家手中。华族、华裔资本家、企业家是泰国经济社会经济精英的主体。据台湾侨务委员会编纂的1992年《华侨经济年鉴》，泰国的商业、制造业投资所有权的90%在华人企业手中，泰国银行金融业的50%由泰国华人银行所控制。泰国现有的16家银行中，华资登记的银行有11家。华人银行资本达51亿美元，约占泰国银行资产的2/3。其他行业如房地产、建筑及重化工业等也以华商企业居多。应当引起注意的是绝大多数华人企业并不是华人独资，而是华人与泰人资本的联合。华人经济与泰人经济已经融为一体，共同推进了泰国经济的繁荣发展。目前实力雄厚的华人企业有：正大集团、金融业的盘谷银行、泰华农民银行、京华银行，泰兴钢铁、华泰塑料、亚洲电讯等企业。正大集团是目前泰国最大的跨国企业集团，国外子公司遍布中国内地、香港、台湾和印尼、英美等20多个国家和地区，已跨入全球500家最大跨国企业行列。

泰国方面的资料显示：至20世纪30年代，估计华人占据商业阶层的85％，而且控制泰国全国的商业贸易的90％。① 近几年，华人移民到泰经商人数继续上升，其中以台湾、香港、内地为主。

2. 菲律宾

菲律宾华人在菲律宾经济发展史上一直扮演"经济先锋"的角色，他们开创了菲律宾初期的农耕和手工业。在菲律宾的大公司中，华商约占1/3，在纺织、成衣、漂染、钢铁、五金、建材、百货及金融等行业中占据优势。在菲律宾28家私营银行中，华资商业银行占16家，总存款占全菲私人商业银行的54.9％。菲股票公开上市的工商控股公司45家，华商为大股东的约有20家。华商拥有菲律宾全国1000家最大公司和所有中型公司的半数。相关数据显示，1995年私人财产在1亿美元以上的菲华富豪共24人，占全菲入选富豪总人数的64.9％，财产合计248亿美元，占总额的66.2％。② 但这一比例与泰国和印尼相比仍然较低。

菲律宾华人经济主要表现为实力雄厚的财团，他们的核心领域涉及房地产、商贸、农业综合经营以及制造业中的食品饮料等行业。

3. 印尼

华人经济在印尼私营企业中占有优势，但绝大部分华人企业属于中小型企业。20世纪80年代以来，印尼许多华人企业集团已发展成为综合性企业集团，并进行跨国经营。如三林集团、阿斯特拉集团、力宝集团、金光集团、巴里多太平洋集团、盐川集团等。1997年的金融风暴使很多印尼华人企业陷入困境。但经过调整和国内外的支援，不少华人企业逐渐走出低谷。如彭云鹏创办的巴里多太平洋集团已经发展成为世界上最大的胶合板生产商和出口商。盐川集团是印尼最大的香烟生产企业，2005年盐川集团生产香烟659亿支，2004年获得的净利润达1.7万亿盾，2005年净利润进一步提高到1.8万亿盾。③

但由于印尼社会贫富悬殊以及苏哈托时期遗留下的民族歧视问题，

---

① ［泰］泰中研究中心：《泰中研究：泰国华侨华人史》第三辑，转引自 Thuan Kanchananaga: Report on Commercial and Economic Progress in Thailand 1939－1940，泰中研究中心出版2005年版，第339页。
② 饶志明：《菲律宾华人财团的现状及发展趋势》，《东南亚研究》1997年2月。
③ 《盐川去年纯利1.8万亿盾》，《（印尼）千岛日报》2006年6月22日。

华人与原住民的矛盾仍十分突出。

二 华校发展

华文学校承担着华人及其后代的华文教育责任。华文媒介的发展也依赖于华校的发展。华校为华人社会培养人才，同时也提高华文媒介受众群的华文水平。

（一）泰国

泰国华文教育拥有悠久的历史。根据泰国教育部特别教育厅的《教授华文民校》档案的记载，泰国第一所华文学校设立于曼谷皇朝初期（约1782年前后），地处大城府阁良岛。该校单授华文课程，约有200名学生。学校的发展未受到有关当局的任何管制。这所华文学校的创办比西方传教士在泰国设立的"易三仓学校"要早100年。

华人自办华校开始于小规模的书报社、读书社等华文小团体，他们旨在传播中华文化，促进在泰华人的交流。如华人聚集区的泰北清迈府，在1904年成立了华文补习班，在普吉府1911年有了私塾教授华文。第一所华人自办的华校是在孙中山的民主运动背景中产生的。1909年中华会所开办了"华益学堂"——泰国第一所华侨设立的华校，同盟会分会在三升区办"国文学堂"，设有普通书报演说社。1910年成立了由潮、客、粤、闽及琼地区华侨联合开办的"新民学校"，不久又成立了"大同学校"。同盟会在泰华侨中开办华校，宣传政治思想和革命主张，对华人政治家起到了启蒙的作用。

随着辛亥革命的胜利和民族主义思潮在泰的蔓延，泰国当局对华校的创办进行了限制，六世皇政府于1918年6月5日制定第一份民校条例，并于同年7月1日生效实施。其中条例对华校的创办做了几项规定：规定全国已经设立或将要设立的民办学校必须进行注册登记，并遵照教育部的管辖；民校必须教导学生能适度地阅读、读写以及理解泰文；外国教师，也就是华校的中文教师或教会学校的西文教师，必须在6个月或1年内考得泰文学历；华校的教育必须教授泰文每周不少于3课时。1921年颁布《国民小学条例》，这份条例硬性规定了7—14岁儿童必须接受小学1—3年级的教育。实行小学教育办学的学校所教授的课程必须为教育部制定的泰国文科以及以泰文考试的所有科目，或是逐级申请获准的补充教授的外国语文科。小学条例的实施，使华校增加了泰文的授课时间，减少教授华文的时间。两项条例的实施虽然较为温和，但华校的创办仍受到了影响。

一战、二战期间，泰国对华校进一步管制。二战中，泰国作为日本的亲密伙伴，与国内旅泰华侨的矛盾日益加剧。1939 年教育部发布命令，规定对 7—14 岁儿童进行教育的华校华文授课时间由每周 6 个课时减少到 2 个课时。此外，对于违规的华文民校立刻予以关闭。据泰国方面的记载，1938—1940 年 233 所华校全部被封闭，华文教育由"校教"转入"家教"阶段。

二战结束后，作为战败国日本的同盟军，一时式微，对在泰华校采取了妥协的态度，尽量游说华校进行合法的注册登记。据 1947 年初的统计，泰国华校有 450 家，在校学生约 175000 名，教职员 3000 多名，并且半数以上的华校成为教协会员。此时，中国国内国共两党的斗争延伸至泰国的报界及教育界，这引起泰国政府的政治干预。1948 年 4 月銮披汶元帅第二次掌权，泰国民族主义政策发挥得淋漓尽致。仅在一个月的时间内关闭未依法注册的华校 342 所（当时有 490 所华校），并于 5 月发布命令，限制各府区的华校数量。

厉行泰化政策期间（50—60 年代）华文教育持续下滑，直到 60 年代末 70 年代初，出现了非华文民校的华文教育，并且教育层次从之前的中小学华文教育发展到大学中的华文教学。1967 年教育部批准越岱密威他耶莱（越三振）学校可以教授华文。除此之外，官办的职业学校及高中职业学校也有教授华文课程。泰国大学开办华文科始于 1961 年的政法大学，但之后由于缺乏华文教师而未能开课。朱拉隆功大学行政学系教授鉴于中国在国际社会中地位的提高，设法推进华文教育在大学中进行。1966 年朱拉隆功大学文学系构思开设华文课程，但因缺乏师资而未能进行。1967 年该校副教授巴屏·玛努迈威汶博士获得华盛顿助学金进修华文博士学位，学成后回国编设大学华文教学课程。于是朱拉隆功大学文学系在 1973 年开设华文选修课，并于 1981 年正式开办华文学士学位课程。朱拉隆功大学一直是大学华文教学的先锋，并在与北京大学的合作下于1997年开设华文硕士学位课程，在2003年开设华文博士学位课程。

随着中泰关系的发展及泰国坚塞政府实行的灵活外交政策，泰国的华文教育开始进一步的发展。20世纪80年代中期，到泰投资的我国港台、新加坡华商增多，华文的使用率提高，华文报的需求量随之增大。在此背景下，华文教育突显出现实的重要性。朱拉隆功大学亚洲研究院在80年代末拟定《泰国华文教学状况及整顿建议》呈递泰国教育委员会及国家经社开发委员会，希望对泰国华文教学进行大的整顿，使华文教学正式纳入泰国教育体系。1992年2月，泰国政府对华文教育做出明确的决定：华文民校可在5、6年级增加华文课程（过去华文只教授到4年级），且可以办幼稚园；中学也准设华文班，同时可以聘请外国教师，取消华文教师有关泰文资历的限制；此外，开放申请开办"华文语言文化学院"等。在这些开放政策下，近年来，泰国的华语教学出现了"遍地开花"的局面。

20世纪90年代中期以来，泰国政府对华文教育的政策由默认到鼓励直至促进。泰国教授华文的学校有三大类，即由政府开办的大学、由教育部批准开设的公立及私立职业技校、由泰国教育部开办的民办华文小学。政府开办的大学以及教育部批准开设的公立及私立职业技校，开设的中文课均为选修课。由泰国教育部开办的民办华文小学，其经费由华人社团负担。为了鼓励和吸引华人子弟学习中国语言文化，不少热心华校不仅不收学杂费，还免费供应午餐。同时国普教厅积极与中国国家汉语推广办公室进行合作，合作包括教师的培养、协助制定教学大纲和编写教材等。中国国家汉语推广办公室每年都选派大批青年志愿者赴泰国从事华文基础教育。

（二）菲律宾

菲律宾在受美国统治时期，华文教育便开始兴起并得到发展。但在二战期间华文学校遭到严重破坏。战后，由于华侨的有识之士对华文教育进行投资，兴办侨校，华文教育出现新的发展局面。如马尼拉佛教组织创办的能仁中学、嘉南中学等。这一时期，很多同乡会、宗亲会等团体都在资助华校的办学。如陇西李氏宗亲会首创"族生清寒补助金"，帮助贫困学生解决教育问题。1947年，菲律宾政府与中国国民政府签订《中菲友好条约》，其中规定："缔约此方之国民，允许在彼此领土内，在与任何第三国国民同样条件下，依照彼方之法律规章，享有设立学校，教育其子女之自由。"在此条款下，菲律宾教育部不干涉华校的创办。在这一时期，华侨创办了菲律宾华侨图书馆，成立华侨师范学校，华文教育出现良好的发展趋势。1955年，华文学校增至150所，教师1649人，学生4.8万人。

50年代后，"菲化"运动波及华文教育领域。1956年5月，菲私立教育局颁布第3号通令：从新学期开始，华侨学校所有中文课程与教授课时数、教职员的任教资格、学生人数与国籍等必须报送审批。从此，华文教育的"菲化"运动展开。1966年2月，菲律宾教育部发布第2号通令，规定侨校自动改制，将中文改为选修科目。1973年新宪法规定："教育机构，除由宗教单位、教会宗派与慈善组织所设立者外，须全由菲籍公民或菲人占有资本60%以上之公司，或联合会所拥有。教育机构之管理与行政须由菲籍公民主管，教育机构不得专为外侨所设。外侨学生在任何学校内不得占学生总数1/3。"[①] 1973年，菲律宾华侨学校共有154所，学生6.8万人。在整个"菲化"运动中，由于华校受到限制，越来越多的华人接受的是菲律宾的教育，在毕业生中，被培养成菲律宾人的华人也日趋增多。这使本已走下坡路的华文教育继续下降，华校成为"菲化"文化交流和融合的场所。

华校的日渐式微，使老一辈华人深感忧虑。1991年5月，"菲律宾华文教育研究中心"成立，指出华校应以培养具有中华文化素质的菲律宾公民为目标。中心聘请了中国内地、香港、台湾等地的汉语教学专家、学者到菲律宾讲学，同时还主编出版了《华文教育》。1993年11月"菲律宾华文学校联合会"组成，共有112个会员学校，实现菲华校的相互合作。此外，菲华各类社团和华人企业家也致力于华校的发展，一个包括社会、家庭和学校三位一体的华文教育体系正在逐步形成。

---

① 姜兴山：《传承与融合：菲律宾华文教育变迁（1945—1975）》，《历史教学（下半月刊）》2011年第2期。

目前，菲律宾有华文学校 169 所，学生 10 万余人，华文教师 3000 余人。在菲律宾大学和拉刹大学等院校还开设有中国文化课程。

华文教育虽然开始走出低谷，但仍存在一些问题。师资年龄老龄化，教师素质不高，教学态度差是菲律宾华文教育面临的一大问题。有的学校华文老师对教学缺乏责任感，不认真教学，一学期没教授几篇课文。结果导致很多毕业于侨校的学生既看不懂华文报，又听不懂华语。

（三）印尼

20 世纪 60 年代以前，印尼的华校发展繁荣。1901 年，印尼华侨创办了东南亚最早的新式华侨学校——巴城中华会馆中华学校。1906 年，华文教育史上第一个专门管理华文的教育机构——中华总会在印尼成立。1911 年，在国民政府和印尼政府的努力下，印尼华文教育得到迅速发展。1926 年，印尼华校增至 507 所，学生 3.3 万人。此后，由于受到战乱等原因，印尼华校的发展较为缓慢。

二战后，印尼与中国建立外交关系，印尼政府对外侨教育实行较为宽容的政策。在这一背景下，华文教育达到了发展的鼎盛时期。华侨学校达 1800 所，在校学生 42 万人。

1957 年 11 月始，印尼政府开始严格控制华文教育和华校的发展，部分华校被取消，华校的发展课时趋于式微。1965 年 "9·30" 事件后，华校遭遇厄运，印尼所有的华文学校被迫关闭，近 30 万学生失学。1967 年 7 月，印尼政府颁布第 37 号法令，规定除了外国世界为他们的家庭成员所办的学校外，一概不得有外国学校。迫于华侨呼吁政府开办华校的压力，1968 年 1 月，印尼政府颁布总统第 B12 号法令，允许私人团体在华人社会开办学校。这类学校基金会的负责人必须有 60% 为印尼籍人士，外侨学生不得超过 40%。用印尼语进行教学，教师和校长必须为得到教育部批准的印尼籍公民。但这类学校只维系了 6 年时间，1974 年此类学校被指控利用华语作为教学媒介，违反政府有关条例，当年被加以取缔。

一直到 1998 年苏哈托倒台，华文教育在印尼中断了整整 32 年。1998 年后，由于政府采取了宽松的华人政策，华文学校在这一时期如同雨后春笋，一时之间涌现出来。印尼的华文教育虽然呈现繁荣局面，但经过20世纪苏哈托30多年的黑暗统治，华文教育和中华文化几乎断层，甚至到了断根的边缘。华校恢复发展后，参加华语学习班学生大多是60岁以上的老人，青少年极少，正如前华侨师范学校校长符福全所说："目前中文教育的前景是明朗的，但它是在一片废墟中建立起来的，所以还需艰苦的奋斗。"针对这些情况，印尼的华文教育做了很多努力，许多地方开始创办"三语学校"，但总体的发展情况并不乐观。"三语学校"中，学生对华文的学习情绪并不高，绝大多数学生连最简单的华语也不会讲。究其原因与印尼悲惨的华侨华人史有直接关系。30多年的华文教育的断层，使现在的年轻人几乎失去了华人祖先的理念，他们对学习华文的好处的认识不高，再加上华文本身就比较难学，所以导致学生对华文的学习并无多大兴趣。其次，印尼社会很少有讲华语的环境，学生交谈时一般都讲印尼话。甚至在家里，连会讲华语的父母对孩子也讲印尼话，因此孩子没有一个良好的学习华语的环境。同时华语的断层也导致了华语教师年纪大，教学素质差的问题。华人社会自身对华语的不够重视，教育资源的缺乏，使印尼华文教育的发展举步维艰。

近几年，随着中国经济的发展和国际地位的提升，印尼政府开始重视华文教育，鼓励华校的发展。据印尼方面统计，1998年至2001年，雅加达开办80多家补习班，1998年至2003年五年间泗水开办30家，万隆开办了21家。开办的学校在不断增多，学生规模也越来越大。2006年，泗水新华中学校友会补习班有学员1300多名，泗水侨众中小学校友会补习班有学员1100多名，万隆融华中学校友会补习班有学员1000多名，泗水中华中小学补习班有学员900多名，万隆希望之光补习班有学员800多名。[①] 除此之外，目前印尼有十几间高等院校开设中文系或中文选修课。2001年8月，印尼教育部正式允许各级国民、私立学校开设中文课程。目前在印尼的雅加达、日惹、棉兰、泗水等城市的重要院校中都设有中文系或中文专业。针对印尼国内华文教师老龄化，华语水平不高的情况，中国也频频向印尼输送汉语专业人才或是负责印尼

---

① 杨圣祺：《后苏哈托时代印尼政府华人政策及其对华人社会的影响》，硕士学位论文，暨南大学2008年，第33页。

方面华文教师的培训。2001年、2002年，广东汉语专家团一行五人两次前往印尼进行华文师资培训。同时，国家汉办资助了180人左右的印尼华文教师来中国接受培训。

三 华社发展

泰国、菲律宾、印尼三国的华人社团出现较早，但发展期因各国的华侨华人政策的实施各有不同。

（一）华社历史发展

三个国家的华社发展情况各有特点，泰国华社发展一直延续不断，而印尼因为"排华"政策的实施使华社发展出现断层，菲律宾华社则在"菲化"运动的夹缝中力求生存。

1. 泰国

泰国华社经过100多年的发展日趋成熟，到20世纪80年代末，华人社团已经发展到2000多家。进入新世纪后，华人社团仍在不断发展壮大。在此小节中笔者将以1945年为分界点，大致梳理二战前后在泰华社的发展情况。

（1）1932年至1945年

1932年至1945年十几年间，爱国华人社团中地缘性社团和血缘性社团发展比较缓慢，所占份额较少，从数量和影响力看都微不足道，而商业同业社团占据多数。

①业缘性社团。在这一时期，华侨中从事商业的人数占华侨人口的70%，华侨商人在泰的投资额一般占到全部投资额的45%，因此，商业同业社团占主导正是当时华商经济繁荣的表现，中华总商会即为典型的代表。中华总商会会员为泰国的全部华商，它是侨居泰国全体华侨的统御机关，并负责交涉本国政府和泰国政府的立场，负有在外使馆的任务，承担着泰国华人扶持、支援社会事业的广泛功能。

②慈善社团。由于战乱，泰国出现移民人口大规模流动，从而产生移民人口过度膨胀的问题。泰国华人慈善社团即在这样的社会背景下产生。但由于社会不稳定，社会问题重重等原因，慈善社团数目并不多，发展也较缓慢。

③文缘性社团。这类社团集结了各方面的爱好者,主要以消遣为目的。一部分团体也以学术为主,研究侨居国的历史和文化,加深对侨居国的了解,以便于在当地生存。

④政治性社团。这段时间在泰国出现的华侨政治性社团数量多,派系复杂,中国国内国共两党各自对这些团体施压。这些政治社团的活动有公开的,有秘密进行的。

（2）1945年后

1945年以后,随着泰国政府的华人政策有所放缓,泰国华人民间社团加速增长。到80年代末,泰国华人社团达2000多个。

①地缘性社团。战后在泰华人的生存环境得到改善,加上新移民不断移居泰国,使在这一时期的地缘性社团发展迅速。相对于战前发展速度的缓慢,战后的地缘性社团的发展可以用突飞猛进来形容。至2005年,泰国至少有207个地缘性社团。

②血缘性社团。这一时期,活动较为活跃的还有血缘性社团。战后,由于在泰的华人族群的内部结构发生急剧变化,华人需要寻求社会人际关系进行重新组合以扩大影响力和增强自身实力,因此,血缘关系成为华人可以利用的文化纽带,将华人集结在一起,形成一股不可忽视的社会力量,并逐步显示其社会效应和社会功能。

③业缘性社团。战后由于市场的扩大和生产方式的革新,华人为了增强同业的竞争力,寻求商业贸易伙伴,同行业的华人在更大范围内联结,最终促进业缘性团体的进一步发展,数量明显增加。

④慈善社团。由于佛教思想对华人的影响,以及有华人经济为慈善事业提供经济基础,华人的慈善性社团也发展了起来。它们组织展开各类社会服务,在一定程度上满足了社会需要,缓解了社会矛盾,得到社会各界的充分肯定。

⑤文缘性社团。战后,以文化、教育兴趣、爱好为基础而设立的社团纷纷出现。它们吸引着越来越多华人的关注和参与。其中与华文媒介有关的团体就有4个:泰华报人公益基金会、泰华内地记者报业协会、泰华通讯记者协会、泰华通讯记者联谊会。这些华人社团对团结华侨华人、发扬中华文化起到了积极的作用。

⑥政治性社团。中国国内国共两党对峙直接影响到这一时期泰国的华人社会。在华社上所表现出来的即为亲国民党和亲共产党的两大派别的斗争。斗争的硝烟一直到中国国内局势平稳后仍在延续。

2. 菲律宾

菲律宾华人社团始建于 18 世纪，19 世纪西班牙政府对华侨管制松动后开始大量出现。菲律宾历来以"社团林立"著称，社团数量多、参加人数多是菲律宾华人社团的特点，数量之多与泰国不相上下。与东南亚其他国家的华社相比，菲律宾华社具有华人人口相对较少，但社团数量名列前茅的特点。

目前，在菲律宾，规模较大、实力较强、影响力较大的华人社团约有 200 个，那些未在政府注册、人员较少的华社数目更多。到 2004 年，在菲律宾注册的华人社团达到 2000 个。现今，菲律宾的华人社团主要有以下几类：

①血缘、地缘性社团。菲律宾各宗亲会联合总会、菲律宾晋江同乡总会、菲律宾广东侨团总会等。它们主要关注同乡、同宗的利益，常为同宗同乡子女发放奖学金和清寒学生助学金，帮助在菲华人解决子女教育问题。

②业缘性社团。华人经济在菲律宾具有雄厚的实力，业缘性社团中商业社团的影响力较大。如菲华商联总会、马尼拉中华商会、菲华工商总会。这三大社团曾有三者"鼎足而立"的美称。目前，菲华商联总会实力较为强大，会员均为集体会员，现有会员 170 多位，覆盖各地的菲华商会。马尼拉中华商会具有雄厚的财力，但在华社的声誉并不佳。菲华工商总会在规模和财力上虽然比不上另外两家，但其积极服务侨社，注重宣传工作。菲律宾华人华侨多从事工商业，此类商业社团是华人经济发展的产物，也为华商之间相互交流提供了很大帮助。

③文缘性社团。菲律宾华裔青年联合会、菲华体育总会、菲律宾华教中心、菲律宾华文学校联合会等。

④政治性社团。战后因菲政府"反共"，华社均为"亲台"势力所控制。1975 年中菲建交后，虽然有与中国内地有传统友谊的菲华各界联合会、菲华联谊会以及菲律宾中国和平统一促进会，但菲律宾社团的总

体局面仍由"亲台派"控制。两个派别的社团界限分明，很少来往。一直到90年代以后，菲华社团的政治色彩才逐步淡化。

3. 印尼

印尼华人社团拥有悠久的历史，在1900年，印尼华侨华人正式成立了近代印尼第一个华侨华人社团——巴城中华会馆。在中华会馆的带领下，印尼的华侨华人社团开始发展起来。自1945年印尼宣告独立，印尼华社经历了自由发展、繁盛、受限、复兴等几个发展阶段。印尼华社的发展历程与印尼政府的对华政策一脉相承。

1958—1998年40年间，印尼实行严厉的"排华"政策，华社的发展陷入黑暗时期。尤其是1965年"9·30"事件后，印尼政府禁止了一切华侨华人社团活动（除慈善团体外），华社和华人经济、华人教育一样，开始遭受厄运。一直到1998年苏哈托下台，印尼进入后苏哈托时期，印尼政府实行较为宽松的华人政策，印尼社会和华人社会进入一个新的历史阶段，华社在此环境下也复苏发展。据不完全统计，2002年，印尼华侨华人社团的数量约为400个，涵盖了印尼不同层次、不同群体的多种要求。

印尼华人社团以宗亲社团和校友会占多数，业缘性社团较少。主要的华社有以下几类：

①血缘、校友会社团。雅加达林氏宗亲会、江夏堂黄氏宗亲会、福建社团、雅加达中华中学校友会。

②业缘性社团。印尼中医协会、印中投资协会、印尼中华总商会。

③慈善社团。印尼国民福利基金会、万隆清华希望之光基金会、苏北福州三德慈善基金会。

④文缘性社团。万隆西爪哇书画雕刻艺术协会、印尼象棋总会、太极拳协会、印尼华人作家协会。

（二）作用与存在的问题

华人社团对内起着促进华人经济发展、传扬中华文化、凝聚华人力量的作用；对外即本土社会则有繁荣当地经济文化，缓和社会矛盾的责任。但由于历史的原因和自身的局限性，三个国家的华人社团也存在一些问题。

1. 泰国

泰华社团广泛参与社会救济和社会公益活动，这一举动有助于缓解泰国社会矛盾。2004年泰国遭遇海啸，泰国南部十四府的华社联合救灾机构发给遇难者家属3000泰铢。

泰国华人经济实力的提高，在泰国社会形成了一股较强大的社会力量，在社会公共事务中发挥重要的作用。泰华社团在泰国社会中的发展也促进了社会的整合，有利于社会的和谐发展。

华社是连接泰国与中国华人的桥梁，同时还承担着弘扬中华文化及华文教育的职责。

泰国华社也存在一些问题。随着华社的蓬勃发展，数目日益增多，有的华社出现了流于形式、欠缺活力的问题。还有的社团内容老套，成员均为老一代华人，欠缺青年活力。

2. 菲律宾

菲律宾华社以其经济实力造福于菲主流社会和华人社会。如菲华商联总会从1961年始，至今帮助菲律宾农村建设校舍超过4000多座，成为菲华社会为主流社会提供公益性服务的一项标志。

菲律宾华社虽以多而著称，但菲律宾华人社团存在着社团内部及社团之间的利益之争。菲华社团的不团结是一个长期存在的问题，但由于历史原因及现实利益，菲律宾华社间的矛盾和隔阂仍将存在，要解决这一问题还有很长的路要走。同时，社团数量过多也造成了资源的大量浪费。总之，菲华社团在为华人社会作出贡献的同时，华社的不团结、资源的浪费也造成了菲律宾主流社会对华社的负面印象。

3. 印尼

印尼华社积极投身各种社会福利事业，促进族群间的和睦。为响应印尼政府要求华人积极融入当地社会的号召，各华社常为当地社会出资建造道路、修筑民房、补给日用品等。

印尼华社还设立专项奖学金以资助贫困学生，与泰国、菲律宾的宗亲社团主要帮助本族群的学生不同，印尼贫困学生不论族群、信仰均可申请华社设立的奖学金，以帮助其完成学业。华社的这一善举不但能解决印尼社会贫困人口的教育问题，还能在印尼民众间树立正面的华人形象。

印尼华社重视中华文化的传扬。印尼华社注重发挥中国传统文化的魅力，类似象棋总会、太极拳总会、中医协会这样富有中国特色的社团比比皆是，在泰国和菲律宾虽然也有这样的业缘性社团，但中国味不及印尼华社的浓郁。

近年华社虽有所发展，但经过30余年的"反华"政权的压制，印尼本土居民在心理上和情感上始终与华人保持疏离。同时印尼社团目前面临会员年龄老化，同质性的社团较多造成财力物力分散的问题。

华人社团在海外是华人族群凝聚的中心。华人通过社团了解政府信息，并且借助社团的强大力量与政府周旋，争取华人的民族权益。东南亚的华侨华人"社团林立"，数目很多，泰、菲、印尼三国也不例外，但菲律宾和印尼华社均存在社团间的不良竞争、互相排挤的问题，在本土居民眼中，华社之间、华社内部各成员间并不团结，凝聚力不强。这一状况在泰国华人社团中较为少见。

小　结

在国家大的环境中，泰国实施成功的对华政策，华人与当地居民融为一体；经济上泰中贸易往来频繁，泰国作为中南半岛的经济强国拥有雄厚的经济实力；文化上中泰存在共通之处，并且政府对新闻法规政策的管制相对宽松，这些宏观上的有利条件是泰国华文报刊发展的土壤。华文教育的悠久历史及华人社团的成熟发展是华文报刊的坚强后盾。

第三篇
作用及影响力研究

在本篇中，主要对泰国华文纸媒的媒介影响力进行细致的阐述，同时对促进华文纸媒发展的四个重要的泰国国内社团的作用分别进行交代。同时，基于中国—东盟深度合作背景，对泰国华文纸媒的国际桥梁作用进行了充分的肯定。

第六章

泰国华文纸媒的影响力研究

传媒作为一种特殊的意识形态工具，其通过持续不断的"信息流"对人们的思想、行为、生活方式等产生潜移默化的影响，进而展现和推动着时代的变化、社会的发展。泰国华文纸媒是华人社会重要的信息源头和精神食粮，在华人社会的发展过程中具有不可替代的重大影响，近年来，通过不断的革新与合作，泰国华文纸媒的影响力正呈现出外扩的趋向。可以说，正是这种影响力构成了华文纸媒生存的基础和支柱，使其在面临华文危机、金融风暴等一次次冲击洗礼时屹立不倒，在逆境中突破、发展。因此，对泰国华文纸媒的影响力进行理论上的解构及分析，既可使我们对泰国华文纸媒有个更加全面深刻的认识，又可为实践活动提供一定的理论体系与框架，以更好地发挥及增强其影响力，扩大影响范围。

第一节 传媒影响力概念的界定

概念是通过语言的形式对事物进行抽象化的总结和概括，是我们认识和解析事物的钥匙，只有找到和掌握了这把钥匙，我们才可能登堂入室，去骨见髓。对于泰国华文纸媒影响力的研究亦是如此，廓清及界定传媒影响力的概念和内涵是后续分析的起步和基础。

一 传媒影响力的定义

所谓"影响"是指对别人的思想或行动起作用,影之随行,响之应声①。影响力是个社会学概念,较早出现于人际交往理论,其将影响力界定为一个人同他人交往过程中,以他人喜闻乐见的方式,在不知不觉中影响、改变他人思想和行为的能力。

"传媒影响力"是近年来我国传媒业和理论界研究的新热点,很多学者都对此作过定义和解释。2001年,曹鹏博士最早提出了"影响力经济"的概念,他主要从市场角度解读了传媒影响力,指出:"影响力经济,就是受众注意到了媒介发布的信息,特别是广告信息,而且还实实在在受到了影响,不管是有意还是无意,自愿还是被动,并且付诸了消费"②。这一界定将影响力等同于购买力,指出了传媒通过发布广告或相关信息的方式,在影响及促进受众消费方面的作用,但对于传媒影响力所蕴涵的宏观意义而言,难免失之偏颇。

《中华新闻报》高级记者赵彦华在其2002年的博士论文中,专门用一章的篇幅对媒介影响力进行了分析和评价:"媒介的影响力是媒介(或媒体)为了达到某种传播效果,借助某种传播手段向受众传递的某种信息、对社会所发生作用的力度。媒介影响力的基本目的就是让受众得到信息,并能够理解和接受信息传播者的传播意图"③。其将传媒影响力局限在具体的受众层面,并强调了受众的主观能动性,属于微观意义上的效果研究。

2003年,中国人民大学新闻学院博士生导师喻国明教授撰文对传媒影响力的本质、内涵、作用机制等进行了详细的论述,被学界广为认可和转引。他认为,影响力就本质而言是一种控制能力,传媒影响力"就

---

① 《现代汉语词典》,商务印书馆2002年版。
② 曹鹏:《影响力经济与媒体赢利模式》,《新闻与写作》2001年第12期。
③ 赵彦华:《媒介市场评价研究——理论、方法与指标体系》,新华出版社2004年版,第22页。

是它作为资讯传播渠道而对受众的社会认知、社会判断、社会决策及相关的社会行为所打上的属于自己的那种'渠道烙印'"。① 笔者较为认可喻教授对于传媒影响力的本质及作用机制的分析,但这一概念亦是属于微观层面的界定。

2004年,清华大学新闻与传播学院的陆地教授则从微观及宏观两个层面对传媒影响力进行了剖析,认为媒体影响力有狭义和广义之分。"狭义的媒介影响力主要是指媒介影响目标市场消费导向或目标人群消费行为的能力。广义的媒介影响力则是指媒介对主流社会的人群在政治、经济和文化等社会各个方面的思想或行为产生影响的能力"②。陆教授以社会不同层面为划分依据来界定狭义与广义的概念,但若以此类推,对于受众消费行为的影响属于狭义的媒介影响力,对于受众政治层面或文化层面的影响亦属于狭义的媒介影响力,为何取此舍彼,有失严谨之嫌。

新华社新闻研究所所长陆小华在2005年发表的论文中,从社会舆论的角度进一步展延了传媒影响力的概念:"所谓舆论影响能力,是指通过信息选择、处理、提供及分析、判断、见识等手段,影响新闻舆论的倾向、力度及构成,进而影响社会舆论场、群体舆论场,特别是人们的口头舆论场,从而实现影响人们的认识和行为的能力"③。笔者认为,这一概念从舆论层面对传媒影响力进行了界定,与前面从经济层面所进行的阐述角度不同,但相得益彰。

从上述一些学者对传媒影响力的界定可以看出,虽然论述的角度和侧重点不一样,但都不约而同地对传媒影响力给予了极大的重视,将影响力视为传媒对于人们认识、思想、行为等的有效作用,是媒体生存和发展的基础指标。

---

① 喻国明:《传媒影响力》,南方日报出版社2003年版,第4页。
② 陆地:《论电视媒介的影响面与影响力》,2004年10月,东方网(http://sh.eastday.com/eastday/shnews/node16413/node36529/node36531/node36537/userobject1ai582525.html)。
③ 陆小华:《传媒运作的核心问题》,《新闻记者》2005年第1期。

从传播学视野来看，传媒影响力的研究属于受众研究以及效果研究领域。本章拟从宏观层面对泰国华文纸媒的影响力进行研究和评估，故在参考上述概念的基础上，将传媒影响力定义为：新闻媒体通过其独特的新闻采编、发行及运作机制，来影响受众的认知、态度、行为，进而对社会经济、政治、文化等宏观层面产生作用，以期达到一定的传播意图的能力。泰国华文纸媒一般都以服务华人社会、促进中泰交流、传承中华文化、获取经济收益等为基本目标，对其影响力的考察亦可从这几个方面分而量之。

二 传媒影响力的内涵

内涵是概念内容的深化和延展，与概念互为表里，进一步解析和反映了事物的本质属性。具体而言，传媒影响力的内涵包含了以下几个方面：

（一）传媒影响力是一个站在宏观层面来思考的概念

英国学者P.戈尔丁把时间（短期的和长期的）和意图（预期的和非预期的）两个要素相组合，将大众传播的效果分为四种类型：短期的预期效果、短期的非预期效果、长期的预期效果、长期的非预期效果[①]。本书侧重于考察泰国华文纸媒的长期的预期效果，因而对其概念的界定亦是避免了暂时的、单一的效果研究领域，而着重强调华文纸媒通过长时间的信息传播活动对社会宏观层面所形成的综合性影响。

（二）传媒影响力具有独特的产生机制

传媒影响力与行政影响力、司法影响力等的产生机制不同，它是一种隐性的、非强制性的发生机制。主要通过媒介独特的"渠道优势"以及长期以来累积的公信力、权威性等特性，来对读者产生吸附作用，在春风化雨、润物无声的氛围中影响其认知、态度、行为等，从而对社会

---

① 董璐：《传播学核心理论与概念》，北京大学出版社2008年版，第208页。

各个方面产生作用。

（三）传媒影响力是一种合目的性的能力

影响是一种双向的、互动的行为，有影响者和被影响者两个主体，缺少任何一个，便如空谷回音，没有任何效果可言。从一定程度而言，影响力的发生，隐含着主导者和被主导者、支配者和被支配者的关系，在此过程中，必然存在着一定的传播意图或目的，如成为受众的信息管家或舆论领袖等。传媒影响力更多研究的是符合传播者主观意图、达到预期效果的传播能力，其他一些附带的甚至与传播意图相反的效果则不属于传媒影响力的界定范围。

第二节 传媒影响力的发生机制

传播产生影响力。关注并了解在媒介信息传播的过程中，传媒影响力是如何发生及建构的，其理论基础和具体环节是什么，对于我们认识、解析泰国华文纸媒的影响力有着重要意义，本节试图对这些问题做一初步探讨。

一 传媒影响力的理论基础

美国著名学者李普曼在其论著《公共舆论》中最早提出了"拟态环境"的概念。他认为，随着现代人生活范围的扩大及节奏的加快，我们对周围世界的认识很难保持经验性的接触，很大程度上都是通过大众媒介提供的信息来保持与外界的了解和沟通。但这种信息环境，即"拟态环境"，并不是对现实环境真实无误的摹写与反映，而是传播媒介有目的地对一些信息或事件进行选择、加工，并重新组合后展示给人们的环境。这种"拟态环境"以真实环境为蓝本，但或多或少又存在着偏离。而受众意识不到这一点，往往将其作为真实客观的环境来对待，并对这个"拟态环境"的刺激做出反应。因此，"大众传播具有形成信息环境的力量，并通过人们的环境认知活动来制约人的行为，这是大众传播发挥其社会影响力的主要机制"①。

在影响力的发生过程中,大众传播媒体主要起到了"议程设置"的作用。媒介充当着"把关人"的角色,通过选择性报道一些新闻以及重点突出某些新闻,影响着人们对于周围环境以及重大事件的认知,从而形成和控制公众的"议事日程"。这种报道并不是对事件进行原封不动的简单传递,具体而言,媒体一般通过选择象征性事件报道、顺应事件报道、制造事件报道、强化或弱化事件报道等方式来影响公众对某一议题的关注程度。对此,科恩有一段广为引用的言论:"在多数时间,报纸在告诉人们该怎么想时可能并不成功;但它在告诉读者该想些什么时,却是惊人的成功"②。由此可见,大众传播媒介影响力的发生机制主要集中在认知层面,其对后续的态度、行为等层面会产生作用,但此过程是不可控的,需要在受众的互动下,通过优先式解读、妥协式解读或对抗式解读等方式完成,属于传媒影响力的深化阶段,亦是传播者的传播意图能否实现的重要阶段。

二 传媒影响力的产生环节

传播效果是传媒影响力的客观结果和具体体现,与影响力成正比例关系。传播效果越好,媒介对社会的运行、变化和发展所产生的影响力就越大。一般而言,传播效果包括认知的、情感的、态度的和行为的四个层面。这四个层面的深入是一个逐渐深化、层层累积的社会过程,也是传媒影响力不断提升和转化的递进过程。其既适用于微观的具体层面,也适用于宏观的社会层面。

(一)认知环节

受众对讯息的表层反应,表现为对传播信息的注意与接触,是传媒影响力产生的基础环节。这个阶段正是传媒通过内容的丰富性或独特

---

① 郭庆光:《传播学教程》,中国人民大学出版社1999年版,第127页。
② 郭镇之:《传播理论——起源、方法与应用》,中国传媒大学出版社2006年版,第192页。

性、版面设计的冲击力等特点来吸引受众注意，进而有所接触。认知性的反应具有感官性、直接性、差异性，所谓"喜欢你没道理"、"一见钟情"或"不合胃口"等反应，就是这个阶段的一些特征，直接决定着受众是否还会继续接触。认知环节的衡量指标是受众规模，可以想象，传媒产品如果没有受众关注，就如缘木求鱼，是难以产生影响力的。

从社会层面而言，认知环节则主要体现为对宏观媒介环境的建构上。比如这段时间各家媒体都在关注和报道的某个事件，其便形成了受众的认知环境，只要身处其中，受众或多或少都会对这个事件有所接触和了解。

（二）情感环节

受众对讯息的深层反应，主要表现为对传媒信息内容进行一种情感上的判断与取舍，是传媒影响力发生的深入环节。情感性的反应具有分析性、理智性和自主性，不再是简单的一种感觉，而是基于一定理由上的喜欢或讨厌。情感上的接受在传播学上主要表现为受众的认可度和满意度，在宏观层面来说，情感反应则体现为媒介通过长期经营所形成的公信力和权威性等方面。当有重大事件发生时，人们往往习惯选择这类媒体来获取信息，辨清现状，指明道路。若区域内的媒体不能满足需求，人们便会通过其他媒体渠道获取信息。这种选择本身便体现出了一种情感上的判断与依赖，是传媒影响力深入的必经阶段。

（三）态度环节

态度是在认知、情感的基础上，受众的观念或价值体系所产生的变化，是传媒影响力发生的保持环节。相比而言，态度层面更具稳定性，一般情况下，受众对某个媒体的传播内容和品质持肯定态度时，便会成为该媒体的忠实追随者。传播的态度效果通常表现为培养和维持积极的、肯定的态度，转变消极的、否定的态度。这是保持传媒影响力的必要条件，也正是通常所说的受众的忠诚度和美誉度。

态度反应在宏观层面表现为一定的舆论环境，其既可是针对某一事件的暂时性舆论氛围，也可是长期以来在社会上所形成的群体舆论场。

大众传播媒介正是通过对舆论环境的营造与控制，来影响和改变受众的态度，从而实现传媒的舆论导向功能。

（四）行为环节

行为效果是受众情感及态度层面的变化通过言行表现出来，引起了合目的性的行为发生，是传媒影响力的转化和提升环节。这一阶段是传播者传播意图的实现阶段，一般表现为受传者对抗行为的消失、合作行为的产生，具体体现在传媒对受众个人决策、消费行为以及二次传播行为等所产生的影响。

行为效果体现在宏观层面则是对社会发展、变革的促进和推动作用。我国自近代报业诞生以来，一直备受文人志士推崇的"言论救国"、"办报救国"等理念和实践，正是传媒影响力在行为环节的有力体现，这也是传媒影响力的最终实现阶段。

第三节 泰国华文纸媒的影响力评估指标体系

解析与衡量传媒影响力是涉及多个方面的连续过程，单一的指标往往难以说明。一般要通过分解衡量维度、提炼具体指标等过程，来建构影响力的评估体系，最终对其进行明确而清晰的说明。评价体系与单纯的理论说明相比，具有直观、形象、易懂、逻辑清晰、操作性强等优点，可谓事半功倍，是学术研究中常用的形式。

一 泰国华文纸媒的影响力评价指标体系

综合我国学界关于传媒评估的相关研究成果，如胡瑛、陈力峰的《论主流媒体的评价标准》，郑丽勇等的《媒介影响力评价指标体系研究》，华文的《媒介影响力经济探析》等文献资料，以及泰国华文纸媒在海外华人社会中的独特地位及作用，笔者将泰国华文纸媒的影响力分为市场影响力和社会影响力两个维度，并对每个维度的测量指标进行具体分解和提炼，构建起泰国华文纸媒影响力的评价指标体系。具体如图

6—1 所示。

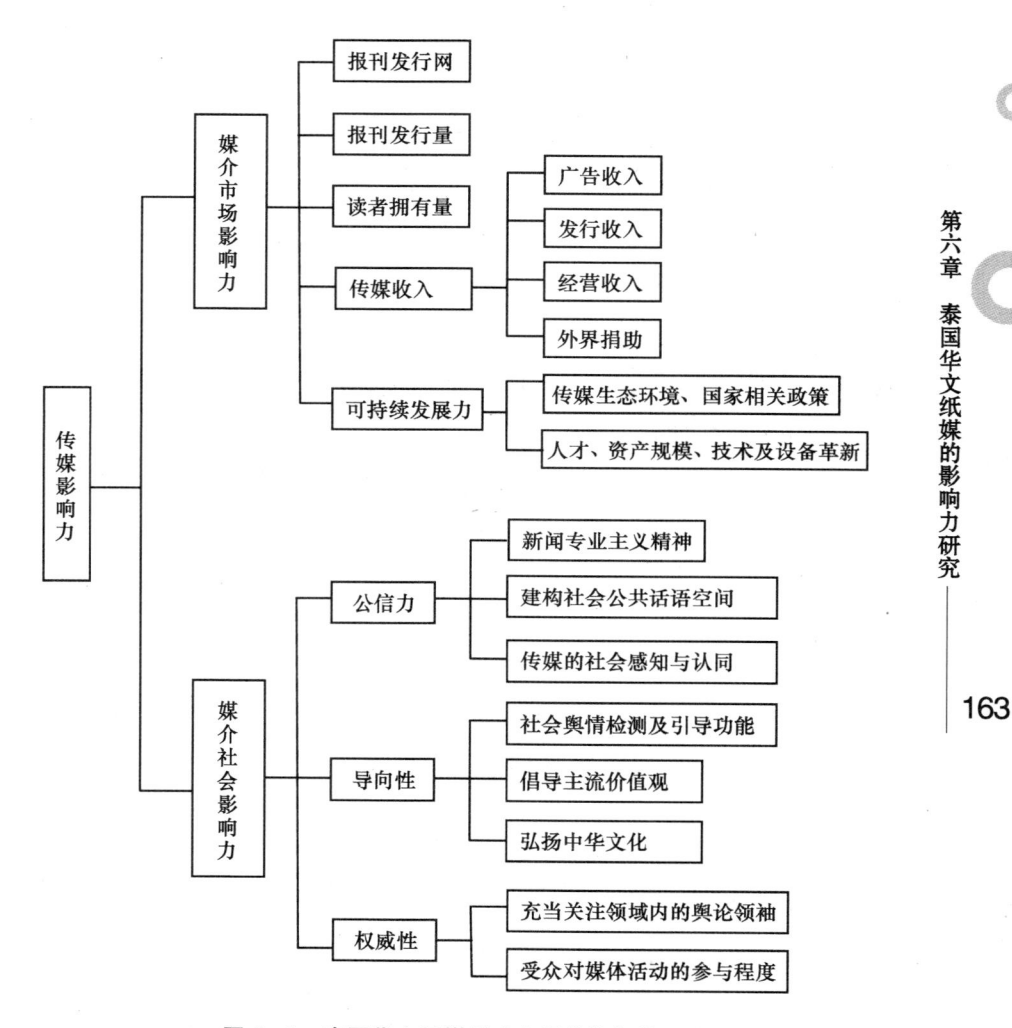

```
传媒影响力
├── 媒介市场影响力
│   ├── 报刊发行网
│   ├── 报刊发行量
│   ├── 读者拥有量
│   ├── 传媒收入
│   │   ├── 广告收入
│   │   ├── 发行收入
│   │   ├── 经营收入
│   │   └── 外界捐助
│   └── 可持续发展力
│       ├── 传媒生态环境、国家相关政策
│       └── 人才、资产规模、技术及设备革新
└── 媒介社会影响力
    ├── 公信力
    │   ├── 新闻专业主义精神
    │   ├── 建构社会公共话语空间
    │   └── 传媒的社会感知与认同
    ├── 导向性
    │   ├── 社会舆情检测及引导功能
    │   ├── 倡导主流价值观
    │   └── 弘扬中华文化
    └── 权威性
        ├── 充当关注领域内的舆论领袖
        └── 受众对媒体活动的参与程度
```

图 6—1 泰国华文纸媒影响力评价指标体系

二 泰国华文纸媒影响力评估体系的构成因子及建构标准

传媒影响力是一个综合性的概念，是评价媒介传播效果的"度量衡"。它不同于发行量、读者规模等单一标准，而是综合衡量传媒在社会经济、政治、文化等多方面的表现后得出的整体结论，更能反映大众传播媒介的宏观作用和地位。依据图 6—1 的评价指标体系，笔者将对

其构成因子和建构标准做一详细解析。

（一）媒介市场影响力

媒介市场影响力是指媒介的市场经营运行状况及其对相关资源的占有程度，这些资源既包括显在的资源，也包括潜在的资源，市场影响力具体表现为媒介的经济实力和竞争表现力。《华盛顿邮报》前发行人凯瑟琳·格雷厄姆曾精辟地指出："在经营上不成功的报纸几乎不可能是一张在编辑上非常出色的报纸。"因此，市场影响力是泰国华文纸媒生存发展的基础，若其在市场上呈现弱势化，那在社会各方面的影响力就必然是边缘化的。一般地，传媒的市场影响力可细化为发行网、发行量、读者拥有量、传媒收入以及可持续发展力这五个指标。

1. 报刊发行网

报刊发行网指的是报刊流通的传递系统，用以考察泰国华文纸媒的影响地域和辐射范围，衡量其影响力的广度。目前，泰国华文纸媒除了在泰国国内发行外，其触角已开始伸向境外，在东盟其他国家建立了发行网络。如《亚洲日报》已在柬埔寨发行。《中华日报》作为上市的华文报纸，在东南亚及亚洲有关地区都有发行。泰国《世界日报》不仅协力在印度尼西亚创办《世界日报》（印度尼西亚版），还推广到了柬埔寨、老挝、缅甸、越南等周边国家，并在新加坡、日本、加拿大、中国香港、中国台湾等地拥有零星客户①。历史悠久的《星暹日报》也已进入国际航线飞机，在周边国家发行。泰国第一份中泰双语杂志《东盟商界》目前在东盟各国设首席代表，在老挝开拓了发行渠道，并在中国北京、上海、南宁、昆明等地设立了联络处或驻有特派记者。以沟通泰中经贸信息为主的《现代泰国导报》除行销泰国国内各地外，也在中国内地、香港、台湾及新加坡、马来西亚等地发行。由此可见，泰国华文纸媒已突破国界限制，开始在中国及东南亚其他国家开拓市场，影响面日渐扩张，成为沟通东盟与中国各方面信息的重要桥梁。

---

① 罗钦文：《访泰国世界日报社长黄根和：为两岸和平交流尽力》，2005年9月，中国新闻网（http://news.xinhuanet.com/overseas/2005-09/07/content_3455094.htm）。

2. 报刊发行量

报刊发行量指的是报刊付诸流通的数量统计，也称报刊发行份数，是用以考察泰国华文纸媒经营状况和影响力的主要量化指标，同时也是报刊及广告定价的依据之一。有关发行量的统计指标主要有：日发行量、月发行量、季度发行量、年度发行量、年度平均期发量等。对于泰国华文报纸的考察，一般以整体的日发行量为衡量单位。根据相关资料，泰国六家华文日报每日的销售总数在 10 万份左右。《东盟商界》以东盟区域内的经济交流与合作为聚焦平台，致力于服务东盟贸易，促进东盟一体化的进程。杂志近年来发展迅速，日益受到东盟商界及有关政府部门的重视，其自称每月发行量在 10 万册以上。

与泰国一些主流媒体，如《泰叻报》、《每日新闻》、《曼谷邮报》、《国家报》等的发行量相比，华文报纸所占比例可谓九牛一毛。按泰国约 900 万华人人口计算，华文报纸的人均拥有量也是少之又少。这种情况与泰国华文教育断代、华人高度融入泰国社会造成读者环境严峻等外界因素相关，同时也与泰国华文纸媒经营管理不善、报纸内容同质化、可读性及竞争力差等内部因素有着重要关系。随着"中国热"的兴起以及中泰经贸、政治、文化交流与合作的日益频繁和紧密，泰国华文纸媒的生存环境有了很大的改善，并力图创新进取，与中国及世界其他地方的华文媒体纷纷建立联系与合作，信息互通，资源共享，有效地提升了报纸的内容和质量。泰国华文纸媒若能乘此机遇，潜心经营，假以时日，其发行量必有较大改观。

3. 读者拥有量

简单而言，读者拥有量指的是一家报刊所拥有的读者数量。一般情况下，报刊发行量越大，读者拥有量也就越大，但报刊发行量并不等于读者拥有量。其计算方法一般是通过抽样的方法，获得报刊的传阅率，再以此传阅率乘以发行量，得出基本近似的读者拥有量。读者拥有量是用以考察泰国华文纸媒影响力和吸引力的深化指标，同时在报刊"双重销售"的运营机制下，也是其吸引广告主、制定广告价位的重要依据。

根据一些资料的估算，泰国华文报纸的读者群大约有 40 万人，约占泰国华人社会总人口的 4%，数量较少。同时，泰国华文报纸的读者呈现老龄化的倾向，据《新中原报》社长林宏介绍，他们报纸的读者年龄基本在55—80岁，这也是其他华文报刊所面临的普遍问题。虽然有"华文热"兴起带来的发展机遇，但由于其时间较短，所带来的积极影响还未显现，因此，泰国华文纸媒的读者群呈现出青黄不接的局面，成为制约其生存发展的关键因素之一。但挑战的背后往往蕴涵着发展的机遇，对于泰国华文报刊而言，华人读者市场还存在巨大的开发空间，关键在于如何培育和细分受众市场，实现差异化发展道路，在满足受众需求的同时最大限度地扩展读者拥有量，实现报刊的良性运行。

4. 传媒收入

传媒业作为一种文化产业是以营利为基本目标的。传媒收入主要指媒介的所有经济收益，包括发行收入、广告收入、经营收入以及外界捐助等，用来衡量传媒机构的经济实力，是决定传媒市场影响力的重要指标。泰国华文纸媒的经济收入主要有发行收入、广告收入以及外界捐助三种来源，相较而言，其一般不以报社名义涉足其他经营领域，没有形成多元化发展的趋势，笔者认为，这与泰国华文纸媒相对还处于小本经营阶段有关。

外界捐助是海外华文报纸的独特现象，也是泰国华文纸媒重要的收入来源之一。泰国几家华文日报或多或少都与一些企业、团体有着联系，如《亚洲日报》由泰华金融工商企业界人士支持创办，该报的董事局主席、副主席、总经理等多为商界总裁或社团领袖，经济实力雄厚。《新中原报》则有盘谷银行、华泰塑胶有限公司等知名企业入股。《京华中原联合日报》的董事局多为泰国军政界要员及泰华金融、企业界要人，担任该报董事顾问的有：前副国务院长、国家宪法团主席、中华总商会主席、泰国比差房地产有限公司集团总裁等。《泰华文学》则完全由泰国华人社团及泰国华商赞助出版，不接受任何商业广告，每期最后一页都会附上赞助人的姓名、职务和赞助金额。这些企业及社团人士的入主或加盟，为泰国华文报刊注入了新鲜血液及财力支持。

此外，一些对中华文化怀有深切感情的华人华侨也是华文报纸的重要支柱。据《星暹日报》总编辑马耀辉回忆，在1997年金融危机期间，泰国报业受到很大冲击，三家英文报中有一家倒下，泰文报停刊者不计其数,造成大批报业人员失业。在危机冲击下,华文媒体很多商业广告大幅度下降,收入骤减,但凭借中华民族的凝聚力,依靠泰华社会华人华侨的婚丧喜庆广告的支持,终于使得六家华文日报在那场"风暴"中全部生存下来,至今依然成为泰国传媒界的佳话①。笔者认为,由于海外华人华侨身远故国,思乡情切,自然会对传承中国语言与文化的华文媒体有一份天然的亲切和认可,在不自觉中对其产生情感的依赖与寄托,因此,当华文媒体遇到生存困境时,广大的华人华侨绝不会袖手旁观,任其自生自灭。这是与中国国内媒体所不同的生存环境和状况,也是海外华文纸媒独具特色的经营方式和收入来源。

5. 可持续发展力

可持续发展力体现为传媒机构的成长性。一个具有较大影响力的媒体应该也是发展前景广阔、发展势头良好的媒体,这是传媒影响力的后备力量和潜在资源。具体而言,可持续发展力主要包括传媒生态环境、国家相关政策等外部环境,以及传媒机构的人才储备、资产规模、负债情况、新技术新设备的采用率等内部条件。媒体是否具有可持续发展力是衡量其市场影响力的重要标准。

传媒业是受宏观环境影响较大的行业,尤其是国家政策对传媒业是扶植还是压制,直接决定了其未来命运。泰国华文报纸作为少数族裔传媒,在迥异的语境下生存发展,与宏观的生态环境、国家政策等的关系更加紧密。回顾泰国华文纸媒100多年来的发展史,可以清晰看到其与泰国政坛及社会环境息息相关。当政策宽松、生态环境良好时,华文纸媒便迎来了发展的"黄金时期";当政策严峻、外部环境恶劣时,华文纸媒便动辄得咎,岌岌可危。因此,对于外部宏观环境的分析和评估,是泰国华文纸媒可持续发展的基础。

传媒业要获得长远发展,其内部的资源和环境也是不可忽视的因素。泰国华文纸媒目前最大的发展瓶颈还在于华文传媒人才的匮乏。从业人员普遍呈现老龄化的现状,一些老一辈工作者到了七八十岁还在坚

---

① 顾时宏:《危机冲击下的华媒"浴火重生"非神话——访泰国〈星暹日报〉总编辑马耀辉》,2009年9月,中国新闻网(http://www.chinanews.com/hr/hr-yzhrxw/news/2009/0905/1851586.shtml)。

守岗位，而年轻力量无论从数量还是质量上都无法满足发展需求。目前，已有越来越多的华文媒体负责人意识到了这一问题，纷纷通过各种方式投入华文教育的普及和推广中，为未来发展积聚人才。

此外，在技术和设备革新方面，泰国华文纸媒一直较为积极和重视。早在1985年，《星暹日报》就以4000多万铢的投资购置泰国首座全套电子菲林分色设备，革新了该报的印刷水平。1986年台湾联合报系接手泰国《世界日报》后，扩充队伍，锐意改革，并投资1亿泰铢更新设备，在泰国华文报界首先实行计算机排版印刷。接管一年后，该报的发行量便由此前的2000多份增加到1万多份，第三年扭亏为盈，财务独立，成为泰国发行量最大的中文报纸。《亚洲日报》则在金融危机的困境中求新求变，2002年与香港《文汇报》合作，同时购置现代化自动彩色菲林冲印机，启用苹果计算机排版系统，实现了全面排版计算机化，使得报纸面貌焕然一新，在合作、改革中获得了新的发展生机。

"穷则变，变则通，通则久"，只有关注宏观环境的变化发展，不断地创新改革、储备人才、更新设备、积聚实力，泰国华文纸媒才能永葆前进的动力，实现可持续发展，最终在保持市场影响力的基础上，发挥传媒的社会影响力。

（二）媒介社会影响力

媒介作为重要的意识形态工具，除了具备一般产业的市场特征外，更为关键的是通过其环境塑造及认知功能，对社会的政治现状、意识形态、文化氛围等产生影响，即传媒的社会影响力。这正是传媒业不同于其他营利产业的特点所在，也是传媒发挥影响力的重要机制。

传媒的社会影响力主要体现为媒介的公信力、导向性和权威性，是媒介在长期的发展过程中日积月累形成的，对社会各方面的发展会产生重大作用及影响。

1. 公信力

所谓公信力，是指新闻媒介获得的使公众信任的力量，反映了传媒的信息产品被受众认可、信任乃至赞美的程度。社会公信力是现代新闻媒体影响力的前提和基础。媒介若失去了受众的公信力，则如无源之水，无本之木，迟早要被受众鄙弃，更无社会影响力可言。

一般而言，传媒公信力的评价可分为三个指标：一是专业主义精神，即新闻从业者必须恪守真实、客观、及时、公正等基本准则，服务于公众利益；二是建构社会公共话语空间，即媒介要保持独立性、社会责任感、批判精神和人文关怀等品质，传播重要信息，力图触及并解决影响社会发展核心问题的"问题单"，为受众提供自由、公共的话语交流的互动平台；三是传媒的社会感知和认同，主要表现为媒介在社会上享有的知名度、满意度、忠诚度、美誉度等，即媒介的品牌形象。

泰国华文纸媒一直以服务华人社会、传播中华文化、促进中泰交流为己任，是华人华侨重要的信息来源和精神支柱，具备一定媒介公信力。但笔者认为，这种公信力更多来源于对族群的认同以及对其文化的热爱。正如《星暹日报》总编辑马耀辉所说的"华文情结"，一开始华商资助办报，也更多是因为"看华文的感觉很好"，更有甚者，早期一些华商还专门雇人在上街捡拾有华文的纸片，不让这些写有华文的纸让别人踩。而到如今，虽然华人已充分融入泰国社会，但同宗同族的"华文情结"仍在发挥着作用，这也是在华文报纸陷于危难之时，华侨华人能团结一致，挽狂澜于既倒、扶大厦于将倾的重要原因。

随着泰国华文纸媒生存环境的改变，老一代华侨开始让位于新一代华人，华文纸媒面临着严峻考验。年青一代的华文水平、对华文报刊认可度和忠诚度等都呈下降趋势，即使依然有"华文情结"的凝聚作用，但华文纸媒的公信力也已大不如前。究其原因，除了整个读者环境以及信息环境的巨变之外，华文纸媒自身的质量不高也是影响因素。尤其在报道内容上，华文报纸原创稿件较少、缺乏思想深度和批判精神，更多的是局限在小圈子内的自娱自乐。这些问题都严重地束缚了泰国华文纸媒在华人社会乃至主流社会的感知和认同，尤其在如今资讯四通八达的时代，读者获取信息的方式和渠道多样化，若不能被其信任和认可，则生存危矣。

子曰："人而无信，不知其可也。大车无輗，小车无軏，其何以行之哉"[①]？对于个人立身处世如此，对于传媒业生存发展亦然。泰国华文

---

① 祝鸿杰、俞忠鑫：《论语孟子注译》，太白文艺出版社1997年版，第16页。

纸媒若要在激烈的竞争中站稳脚跟发挥影响，就必须加强对自身公信力的建设，以专业主义精神建构社会公共话语空间，满足受众需求，反映读者心声，最终提升泰国华文纸媒的品牌形象和社会认同。

2. 导向性

导向性是传媒社会影响力的重要体现，指媒介通过信息传播活动营造一定的环境氛围，以使社会舆论、主流文化等沿着希冀的方向发展。其是以非强制手段潜移默化进行的，用以维持正常的社会秩序，引导人们的思想和行为等。

泰国华文纸媒的导向性主要体现为三个指标：一是社会舆情检测及引导能力；二是倡导主流价值观；三是弘扬中华文化。

作为华人社会的"三宝"（华人社团、华文学校、华文报纸）之一，泰国华文纸媒顺应时代潮流，坚守正确的舆论导向，成为凝聚华人社会的重要力量。尤其在一些敏感的问题，如"台独"上，表现出明确的立场和态度。泰国华文纸媒普遍坚守"一个中国"原则，坚决抵制任何分裂行为，致力于促进中国和平统一大业。此外，沟通华人社会与主流社会、促进中泰友好也是华文纸媒恪守的方向之一，这种"民间大使"的职能和定位，有效地促进了泰华社会的发展与融合。

同时，宣传和倡导主流价值观也是泰国华文纸媒影响力的有效体现。所谓主流价值观，是指国家和主流社会所提倡，并为社会各阶层所认可的一种意识形态，其具有普世性、权威性等特征。目前，世界已进入多元化时代，很难存在一统天下的单一文化和价值观，但对真善美的追求、对个人的尊重与解放、对国家富强和社会和谐的渴望却是不变的，在此基础上形成的主流价值观往往得到大众的支持和认可。泰国华文纸媒以建设性的视角，通过新闻、评论、文艺作品等方式，来传递、引导受众对主流价值观的了解与认可，成为社会价值体系构建过程中不可或缺的力量。

一直以来，传承和弘扬中华文化亦是泰国华文纸媒的基本定位之一。许多华人华侨以及爱好中文的人士正是通过华文报刊等渠道，了解和学习中华文化，增进了对中国的认识。而在传承、介绍传统优秀文化的过程中，华文纸媒兼容并蓄，既蕴涵着深厚的儒家文化，又充斥着浓重的佛教气息，展现出不同文化间的交流和融合，使得中华文化成为泰国多元文化的重要组成部分。

可以说，传媒导向性对整个社会具有举足轻重的作用，直接关系到舆论氛围、文化环境、精神风貌等多个方面，是社会正常运转不可缺少的软性环境。泰国华文纸媒正是通过正确引导舆情、传递主流价值观、弘扬中华文化等方式发挥传媒的导向性，对泰国华人社会的团结、发展产生重大影响。但笔者认为，泰国华文纸媒的导向性目前还主要局限在华人社会，尤其是老一辈读者中，如何争取年轻读者，对主流社会产生影响，还是需要面对和解决的问题。

3. 权威性

权威性主要指个人或组织具有令人信服的力量和威望的特性，是媒介公信力、导向性的综合体现。一家具有较高权威性的媒体，对于社会的发展具有持久而深入的号召力及推动力，充当着新闻报道领域的风向标。尤其在信息环境晦暗不明的情况下，权威性高的媒体往往会成为人们了解现状、采取对策的主要源头和依据，极易形成振臂高呼而四下响应之势。

媒介权威性可用两个指标来衡量：一是充当关注领域内的舆论领袖，即媒介的新闻报道成为受众的首要信息来源和行动参考；二是受众对媒体策划、举行的公关活动的参与程度，主要体现为媒介的号召力。

目前由于受众获取信息的渠道多样，尤其是网络的普及，读者只要点动鼠标各种信息便扑面而来，很少再有只从单一渠道获取信息的情况。因而，各大媒体间在一定程度上都存在着影响力相互抵消和相互制衡的状况，绝对意义上的信息来源和舆论领袖基本没有。对泰国华文纸媒而言，主要在华人社会中充当着中国新闻报道方面的权威和舆论领袖，成为华人华侨了解故国动态、关注中国发展的重要窗口。

而在媒体号召力方面，泰国华文纸媒则表现突出。如华文纸媒经常会发起一些公益活动、华文培训活动、读者优惠活动，参与人数可观。在一些大事件发生时，华文纸媒往往会发挥一呼百应的作用。如中国先后发生了汶川地震、玉树地震，在大灾难面前，泰国华文纸媒积极参与其中，奔走呼告，为救灾募集了大量的物资善款，展现出一定的社会凝聚力和影响力。

　　媒介影响力最终体现为媒介的权威性。在讯息环境鱼龙混杂、千变万化的网络时代，人们迫切需要具备权威性的媒体来辨伪存真、去粗取精。对此，泰国华文纸媒应不断加强自身的报道质量，与时俱进，创新进取，在媒介公信力和导向性的基础上，积聚媒介的权威性。日就月将，行有缉熙于光明。

小　　结

　　古希腊一座著名的神庙上刻着一句话——"认识你自己"，千百年来一直被人们奉为箴言，延展出无数对于人性的思考与论述。如同人对于自身的认识一样，对于传媒影响力的界定和评估，也是一个从内部认识泰国华文纸媒的过程。只有对各个方面进行细致而深入的解析，我们才能真正理解和把握华文纸媒的地位和影响，从而为后续研究夯实基础。

第七章

泰国华文纸媒社团及其作用研究

由于受经济实力及人员、规模等条件限制,泰国华文纸媒多为小本经营,对通讯社、记者协会等相关组织采写的稿件依赖较大。目前,泰国国内的华文纸媒社团主要有四个,即"泰华内地记者协会"、"泰华通讯记者协会"、"泰华通讯记者联谊会"以及"泰华报人公益基金会"。四个协会主要为华文报纸提供有关泰国华人社会、泰华社团机构的新闻报道,并致力于加强华文报人之间的团结,传播和发扬中华文化,促进中泰两国的沟通交流,是泰国华文报业重要的稿件提供者和有力支持者,形成了唇齿相依的密切关系。通过对泰华相关纸媒社团的考察与研究,可对泰国华文纸媒的整体概况有个补充了解。

第一节 泰国华文纸媒社团的基本概况

泰国华文纸媒社团经过几十年的发展,历经风雨,在泰华社会具有一定的规模。其中以泰华内地记者协会历史最为悠久,组织网络成熟,社团活动频繁,在国内外都具有较大影响。本节将对这些社团的发展历史及组织概况做一简单梳理,以便读者对其有个大体认识。

一 泰华内地记者协会的发展历史及组织概况

泰华内地记者协会,简称"内记协",成立于1971年,是一个文化机构社团,在四个协会中历史最为悠久。其由一批著名的泰国华商以及爱好中华文化的泰国华人华侨组成,成员多属社团理事、华校教职员和普通商贩,亦文亦商,在业余时间撰写稿件,采访报道,为泰国六大华文日报供稿。协会以"弘扬中华文化,振兴华教,沟通中泰文化交流,广泛联系和关怀文化界之福利活动"①为宗旨,在泰国国内具有一定的影响力。

泰华内地记者协会最初是由几个爱好中华文化的门士组成的小社团,在业余时间写些新闻,投寄泰京各华文报内地版,后来兼写些传统古诗,渐渐地形成一个颇具规模的社团。协会筹建初期称"泰华内地记者联谊社",1971年9月定名为"泰华内地记者报业协会",1972年12月9日申请注册获准,自2003年郑国才担任协会主席之后,全面革新,删去"报业"二字,最终定名为"泰华内地记者协会"。

泰华内地记者协会首届理事会主席为协会发起人、资深内地记者、春府知名华商庄若愚先生。任职17年,自1971—1988年。在任期间,庄主席领导协会立志于宣扬中华文化,传播华夏文明,其中尤以宣扬灯谜文化出名,在泰国华人社会中有"诗谜文三绝"的雅称。

第二届主席方石先生,任职2年,1988—1990年。后因方主席另组建泰华通讯记者协会而卸任离职。

第三届主席洪能勉先生,任职13年,1990—2003年。洪主席用人唯贤,英明果断,言人所不敢言,做人所不敢做,得到同人之赞誉。他时常催促同人写稿,报道新闻。并在每年春节联欢大会上,设立三项文艺优秀奖,包括"报道文学优秀奖"、"新闻报道优秀奖"以及"传统诗词优秀奖",以资鼓励"内记协"文友提高写作水平,深为各方文人雅士所赏识。

现届主席郑国才先生,2003年至今。郑主席参加协会多年,积极参与协会的各项工作,致力于弘扬中华文化,曾出任协会的永远名誉主席兼会务顾问。他也是泰国工商总会副主席,泰国成功的事业家,对新闻事业十分关注,多次组团访问中国,积极与各文化社团交流合作,使"内记协"在会内业务及外界影响力等方面都得到快速发展。

目前,"内记协"拥有理事100多位,其中会聚了一批泰国著名的华人企业家,他们在协会中都担任要职。协会经费主要来自本会理事、

---

① [泰]泰华内地记者协会:《泰华内地记者协会成立35周年纪念特刊》,第8页。

泰华社团领袖及热心文化人士的赞助。该会理监事会任期两年。协会内部每三个月开会一次，由协会主席函邀同人，成员自四面八方会聚一堂。会议内容一般包括：主席报告三个月来的会务概况及其社会活动、财务报告会务支出，以及协商其他事宜。

协会出版有《泰华内地记者报业协会纪念特刊》（1972）、《泰华内地记者报业协会成立十周年特刊》（1982）、《泰华内地记者报业协会成立廿二周年纪念特刊》（1993）、《泰国山河》（1976）以及《泰华内地记者协会成立35周年纪念特刊》（2006）等书刊。

二 泰华通讯记者协会的发展历史及组织概况

泰华通讯记者协会由原"内记协"主席方石先生发起创办，1991年1月24日在曼谷成立，简称"通记协会"，是由泰国首都各家华文日报驻泰国各府业余通讯记者所组成的新闻社团。成员主要由各府商界、华校教师、社团职员及热心发扬中华文化的人士组成。至2004年，该协会拥有遍布泰国全境各府的成员200多人，成为一个全国性组织。其以弘扬中华文化，促进泰中友好，促进华社团结，加强新闻文化工作者的自觉、自律精神，为同业谋福利为宗旨。

协会首届理事44人，名誉主席为韦炎辉、赖一涛、洪子英，主席方石。现任主席为罗宗正博士。罗宗正主席祖籍中国广东省丰顺县，1935年生于曼谷，是第三代泰国华人，青年时代曾返回中国北京接受教育，1965年毕业于北京钢铁学院有色金属专业。毕业后曾响应国家号召，到内蒙古等地工作。1971年回到泰国，与夫人周丽云一起，白手起家，建立了泰国第一家锑矿冶炼厂，经营有色金属生意。罗主席一直热心于参加社会活动和公益事业，在当地非常受人尊敬，除了担任泰华通讯记者协会主席外，他还担任着泰国华文教师公会主席、泰中文化经济协会副会长等职务，孜孜不倦地为泰华文化事业贡献余热。

泰华通讯记者协会自成立以来，一直致力于泰华新闻事业，报道泰国政治、经济、社会发展以及泰华社团动态等新闻，组团赴泰国各府访问，与社会各界交流频繁，联系紧密。同时，积极关注华校发展，致力于传播中华文明，多次组织观光访问团来华访问，促进了中泰两国的友好联系与交流。

三 泰华通讯记者联谊会的发展历史及组织概况

泰华通讯记者联谊会，简称"泰记联"，成立于2001年9月。其与泰华内地记者协会定位相当，都以传播中华文化，沟通中泰交流，促进文化界发展为社团宗旨。在双方领导人多次商议的基础上，2005年，"泰记联"与"内记协"签约缔结为姊妹会，以便能进行更深的交流合作，凝聚力量，振兴华教。

泰华通讯记者联谊会历届主席有王亮先生、马文先生，现任主席为陈伟彤先生，其同时也担任泰京米业联友会副主席，泰国南中、大同校友联谊会副主席等职。自就任以来，陈主席尽心参与社团建设，积极与外界联络交流，会务蒸蒸日上，成绩丰硕，在泰华社会中的影响力日渐提升。

在过去的十年里，泰华通讯记者协会致力于促进泰华纸媒事业的发展，用生花妙笔记录华人社团的光辉业绩，用多彩镜头聚焦华侨华裔的美好生活，做无名记者，为时代立言，为社会立德。同时，"泰记联"非常关注华教事业的发展，开办汉语补习班，传播中华文化，积极宣传和推广各华校在汉语教育中的经验、成效和举措，发挥着重要的交流平台作用。"泰记联"同人们还以赤诚之心，为国家和社会作着力所能及的贡献。其先后印刷了8万册《健康百岁不是梦之保健常识》（中泰文对照），免费赠送给社会各阶层人士；并参加济贫工作，到一些偏远闭塞地区参与扶贫项目，帮助地方建设等，不胜枚举。

目前，"泰记联"成员多为工商界、文化界知名人士，很多已年过半百。但"老牛亦解韶光贵，不待扬鞭自奋蹄"，他们借着对中华文化的热爱，穷余生之力，执著于弘扬传统文化、扶助华校发展、促进泰中亲善，成为深化民间往来与邦交友谊的桥梁与纽带。

四 泰华报人公益基金会的发展历史及组织概况

泰华报人公益基金会由已故著名侨领陈世贤先生在1978年发起创建，是扶助泰华报业人员的社会公益社团。其以"促进社会公益，谋求华文报人福利；加强华文报人之间的团结，互相交流；发扬泰中优良文化，促进泰中两国友好交往"为宗旨，会员包括各华文报从业人员、商人、职员等社会各界人士。刚成立时，会员不足 100 人，至 1995 年已达到 1000 人。

社团首届理事 41 人，泰国有名的银行家陈有汉先生是基金会的永久会长，陈世贤先生任主席。陈世贤先生 1932 年出生于广东省潮阳县一个贫苦人家，12 岁时因家境所迫辍学，两年后毅然离开家乡到香港谋生，翌年赴泰国发展。曾进入泰国警署工作，任泰国中央肃毒委员会委员，后离警从商，成立了泰国大众旅游有限公司，经营泰国与中国澳门、香港等地的旅游业。陈先生爱国爱乡，长期以来关心支持祖国发展和家乡建设，在教育、文化和治安建设等方面更是不遗余力，是泰华社会著名的爱国侨领。2003 年，陈世贤主席在澳门不幸遇害，泰华报人公益基金会由其夫人陈郑伊梨女士接管。

自成立以来，泰华报人公益基金会一直致力于改善泰国华人新闻从业员的生活条件。会员本人可申请补助金，在学子女可申请助（奖）学金。其经费不进行募捐，全部由泰华社团、佛教社、商界企业家及各界名人和侨领自动赞助。到 2010 年为止，基金会已向会员子女颁发 32 次奖助学金，累计颁发金额达 1621 万余泰铢[①]。

泰华报人公益基金会除了提高报人福利，振兴泰华报业之外，还积极参与国内外救灾恤难，赞助社会公益慈善事业。目前协会出版有《泰华报人公益基金会成立纪念刊》（1981）、《泰华报人公益基金会会务简报》（1987—1988）等刊物。

第二节 泰国华文纸媒社团的主要活动及基本职能

泰华几个纸媒社团在华文新闻事业的发展中扮演着不可或缺的角色，其不仅是采写一线新闻、扶助报人权益、凝聚华社团结的重要力

---

① 余显伦：《泰华报人公益基金会第 32 届奖助学金颁发礼举行》，2010 年 11 月，中国新闻网（http：//www.chinanews.com/hr/2010/11－22/2670507.shtml）。

量，同时在促进中泰两国交流、传承中华文化、支持公益事业等方面也成绩显著，在泰华社会具有广泛的知名度和影响力。

一 组织会员赴泰国各府县访问，报道地方实况和侨社新闻

泰华纸媒社团是曼谷与泰国内地联系的重要社团组织，也是泰国华人社会和社团间相互交流和沟通的坚实桥梁。

各协会经常组织会员在业余时间赴泰国内地各府访问，与各地同人联络感情，交换意见，报道各地的见闻实况，尤其是侨社信息。如泰华内地记者协会的洪能勉主席在任期间，就曾带领同人南征北讨，先后访问了泰国清迈、南邦、武里喃、程逸、素可泰、彭世洛、乌汶、素辇、南那策、华富里、北标、植基、呵叻、猜亦奔等数十府道，为各大泰华报纸提供了不可多得的一线报道。泰华通讯记者协会也经常组团赴泰国各府及内地华文学校进行访问，拜访各地泰华社团领袖和文化界友好人士，联络各府通讯记者，加强互助合作。泰华通讯记者联谊会还专门成立了驻合艾联络处，其由泰国六家华文日报驻合艾记者、特约记者等组成，成为连接曼谷和泰南的重要据点。

二 组团访问报道中国，促进泰中两国的交流与友谊

"春江水暖鸭先知"，两个国家恢复邦交，对此反应最灵敏的就是一些文化社团，他们在促进友好关系的过程中往往发挥着黏合剂和助推器的作用，泰华纸媒社团便是其中之一。

1975年，中泰正式建交。1976年，泰华内地记者协会即组团访问中国，一行23人，由庄若愚先生出任团长，是中泰正式建交后，泰国文化界第一个组团访问中国的社团。此后，"内记协"历届主席都多次率团来中国访问。洪能勉主席在任期间，组团访华多次，游遍大江南北，报道祖国见闻及经济建设。尤其在泰中邦交接近30周年时，洪主席经常组织一个访华代表团，拜访中国前任驻泰王国大使及诸长官，交谈叙旧，联络感情。郑国才主席亦是非常重视与中国文化社团的联系和沟通，先后率团访问了汕头、澄海、福州、厦门、武夷山、广州、香港、澳门等多个省市区，沿途参观走访，交流联谊，报道见闻感受，传

播泰中友谊。泰华通讯记者协会也是多次到中国观光访问，1994—1995年曾两度组织滇川、北京访问团，并与中国新闻界就促进中泰两国文化交流等交换意见。

泰华报人公益基金会在1978年成立之初，陈世贤主席就应新华社社长穆青的邀请带团来中国访问。多年来，基金会与中国各界来往密切，曾多次组织泰华报人赴港澳台观光旅游，回潮汕拜祖省亲；并派记者随泰国总理访华，随团采访新闻，及时传递有关中国的各方面报道。此外，基金会还经常邀请和接待中国艺术团赴泰国演出，为促进泰中友谊和加强两国的文化艺术交流作出了贡献。

泰华纸媒社团始终拥护"一个中国"的原则，是中国统一大业的积极推进者。2007年3月，泰华内地记者协会、泰华通讯记者协会、泰华通讯记者联谊会发表联合声明，指出海外华侨华人坚决反对"台独"，拥护中国政府提出的"和平统一，一国两制"的方针，拥护中国政府审时度势执行《反分裂国家法》。成为在海外华人社会中宣传中国统一、维护两岸和平的坚决支持者和有力倡导者。

三 传承弘扬中华文化，关心促进华文教育

泰华纸媒社团一直以传承、弘扬中华文化为己任，对中华文化有着深刻理解和深厚感情。泰华内地记者协会的郑国才主席在《泰华内地记者协会成立35周年纪念特刊》的前言中，拳拳之心溢于言表："本人自愧读书无多，才疏学浅，恐不能尽职，只抱着一颗赤诚之心，在有生之年尽力弘扬中华文化，愿意一辈子传播华夏文明，使五千多年的中华文化，历史瑰宝永呈光辉，世代流传，成为世界上最伟大的文化硕果。"[①]可以说，对中华文化的钟爱和热忱是"内记协"同人自四面八方聚到一起的精神纽带。

"内记协"的很多成员古典造诣颇深，擅长文辞歌赋、诗谜书画，贤才辈出。洪能勉主席的书法作品强劲有力，自成一格；协会名誉主席兼会务顾问林宝才先生精通灯谜，在谜界有"小孟尝"的雅称……每逢

---

① ［泰］泰华内地记者协会：《泰华内地记者协会成立35周年纪念特刊》，第5页。

佳节聚会或外出联欢，会员们更是妙语连珠，气氛热烈，诗词对吟，出口成谜，尤其是在国内已有些生疏的"文虎"等传统猜谜文化，在协会中仍受到热捧和传承。

"内记协"成员也非常关心华文教育的发展，曾访问三才公立学校、植基中山学校、彭世洛府醒明学校、磨艾县公立育才学校、春府晚县振华学校等一些华文学校，或参加剪彩仪式，或慷慨解囊相助，或赠送教材、图书、日常便药等。协会同人还专门独资从中国购买看图学习、电脑五笔字型、柳公权楷书入门大字帖等深具中华文化特色的书籍，赠送各府华校，大受欢迎，索书者不绝。

泰华通讯记者联谊会与泰华通讯记者协会在弘扬中华文化、促进泰华教育方面亦是成果显著。"泰记联"开办汉语补习班，培养青少年了解和热爱中华文化，并出版记联简讯、翻译中泰文诗歌等，对沟通中泰文化交流，起到了积极作用。"通记协会"则与华侨大学、国务院侨务办公室、泰国华文教师公会等相关机构团体合办"泰国华文教师暑期培训班"，目前已经开展了十期，吸引了众多在职华文教师参加培训；还举办过"华文记者培训班"，邀请了中国驻泰国新闻机构的记者和泰国华文报编辑等人担任主讲，以提高从业人员的华文采写能力。此外，协会曾多次组团访问了罗勇、勿洞等泰国各地的华文学校，与中国国内的一些学校也保持着密切交流，共同促进华教事业在泰国的蓬勃发展。

四 支持文化及公益事业，与国内外诸多文化团体交流密切

泰华纸媒社团与社会各界的文化交流活动素来频繁，经常主动或受邀访问一些国内外的文化团体，增进了彼此间的了解与友谊，使得泰华社会文化事业呈现出欣欣向荣的发展之势。

泰华内地记者协会曾经到中国访问汕头相关媒体，与香港谜社切磋交流，参加广州海外联谊会等，与中国文化界关系密切。此外，还常拜访泰国各府各地侨团首领，争取他们的支持和资助，协助各地侨团做好慈善公益事业及社会救灾义举工作，并专门组团赴边境考伊兰国际难民营进行慰问、捐赠物资等。

泰华报人公益基金会一直与中国新闻界交流活动频繁，多次应新华

社、中新社的邀请来华访问。由于泰国华人以潮汕籍人口居多，其与广东新闻界也来往密切。并经常派员出访东南亚、俄罗斯、欧洲等其他国家和地区，有效地增进了彼此间的联系与交流。在惠益报人、促进交流之余，泰华报人公益基金会还致力于社会公益事业。基金会曾资助泰国残疾人基金会、贫民区学校、孤儿院、佛寺等。并在中国遇到自然灾害，如华东水灾、广东台风、玉树地震之时，挺身而出，凝聚华社各方面力量，共赴时艰。2001年，基金会向中国人民捐款50万泰铢；2010年玉树地震后，基金会即向灾区捐款40万泰铢，表达对受灾民众的关切。

泰华纸媒社团每年的春节联欢会，都是泰华文化界的一大盛事。中国驻泰大使馆、侨团、文教、慈善、娱乐各领域悉有出席。众嘉宾济济一堂，观看文艺表演、对赋吟诗，灯猜射虎……可谓雅俗共赏，其乐融融，极大地促进了华社间的交流。

同时，泰华纸媒社团之间也联系紧密。2003年，"内记协"与"泰记联"、"通记协会"三个泰华记者协会，共同宴请中国驻泰六大新闻媒介（新华通讯社、中国新闻社、人民日报、北京光明日报、中国中央电视台、中国国际广播电台）的工作者，借以联络感情，增进交流，实为新闻界的一大盛会，体现了三个社团间的团结协作，为以后求同存异，开创新的合作局面提供了一个良好的开端。

第三节 泰国华文纸媒社团的影响力分析

经过多年的经营与发展，泰华纸媒社团羽翼已成，名望日增。其影响力不仅集中在华人社会和泰国国内，发挥着重要的凝聚剂作用，同时在中国国内也具有一定的影响，是沟通中泰两国的重要桥梁，一直为有关部门所倚重。

一 泰华纸媒社团在泰国国内的影响力分析

泰华纸媒社团的成员遍及政界、工商界、文化界，多为业界领袖或侨团首领，一呼百应，口碑甚佳，在泰国国内具有一定的影响力。四大纸媒社团一直热心文化和公益事业，扶助华文事业的发展，凝聚华社力量，成效显著，声誉日隆，为社会各界所信任和重视。泰华报人公益基金会就曾代民立言，要求泰国政府放宽华文教育，帮助当地华人解决困难，深受广大侨胞的支持，陈世贤主席生前还获得了泰国王颁发的二等白象勋章。

具体以泰华内地记者协会为例，前泰国国会主席、世界扶轮社主席披猜·叻达军（陈裕财），前曼谷市长披集·叻达军博士（陈年平）均任协会荣誉主席。泰国郭茂记汽车集团总经理郭满意、郭茂记机械集团总经理郭满得、泰国时代柯氏印刷厂总经理许为岳、顺安堂中西药行总经理林雨生等著名华商均为协会终身名誉主席……同根同源的文化宗旨以及广泛的会员网络，使得"内记协"在泰国国内具有一定的知名度和影响力。逢佳节联谊或文化事务，协会广散英雄帖，必是高朋满座，胜友如云。而泰国国内一些重大场合，如庆祝泰王陛下登基60周年庆典等，"内记协"也经常在被邀之列。

可以说，在泰华社会特殊的生存环境中，以宗亲、地缘、行业等为连接纽带的社团形成了华人间千丝万缕的网络关系，一方有难，八方支援；振臂一呼，应者云集，发挥着重要的组织、平台作用。泰华其他纸媒社团亦是如此，其普遍具有广泛的会员网络，一些较具声望的人士经常在不同社团内身兼数职，客观上也促进了彼此间的联系和交流，极易形成合力，在泰国国内具有较大的影响和声誉。

二 泰华纸媒社团在中国的影响力分析

泰华纸媒社团作为中泰往来的友好使者，一直受到中国政府有关部门的重视，是开展海外宣传的重要组成力量。如泰华内地记者协会自成立以来，中华人民共和国驻泰历任大使及参赞对其十分关注，使馆每年春节酒会，或建军节等都来函相邀，协会同人从不缺席。"内记协"主席也经常率众拜访或宴请使馆人员，其亦是礼尚往来，准时赴约。因而，"内记协"与中国历届大使及参赞秘书等，感情更加融洽，达成了水乳交融的亲切。40年来，始终不改。

"内记协"也被国内一些文化单位，如汕头市记者协会、香港谜社、中共广州市委统战部和广州海外联谊会等所认可和倚重，经常被邀访问交流，增进了祖国与泰国华人华侨的了解和感情，诚如中国驻泰国特命全权大使张九桓先生在"内记协"成立35周年的题词"沟通心灵的纽带，增进友谊的金桥"。

一直以来，泰华纸媒社团心系故国，同胞共气，自觉地承担起了沟通中泰交流的重任，其所做的努力与成绩受到了中国人民的欢迎和相关部门的肯定。中国驻泰国大使馆参赞吴骏曾在出席"通记协会"举办的联欢会时致辞称赞，多年来泰华通讯记者协会为弘扬中华文化，促进中泰友谊，加强泰华各社团及各界文化人士的团结与交往，推动中国和平统一做了很多有益的工作①。泰华报人公益基金会曾多次来中国考察交流，所到之处，亦是受到相关单位和地方领导的热情接待，其已故领导人陈世贤先生还多次受到江泽民、李瑞环、叶选平等中央领导人的会见，成为传递乡情乡音、支持祖国建设、促进中泰友好的重要使者。

第四节　泰国华文纸媒社团对华文纸媒的促进作用研究

泰国华文纸媒社团与华文纸媒之间一直保持着紧密的联系，其不仅为华文纸媒提供稿源，加强彼此间的合作与交流，促进其基本业务的开展，而且还代理发行工作，为华文纸媒的市场经营提供保障，是泰国华文纸媒发展的助推器和后备军。

一　泰华纸媒社团促进华文纸媒的新闻报道工作

泰华内地记者协会、泰华通讯记者协会、泰华通讯记者联谊会以及泰华报人公益基金会与泰国各家华文纸媒联系紧密，不仅为其提供稿件支持，而且是华文纸媒间的黏合剂，促进其避免恶性竞争，共同振兴华文事业的发展。

其中，泰华报人公益基金会一直有"报人之家"的美称。其成员包

---

① 罗钦文：《泰华通讯记者协会积极弘扬中华文化促泰中友好》，2004年3月，网易新闻（http://news.163.com/2004w03/12492/2004w03_1079313019597.html）。

括《世界日报》、《星暹日报》、《新中原报》、《亚洲日报》、《京华中原联合日报》等多家泰国华文纸媒,各家日报的负责人同时也在基金会内任职,共同为推展会务、团结泰华报界、扶助报人福利、促进泰中交流与合作竭心尽力。

泰华纸媒社团的成员虽多是利用业余时间从事华文新闻报道,但亦是能人贤士辈出。泰华内地记者协会发起人兼首届主席庄若愚先生在世期间,就活跃于泰国华侨社会的新闻界。庄先生思维敏捷,文墨运用舒畅,凭其时事报道、专栏和特写,在泰国各大华文媒体上拥有全国基层的读者,深受喜爱。正所谓"内外骚人笔阵强,地方报道写篇章,记言通讯扬文化,协力同心合作长"。同时,"内记协"一直鼓励同人多写稿,写好稿,并设立了三项文艺优秀奖来奖励在华文报道方面成绩突出的会员。泰国六大华文日报的内地版编辑均担任协会顾问,在一定程度上也有助于社团与报纸之间的互动与合作。

与各家华文纸媒人少力单相比,泰华纸媒社团会员广泛、人脉通达,与国内外各界联系紧密,交流活动较为频繁,因而稿源丰富,稿件体裁多样,包括消息、通讯、特写、游记等,并多为来自一线的访问考察报道。极大填补了泰国华文纸媒采写力量的不足,丰富和充实了报纸的内容,尤其是在侨社新闻和有关中国的报道方面,作用显著,成为沟通泰华社会、了解故国乡情的重要桥梁。

二 泰华纸媒社团促进华文纸媒的代理发行工作

除了提供新闻稿件之外,泰华纸媒社团里的很多成员还代理了华文日报的发派工作,形成了报纸发行的全国性网络,对于扩大泰华报业的覆盖面和影响力发挥着重要的作用。

泰华内地记者协会最初定名为"泰华内地记者报业协会",原因就在于诸成员忙碌于新闻,亦有若干位兼代理华文日报,后因改革才删去"报业"二字。华文日报代理工作貌似简单,但其中的艰难辛酸只有亲历才能明了,代理者非有一腔热血及弘扬中华文化的信念不足以坚持。

"内记协"老会员黄金毅先生就曾撰文《代理华文日报话连篇》,记录了代理历程:每天早上要风雨无阻地赶到车站取报,争分夺秒准确无误地将报纸派发到订户手中。由于每份报纸一般平均赚利两三铢，代理华文报纸往往作为副业经营，可有可无，逢到主业繁忙时很难维系，有时再遇到特殊事件，如报纸淋湿、撒落、订户外出……更是劳神费力，得不偿失。因此，这种对代理工作的坚持已是远远超出了微薄的商业利益，而内化为一种对文化传承的责任与坚守。作者在文中如此告白："代理华文日报，并非做一日和尚撞一日钟，不思前进，而是时常竖耳贯注，盼望畅销一二份，偶尔增了一份新订户，心情即刻感到十分兴奋雀跃，并非为了牟利而高兴，而是增加认识了一位能懂华文的朋友。虽是与新订户素昧平生，但基本上是'华夏同根，神州同源'，内心深处，对他有一见如旧之感，不久也成知交。"①

"内记协"的庄若愚主席生前亦是兼职代理分派各华文日报，去世后，其子嗣继承代理华文报业，罔顾微利，继续发扬中华文化，为泰国华人社会的新闻事业的发展续尽绵薄之力。可以说，正是这些社团人士的坚守和推进，才使得华文纸媒在贫瘠的语言环境中生存发展，历尽风雨而屹立不倒，迎来了新的发展生机。

小　　结

歌德曾说过，人不能孤独地生活，他需要社会。在海外拼搏奋斗的华人更是如此，他们迫切需要在异质陌生的环境中凝聚力量，以便在群体中寻求文化的指引及身份的认同，最终获得生存的安全感和精神的归宿感，海外华人社团便发挥着这样的功能。泰华纸媒社团多年来投身于泰华新闻事业的发展，肩挑重任，始终以传播中华文化，沟通泰华社会讯息，促进中泰友谊为目标，孜孜不倦，热忱如一，如指路明灯一样，不断为报业的发展驱散迷雾，为华社的繁荣提供助力，是泰华社会新闻报道与文化交流的积极参与者和有力推进者。

---

① ［泰］泰国华文内地记者协会：《泰华内地记者协会成立35周年纪念特刊》，第110页。

第八章

中国—东盟深度合作背景下泰国华文纸媒的作用研究

进入新世纪以来,中国与东盟之间的合作越来越深入,大湄公河次区域经济合作、东盟与中国(10+1)领导人会议、中国—东盟博览会等相继开展,尤其在2010年中国—东盟自由贸易区如期建成,一个涵盖11个国家、19亿人口、GDP达6万亿美元的巨大经济体雏形开始显现,这是目前世界上人口最多的自贸区,也是连接发展中国家的最大的自贸区。在此背景下,区域内各方面的交流合作将更加紧密。

泰国地处中南半岛中心的战略位置,对周边国家具有较强辐射力。其与中国及其他亚洲国家的贸易通道非常便捷,是东南亚地区经济、金融中心和航空枢纽,也一直是东南亚地区中国商品的集散地。2015年,泰国将完成东盟一体化的进程,整个经济体系将完全融入东盟经济体中,泰国将成为连接中国和东盟各国经贸往来的重要桥梁。而泰国华文纸媒作为沟通中国与泰国关系的纽带,在促进信息流通、加强商贸往来、增进文化交流、实现互信发展等方面发挥着不可替代的作用。

随着中国—东盟交流合作不断深化,对泰国华文纸媒功能的研究,可使我们更好地认识和利用这一平台,充分发挥其各方面作用,最终为传播中华文化、促进中泰交流乃至中国与东盟的合作服务。

第一节 信息交流的平台

泰国华文纸媒以服务华人社区为己任,是传递华社信息、沟通中泰交流的重要平台。尤其在有关中国的报道方面不遗余力，大量采用国内通讯社的稿件，及时传递故国各方面的信息，同呼吸、共悲喜，有力促进了泰华社会与中国的联系与往来。

一　重视对中国新闻的报道

"报道中国"是泰国华文纸媒的主要内容之一，也是其生存发展的独特竞争力所在。有关中国的重大事件的新闻报道往往会成为泰国华文纸媒的头版头条或追踪报道的重要内容，有的还会发表评论，指陈得失，以建设性视角关注中国社会的发展进程，成为泰国华人社会读者了解中国的重要窗口。

翻开泰国六家华文日报，各辟有多则8个版，少则1—2个版的中国新闻专版（包括港台新闻版面），各报头版一般主要是有关中国的国际政治新闻，此外，有关中国的社会新闻、经济新闻、侨乡新闻等也是其报道的重点。以《亚洲日报》为例，每日前两版必是中国要闻，在其他版面中，则会刊登中国经贸新闻以及连载中文文学作品等，每逢一些重大新闻，如青藏铁路全线通车之类，该报更是要另辟版面全面报道。

目前，泰国华文报纸有关中国的报道可谓八仙过海，各显神通。《京华中原联合日报》自2002年起就与《汕头特区报》等报纸合作，辟有潮汕乡情、广东新闻等特色版面，主要突出侨乡新闻，以满足约占泰国华人总数九成之多的潮汕籍读者的需求。《中华日报》辟有《教与学》、《中华大地》等专版，成为汉语初学者了解中国的有效途径。《亚洲日报》与香港《文汇报》合作，出版《文汇报》泰国版，突出了对内地以及香港新闻的报道。《新中原报》侧重于新闻特写，报道内容翔实公正。《星暹日报》以经济新闻见长，对中国的经济建设和成就多有报道。《世界日报》则依托台湾联合报系的资源，形成了两岸新闻及台湾新闻的报道特色。

2008年，国内研究者在泰国曼谷用街头问卷访谈的方式对华文报纸读者做了一次随机调研，其结果显示，83.3%的读者阅读最多的版面是中国新闻版，可见，泰国华人对中国的信息非常关注，华文报仍是获得中国各方面新闻的重要渠道①。由于样本量较少及调研方法简单随意，本次访谈并不能算作严谨的问卷调研，但也可管窥蠡测，对泰国华文报业有个大体认识。

此外，泰国华文期刊也形成了以报道中国见长的传播特色。《时代论坛》在国际新闻方面侧重于对中国的宣传和报道，介绍中国的发展进步、民风民俗和传统文化，促进了中国与东南亚各国的了解和交流。《东盟商界》、《现代泰国导报》则以中泰经济交流为报道重点，为两地的相互合作与投资搭建了平台。可以说，由于同文同祖的血缘关系以及中国快速发展所带来的辐射力的提升，对中国的专注和报道自然就成为泰国华文纸媒的首要选择和应有之义。

二 侧重报道中国的重大事件

近年来，国内的一些重要事件都受到了泰国华文纸媒的关注，如汶川地震、北京奥运会、新中国成立61周年国庆以及"嫦娥二号"升空等，泰国华文纸媒都表现出了极大的参与的热情，成为海外华人情感维系以及中国国际形象塑造的有利推动者。

汶川地震等大灾难，牵动泰国华人的心。2008年5月12日中国汶川发生8.0级特大地震，刹那间，大地颤抖，山河移位，生离死别，满目疮痍……成为中国人民和全球华人心中难以抚平的离殇。地震当天，泰国华文纸媒就在第一时间进行报道，将灾区情况、救援进展以及外界反应等信息及时传递给泰国各地的华侨华人，同时也将华人的心与祖籍国连在一起。《亚洲日报》在头版发表评论指出，"任何灾难是压不倒压不垮中华民族的，中国人民完全有信心战胜灾难，也完全有能力战胜灾难"。《世界日报》开设了四个"爱心专户"银行账号，并在头版刊登套红广告，呼吁旅泰华人、台商等各界人士伸出援助之手，很快就引起泰国社会各界的积极响应，许多华人华侨纷纷通过该报"爱心专户"慷慨解囊，献出一份爱心，希望灾区人民能够早日渡过难关，重建家园。

---

① 何乐娱：《泰国华文报刊读者的报刊评价——泰国中国城华人访谈调查分析报告》，《今日南国》2009年第2期。

此外，2010年4月14日中国青海省玉树发生7.1级地震，消息传到泰国后，也引起泰国媒体高度关注。15日出版的泰国华文报纸《世界日报》、《星暹日报》、《亚洲日报》、《中华日报》、《新中原报》及《京华中原联合日报》均在头版头条刊登了地震消息，《世界日报》还辟出专版介绍此次地震的详细情况。正是由于泰国华文报纸心系故国，以高度的责任心及时传递灾情信息，团结泰华读者及团体参与灾区建设，才使得泰国华人社会在大灾难面前，与全球华人一起，展现出前所未有的团结感和凝聚力，责无旁贷，共赴时艰。

北京奥运会，全球华人的节日。2008年，第29届北京奥运会成功举办，百年圆梦十六天，全世界的华人难掩作为华夏儿女的自豪之情，纷纷举办各种活动，共享举办奥运的喜悦与激情。泰国华文报纸自奥运圣火在希腊点燃之际，便拉开了这次百年盛事的报道帷幕。面对国际上"反华"势力和少数不明真相的团体及人士，以西藏事件为借口，散布抵制2008年北京奥运会的言论和行动，以及西方一些传媒别有用心地颠倒黑白、故意误导事实真相等情况，泰国六家华文报纸积极参与了由海外百家华文媒体发表的支持北京奥运会的声明，呼吁世界各国人民弘扬奥林匹克精神，支持北京奥运会。同时，泰国华文媒体利用自己的宣传工具主持正义，以大量的版面、精美的图片、全面的新闻视角、强大的编辑阵容宣传报道北京奥运会，传播真实客观的声音，增强了中国在国际上的话语权。当奥运圣火传递抵达曼谷之时，泰国华文报纸纷纷刊登整版贺词，通过多种方式表达对圣火的祝福。《世界日报》于8月9日发表题为《盛世盛事：美哉伟哉，北京奥运》的社论认为，北京奥运会顺利成功将增强中华民族的信心，提振中华民族的意志。《亚洲日报》在8月25日奥运会隆重闭幕后发表社论称，北京奥运拉近了世界和中国的距离，让世界心悦诚服地看到了一个正在和平崛起的强大的中国，将为整个世界和全人类，作出积极的、无私的贡献。正是在全球华文媒体的鼓与呼中，中国向世界展示了一个日益崛起、欣欣向荣的大国形象，这是大灾难后的大绽放，坚强、自信、大悲而不馁、大喜而不骄，极大改观了世界尤其是西方国家对中国的刻板印象。泰国华社庆贺61周年国庆，关注"嫦娥二号"升空。2010年10月1日，适逢新中国成立61

周年以及"嫦娥二号"探月卫星成功发射，可谓双喜临门，普天同庆。泰国华人社会感同身受，当日出版的六家华文日报均辟出专版，刊发泰国华社、侨团的颂词，祝贺新中国成立61周年。《中华日报》出版了纪念特刊，以《更加开放的中国执政党》、《加速驶向美好未来》等文章并配以图片，全面介绍了新中国61年来所取得的辉煌成就。《新中原报》以特辑的方式，在9月30日和10月1日辟出专版介绍新中国成立61年来所取得的成就。《亚洲日报》则在头版显著位置，以中国国徽配以"普天同庆，热烈庆祝中华人民共和国成立61周年"的祝语表示庆贺。对于当晚"嫦娥二号"探月卫星将升空的新闻，泰国媒体也给予了极大关注。《中华日报》在头版显著位置刊出给运载火箭加注燃料的大幅照片，并期待卫星发射成功。其他华文媒体也刊发了"嫦娥二号"即将升空的消息。卫星发射成功后，六家华文日报无一例外地都在次日头版以大幅的版面、喜庆的色彩刊登了航天员执行太空漫步的文章和图片，《世界日报》还在10月2日头版刊发题为《发射成功 嫦娥二号直奔月球》的评论文章，并配发了嫦娥二号发射升空的大幅照片，文章认为，中国自主研制的第二颗月球探测卫星嫦娥二号1日发射升空，嫦娥二号若能顺利完成任务，估计2020年后，中国可以将太空人送上月球。而广大泰国华人发自内心的民族骄傲和自豪感，在泰国华文报纸的热切报道下再一次被点燃。

以上几则报道只是泰国华文纸媒对华报道的一个小小的缩影。正是通过华文纸媒这个信息交流平台，泰国华人华侨时刻与祖籍国在一起，见证中国改革、发展、富强的历程，悲喜与共，命运相连。尤其在重大事件面前，全球华人凝聚在一起，展现和诠释了新时期中华民族精神的力量与内涵。

随着中国经济的快速发展，国力的日渐强盛，中国已成为国际舞台上一支不可或缺的重要力量，其与东盟各国之间的文化、经贸、政治往来也越来越紧密。中国的和平发展及进一步对外开放，使得很多国家加紧抢滩中国、世界了解中国的需求激增，尤其是海外华侨华人和新移民对中国的信息渴求热切，这不仅为泰国华文报纸的生存奠定了坚实的基础，也为其发展壮大创造了大好时机。可以说，关注中国、报道中国已越来越成为泰国华文报纸的主要课题。

同时,在西方霸权的国际话语格局下,中国媒体也应该加强与泰国华文媒体的互动与合作,借助其在当地长期经营所累积的资源以及熟悉环境和读者心理等优势,借船出海,充分发挥其信息平台的优势,加强中国在国际上的话语权与传播力。对此,中国新闻社原社长郭招金曾在一篇文章中非常精辟地讲道:"如果将中国媒体的办报经验、经济实力和海外华文媒体的市场网络、人际关系等优势结合起来,定能在海外打造一批具有影响力的'中国概念'的强势媒体。"[①]

第二节 商贸往来的平台

在现代,经济外交已成为国家间联系与稳定的重要纽带。正是这种经济上的合作与交融,使得各国都会更加小心谨慎地维持和加固彼此间的关系,极力避免"杀敌一千,自损八百"的共输局面。在此过程中,泰国华文纸媒通过及时传递和解析经济信息、宣传及推进中国—东盟合作等方式,成为联系所在国与祖籍国之间的重要的商贸往来平台。

一 传递两国的商情

在泰国,华人经济是一支不可忽视的力量,他们经济实力雄厚,占据着泰国商业贸易、金融、房地产、农业及农产品加工、制造业等行业。据台湾侨务委员会在1992年编纂的《华侨经济年鉴》介绍,泰国的商业、制造业投资所有权的90%在华人企业手中,泰国银行金融业的50%由泰国华人银行所控制,泰国现有的16家银行中,华资登记的银行有11家,华人银行资本达51亿美元,约占泰国银行资产的2/3。其他行业也以华商企业居多[②]。在2010年《福布斯》发布的最新富豪榜单上,位居前五名的都是华商。由此可见,华商经济在泰国具有举足轻重

[①] 郭招金:《海外华文媒体在加强国际传播力建设中的作用》,《对外传播》2009年第11期。

[②] 杨静:《从泰国政府政策看当地华人社会发展》,硕士学位论文,河北师范大学,2010年,第39页。

的作用。其在泰国现代化的进程中,与泰人经济融为一体,共同促进了泰国经济的快速发展,同时也在中国经济建设中发挥着积极作用。

中国改革开放后,泰国一些企业纷纷到中国投资,由于地理邻近,同根同文,华商企业表现得尤为活跃和积极,成为"中国热"浪潮中的生力军。在此形势下,中国内地的财经新闻自然受到了泰国华人华商的关注,各家华文报纸纷纷开辟了中国新闻版面或相关栏目,加强对中国经贸新闻的及时报道,发挥着信息中转站的作用。一些最新的经济发展趋势、新的经济增长点、投资优惠政策、经济合作意向、新产品推介、双边贸易状况、发展商机等经济信息成为华文报纸的重要卖点之一。由于华文报纸对中国经济的报道往往较当地主流媒体全面、丰富、深入,因而广受华人欢迎,有效地提升了华文报纸的权威性和影响力。泰国《星暹日报》的经济版面就非常有特色,为工商界提供了一系列经济发展和金融信息。其总编辑马耀辉先生认为,中国已经充当了亚洲经济发展火车头的角色,重视中国财经新闻,及时反映中国的财经动态,有助于华人了解中国经济发展趋势,加强中泰两地的经济合作与交流,这也符合泰中两国商业交往密切的现实[①]。

同时,泰国华文纸媒都是市场化独立运作,自负盈亏,其本身也是宏观经济的组成部分,关注市场变动及行情也是其应有之义。泰国华文报业与一些华人企业保持着千丝万缕的联系,如《新中原报》就由盘谷银行控股,而且华文报纸的生存主要依靠一些中小企业的广告费用,若经济环境突变冲击实体经济,华文报业亦不能幸免。1997年东南亚金融危机期间,泰国经济受到了重大冲击,损失惨重,华文报纸更加注重报道经济信息和金融动态,尤其是关于中国是否会让人民币贬值等信息更是牵动着无数读者的心,华文报纸自然成为沟通中泰财经信息的重要渠道。2008年,以美国次贷危机为源头,再一次爆发了世界性的金融风暴和经济危机,震撼了所有的国家。在这场新的经济危机前后,中国的分量前所未有地得到加强,华人在所在国的力量也越来越受到重视,一些企业开始寻找打入华人市场的渠道,而华文纸媒就起到了这样的桥梁

---

① 彭伟步:《东南亚华文报纸研究》,社会科学文献出版社2005年版,第221页。

作用。

除了提供中国商情、服务在华投资企业之外，泰国华文纸媒还关注来泰投资的中国企业，及时传递商业信息。其中，《现代泰国导报》的创办目的就是"为日后前来泰国寻求投资、合资的中国大陆、台湾、香港等地的集团、企业预先传递资讯，同时也为泰国工商、金融界与上述地区发展业务提供便捷的管道"。其以报道泰国经济贸易、工商动向、投资概况等为主，详细介绍泰国经济态势，无疑成为在泰投资的中国企业界人士的必读刊物，受到了泰国政府的肯定和支持。

二 促进中国与东盟的合作进程

自中国与东盟各国开始对话合作以来，泰国华文纸媒一直是双边合作的支持者和推进者。《东盟商界》杂志以翔实地报道东盟经济的发展和促进东盟经济一体化为宗旨和目标，关注区域内的华人经济以及区域间的经济交流与合作。华文报纸也非常重视有关中国与东盟的相关报道，尤其对一些大型会议或活动的报道更是不遗余力，如有关中国—东盟博览会、中国—东盟自由贸易区论坛、东盟部长级系列会议等新闻，常常会刊登在头版头条，并用大量版面对其内容进行跟进报道，形成报道声势，有效地通过"把关人"的作用增进了读者对中国—东盟合作体系的了解与关注。

泰国华文纸媒还非常注重关于中国与东盟报道的一手信息。早在2004年7月，由泰华报人公益基金会副主席、《星暹日报》总编辑马耀辉、《新中原报》副总编辑张锦海、《中华日报》社长助理顾慧等报界知名人士组成的泰国华文媒体代表团就曾抵达广西南宁，对将要召开的首届中国—东盟博览会的筹备进程、举办地广西的经济社会发展等情况进行实地采访。《东盟商界》等华文期刊也在东南亚及中国的一些城市驻有特约记者或设有联络处，及时传递来自一线的报道和信息。

目前，中国与泰国的经贸关系可以说是步入了历史最好时期，但不可否认的是，其中还是有一些不和谐的声音影响着双边关系的发展，在此过程中，泰国华文纸媒发挥着答疑解惑、促进双方沟通与了解的重要功能。2010年中国—东盟自由贸易区正式启动前后，东南亚国家的一些行业担心中国产品"倾销"危及自身生存,都要求国家放缓实施与中国商品零关税的安排,泰国工业界也有一些反对的声音。泰国《曼谷邮报》就引述泰国工业联合会副主席万纳普的话说,中国廉价商品大举涌入,将击垮"泰国制造",那些缺乏资金支持的中小企业受到的冲击最大。

对此,泰国华文纸媒进行了积极正面的回应。早在2005年中国—东盟自由贸易区降税计划即将启动之时,泰国华文媒体就刊文指出,启动降税计划是中国对亚洲各国加强合作的另一种贡献。《世界日报》在7月4日发表了一篇题为《中国—东盟自贸区有了实质的表现》的社论,认为中国—东盟自由贸易区顺利迈开步伐,终于向全世界表明一个历史性区域贸易协定已然具体化,不仅解除了外界的种种疑虑,也增添了中国—东盟自贸区内部的无比信心。评论还强调"产品不再有关税的障碍,相互开放市场,促进彼此贸易,并借此吸引外来投资,是何等令人兴奋的事情"。充满着对未来前景的期待与欢呼。

2009年底,在中国—东盟自由贸易区即将建成之际,由中国新闻社和世界华文媒体合作联盟秘书处共同发起的"聚焦中国—东盟自贸区"联合报道活动得到了东南亚华文报纸的热情支持,泰国的《星暹日报》、《亚洲日报》也积极参与其中。整个报道活动自中国—东盟自贸区全面启动倒计时10天时开始启动,按照每天3—5篇的节奏播发消息、综述、评论等电讯通稿,大部分稿件在境外报刊落地。参与联合报道的各国华文媒体主要负责采访所在国政府官员、商会组织、涉华名企等,并在自贸区建成日当天与中新社驻各地记者联合报道当地的动态新闻。此次活动稿源丰富、视角多样、内容翔实,从各个方面解读了双边贸易的状况与前景,在东盟各国形成了有关自贸区的报道热潮,取得了非常好的宣传效果。

自贸区建成之后,泰国华文纸媒继续关注报道双边经贸信息以及合作进展与成果等,反对贸易保护主义,鼓励区内合作,力图促进中泰两国的了解与交流。如2010年2月,中新社的新闻报道——《中国—东盟自贸区论坛"主席声明"表示反对贸易保护》,分别刊登于泰国《星暹日报》(头版头条)、《新中原报》(内版头条)及《亚洲日报》上,传达了与会代表要求各方"履行自贸协定的义务,相互不断开放市场,携手应对挑战,反对贸易保护主义,推进自贸区建设"的呼声。

泰国华文报纸在此过程中谨守全面、真实、客观的从业准则,除了积极报道自贸区的机遇与优势外,还冷静深刻地剖析了其存在的问题与不足,使得相关报道更加公正客观。其中,泰国《世界日报》于2010年1月22发表了一篇题为《中国—东盟自由贸易区尚需文火慢炖》的文章,对中国—东盟自贸区开展以来的问题进行了细致的剖解与分析:

在中国方面,虽然中央和相关的地方政府都热情较高,接连举办各种活动,但也没出现设想中的贸易、投资高潮。舆论已出现批评对自贸区"盲目乐观"的声音,经济界则批评配套安排未如理想,致使企业"盲目行动",而政府方面又认为企业对自贸区了解不够等。

虽有10年磨刀之功,但真的砍起柴来,出现这些问题,也是在所难免。以目前情况看,除国家关系和政治方面原因对自由贸易的加温有影响外,还有三方面问题。首先是中国与东盟间存在着贸易环境的差异,也存在着各自的管理方式的不同,甚至重大贸易和其他管理政策的区别,这一切都令自由贸易不能快速起步。其次是交通基础设施仍待改善。自由贸易,交通先行,过去10年中国与东盟间的交通安排,确有改善,特别是跨境公路建设,但因建设资金、周期和国家间协商等问题,跨境交通离畅通还远。而境内交通,与东盟相通的地方,除广东外多属中国西部地方,交通设施落后于内地,必然带来影响。其三服务未能配套于货物贸易,特别是金融服务。东盟国家和中国之间,金融机构的互设还不流行,协作力度也不够,跨境贸易人民币结算还在试验之中,货币不能自由兑换,交易十分不便,这对未来的投资,更是不便。

中国—东盟自由贸易区,当然要从高端推动,诸如博览会、峰会之类活动,国家领导层和业界领袖们见见面,发表个声明,有其必要,但现阶段更重要的,可能是"软硬皆施"、"文火慢炖"。所谓"软硬皆施",是软硬件都要加快建设,最重要的软件,不外是中国与各国间贸易政策的协调,其次是服务的跟进,特别是金融业和物流业的跟进。而硬的方面,自然重在交通,不仅是跨境交通,还有境内接驳的交通,因为自由贸易已不是小额边贸。至于"文火慢炖",是说虽开通自由贸易,但制度不同,国情不一,风俗相异。政治动员、一哄而起的动作,只能毁掉自贸区。何况中国和东盟间,还有诸多敏感,需要更多细腻的沟通。

反思是为了更好地前进。这篇报道以海外华文报纸的独特视角来评析自贸区的现状与问题,有理有据,见解独到,无疑为"盲目乐观"的声音,发出了警醒的信号,为全面客观地认识自贸区的发展,切实有效地改进各项工作提供了参考和依据,真正发挥了华文报纸作为商贸往来平台的沟通作用。

爱默生曾说过:"每一种挫折或不利的突变,是带着同样或较大的有利的种子。"对于中泰之间的贸易摩擦与争端亦是如此,这需要政治层面的协商沟通,也需要民间层面的理解支持。泰国华文报纸以其独特的身份发挥着不可替代的润滑作用,长期以来,持续不断、客观丰富的信息交流已成为促进双方了解与对话的重要渠道。在新的形势下,中国—东盟自由贸易区依然面临着诸多问题,其中包括信息基础设施薄弱、区域信息化市场不成熟、相关法律法规不健全等掣肘问题,对此,中国相关部门和地区应充分认识到信息资源在当今社会的重要战略地位,采取积极的应对政策,通过加强信息基础设施建设,拓宽信息渠道,建立跨国信息协调机构等,来促进与服务中国与东盟各国的经贸合作。泰国华文纸媒作为信息流中的终端环节,自然也是需要争取的对象。具体而言,可通过相互间的交流合作,借助其在当地的力量推介中国,特别是推介各地投资环境、政策方针、博览会、展销会、特色产品等,对一些往来过程中摩擦争议应及时给予报道分析,澄清利弊,切实促进双边贸易的健康发展。

泰国《星暹日报》总编辑马耀辉在2010年中国"两会"期间接受采访时认为,中国的发展离不开世界,世界的发展也离不开中国。中国经济复苏越快,对世界的贡献就越大,海外华侨华人也能获得更好的发展,中国的强大使得华侨华人在所在国生活得更加稳定和幸福。因此,对于海外华文媒体而言,关注中国发展,在公平正义基础上推进当地国和中国的交流与合作，可算是互利共赢之举。目前，中国发展的商机已如磁石般对海外华人产生着吸附效应，海外华人比任何时候都渴望了解中国，海外华文媒体作为商贸往来平台的作用也将会愈加凸显。

第三节　文化传承的平台

文化是一个族群产生认同感、向心力和凝聚力的基础，泰国华人华侨生活在与祖籍国迥异的社会环境和文化氛围中，海外华文报刊是其维系民族文化的重要纽带，是保持华人身份的主体意识和独立存在的根本。若华人社会丧失了中华文化，便丧失了其民族性。

在当前纷扰浮躁的文化环境中，一个国家或一个族群更加需要自身文化的支撑，以去伪存真，廓清前路。国内学者孟繁华曾提出"文化地图"的概念，其指的是由意识形态、价值观念、偶像认同以及经典文本的持续表达所构成的，统治我们意识的观念形态。"文化地图"在一个人从自然存在物教化为社会存在物的过程中起到非常重要的作用，"我们都受制于文化地图为我们标示的方向，沿着这样的方向，一种无意识给我们以暗示和询唤，并使我们产生生存和行为的依据。当方位明确的文化地图存在时，我们便没有彷徨和迷失感，对它的信任也同时给我们以自信。这就是文化地图的有效性"[①]。华文纸媒在海外正起到建构"文化地图"的作用，其通过普及华文、记录历史、传播文化等方式，为华文学习者提供了一个良好的环境，也为海外华人族群提供了生存发展的精神支点。

一　中华民族文化传承的平台

海外华文媒体是传播中华文化的核心力量之一，其与社团、学校一起，形成了维系华族发展的稳固三角形。在泰国，华文纸媒除了通过日

---

① 孟繁华：《众神狂欢——当代中国的文化冲突问题》，今日中国出版社1997年版，第29页。

常的新闻报道传递中国信息和文化外,还侧重于延续中国传统文化,通过营造"集体记忆"①来建构中华文化的认同机制。生活在泰国社会环境中的华人华侨只有通过报纸等途径接触到中华文化符号,从而逐渐形成族群的文化认同,大体而言,这些符号主要包括三类:

第一,华族历史的集体记忆。拉斯韦尔认为,大众传媒具有社会遗产传承功能,也就是所谓的"为现在传播信息,为历史积累文化",可以说,传播是保证前人的经验、智慧、知识等社会遗产代代相传的重要机制。泰国华文报刊通过介绍、传播一些中华民族优秀灿烂的历史文化知识,来构建和增强读者的自豪感与归属感,使得华族文化根基得以传承延续。如《星暹日报》曾刊登的《曼谷王朝初期华文小说泰译的概况》,《新中原报》连载的《谈中国文学在泰国》、《星暹日报》连载的《泰国侨史》、《泰译中国章回小说史话》,刊登的《唐诗宋词元曲之演变》、《东汉末年黄巾起义沉重打击朝廷统治》等文章,详细介绍了泰国华人历史以及泰国文化的中国渊源,成为有关民族历史的集体记忆的展现。

第二,中华古典文化的集体记忆。泰国的华文报刊用语较为文雅,书面语色彩较浓,语言简练、含蓄,古风犹存,如其报纸的一些庆贺广告上常有"光宗耀祖"、"皇恩见宠"、"硕德可风"、"花好月为圆,琴和瑟亦静"之类的唱和之词,颇具中国传统儒家文化的色彩和气息。各报目前都开辟了许多文艺专栏、副刊来发扬具有古典意味的中华传统文化,已成为海外读者了解中华文化、繁荣泰华文学的重要园地。其中,武侠小说连载是泰国六家华文报纸副刊的必备佳肴。武侠小说是中国通俗旧小说的一种重要类型,多以侠客和义士为主人公,描写他们身怀绝

---

① 集体记忆是社会心理学研究的一个对象。法国社会学家哈瓦斯(Maurice Halbwachs)被公认为是集体记忆研究的鼻祖。广义而言,集体记忆即是一个具有自己特定文化内聚性和同一性的群体对自己过去的记忆,这种群体可以是一个宗教集团、一个地域文化共同体,也可以是一个民族或是一个国家。蓝海鸣在《集体记忆与文化记忆》这篇文章中认为,集体主义应该超越个人记忆的集合体,从更宏观层次的"文化记忆"的角度去进行思考,"集体记忆研究不应只关注被当代人所共同经历的过去,那些更遥远的'过去'同样,甚至更应该成为集体记忆研究的对象。比如长城、孔子、龙等文化符号,甚至岳飞、关羽等历史人物形象,我们今日对这些历史形象和符号的叙述与建构,都是一种集体记忆的体现"。

技、见义勇为和叛逆造反的行为。虽多是茶余饭后的消遣之作，为一些正统文学所不屑，但笔者认为，武侠小说所蕴涵的侠义精神、浪漫情怀及博大精深的佛法道等诸家内涵，是中国传统文化不可或缺的滋补养料，也深为东南亚华人读者所喜爱。

同时，《世界日报》上辟有《医药保健》栏目，传播古老悠久的中医养生文化。《京华中原联合日报》上辟有《京华谜坛》，专门致力于发扬灯谜、字谜等极具文人雅趣的传统文化项目。《新中原报》辟有《儒释讲座》栏目，以传承中国古典文化的精华。一些颇具影响的泰国华人汉学家和教师也通过华文报刊热心而广泛地传播唐诗宋词。正是对中华民族历史瑰宝的热爱与传承，构成了泰国华人社会共同的文化基因。

第三，中华传统节日及民间文化的集体记忆。在泰国，春节是仅次于"宋干节"的第二大节日，泰国春节的"年味"毫不逊于国内，各家各户张灯结彩，"新年发财"的横幅当街悬挂，鞭炮焰火不绝于耳，还常有舞狮舞龙的表演助兴。尤其是一些在国内已经"断代"的风俗，如英歌舞表演、提线木偶的"变脸"表演等传统技艺，在泰国华社依然得到了很好赓续绵延。另外，泰国华人对清明节、端午节、重阳节也照过不误。逢有节日，泰国华文报纸常有整版的庆贺广告，喜庆吉祥，还会刊登一些关于节日由来的文章。

此外，泰国华人社会中的民间文化交流活动素来频繁。泰国当地的潮州人不但请潮州本土的剧团前来演出，自己也组织起潮剧团、娱乐社等，常年演出，自娱自乐。泰国一些华人社团还会经常组团回中国寻根或祭祖，沟通了两地的来往与交流。华文报纸常用较大版面与篇幅对这些节日盛况和民间文化活动进行追踪或报道，在一定程度上也促进了这些节日及文化传统的继承与传播。

暨南大学新闻与传播学院副教授彭伟步认为："华文报人不遗余力地承传中华文化，实际上是一种生存意志的体现，是在异质文化环境里消除陌生感、不安全感而努力建构自己的精神家园的表现，是对本民族文化理想的诉求。"[①] 泰国华文纸媒正是通过这些文化符号的传播以及集

---

① 彭伟步：《东南亚华文报刊的文化传播与编辑特色》，《国际新闻界》2001年第5期。

体记忆的建构，疏通了同根同源的文化根脉，促进了华人社会对中华传统文化的情感认同和精神依附。除此之外，泰国华文纸媒也很注重对现代中华文明的沟通与宣传。《星暹日报》的《人间副刊》，《中华日报》的《华园诗刊》，《世界日报》的《湄公河副刊》以及《泰华文学》期刊，都是格调较高的文坛阵地，其中刊有现代诗歌、散文、杂文、小说等。2011年8月，泰国《亚洲日报》"泰华文艺版"推出中国内地闪小说专辑（14则），这是中国内地闪小说首次以专辑形式在海外亮相。

泰国华文纸媒还通过与其他单位合作的方式来增强中华文化的传播力量。《亚洲日报》已于2011年8月与泰国曼松德昭帕亚皇家师范大学孔子学院签订了合作协议，根据协议，《亚洲日报》将开辟《中国文化》专刊，该栏目由曼大孔院负责全版内容的编辑和版面设计，全版使用中文简体字，介绍中国历史文化、改革开放后教育科技发展的丰硕成果，同时还将介绍中国人的现代文明以及泰国孔子学院和孔子课堂的工作情况等。通过类似合作，既可丰富孔子学院的教育资源，优化其在海外推广汉语、传播文化的教育功能，又可增强华文报纸的业务能力和文化品质，办出报纸特色。

时至今日，中国在经济方面已取得了显著成就，但文化影响力却相形见绌，这与目前世界的话语格局有关，同时也与自身传统没落和社会中心价值解体有关，后者起到更为关键的作用。新加坡前总理李光耀曾不无焦虑地指出："身居迅速变化的时代，我们希望在探索走向未来的同时不割断与过去的联系。在告别过去的时候，我们有一种深刻的不安，失去传统会使我们一无所有。"[①] 可以说，文化是一个民族的名片，是连接起过去、现在与未来的绳索。在国际事务中，文化往往能起到四两拨千斤的效果，是获得真正认同和尊重的基础。对于中国现状而言，若没有文化的填补与支撑，奔跑便会失去动力和方向，后果堪虞。因此，传承和发扬优秀的中华文化，是建构国家综合实力及未来影响力的重要因素，这需要中国着力推进，也需要海外华人及媒体的参与和支持。

---

① 杜小安：《亚洲价值观与东西文化冲突》，百度文库（http：//wenku.baidu.com/view/04048935f111f18583d05aba.html）。

二 文化交流与融合的平台

季羡林先生认为："文化有一个很突出的特点，就是，文化一旦产生，立即向外扩散，也就是我们常说的'文化交流'。人类到了今天，之所以能随时进步，对大自然，对社会，对自己内心认识得越来越细致，为自己谋的福利越来越大，重要原因之一就是文化交流。"[①] 大体以1955年为界，东南亚海外华文报纸经历了由华侨办报发展到华人（或华裔、华族）办报的转变过程，华文报纸的性质也由服务祖籍国变为服务当地国，这一身份和政治认同的转变，加快了文化传承方面的交流与融合。尤其在泰国，由于政府长期执行温和的同化政策，泰国华裔充分融入了当地社会，族群认同感较弱，华族文化亦不能独自割据，其在与泰国主流文化交融的过程中形成了具有当地国特色的中华文化。这种融合具体表现在以下几个方面：

第一，报刊书面语言的变异。书面语言是民族文化的载体，其在保持本体稳定性的同时，也会随着社会的变化、地域的不同等产生一些枝节的变异。泰国华人社会具有一定的地域性和封闭性，其受到了汉语粤方言、潮州方言、客家方言以及泰语的影响而产生了交融变异，表现在报刊语言上，便是很多内地读者看泰国华文报时偶尔会有的"隔膜"、"不知所云"之感。受方言影响，泰国华文报刊上经常会出现一些方言词或新造词，如笔者在看泰华报纸时经常会碰到"火砻主人"（碾米厂主人）、"天光"（天亮）、"保升"（百分率）、"教长"（教育部长）之类的词，经常要反复研读上下文或查字典才能弄懂其中的意思。在有一些外来词的音译上也常与普通话不一致，如将"新西兰"译为"纽西兰"，"希拉里"译为"希拉蕊"等，这也许是受泰语语音或汉语方言的影响。另外，泰国华文报纸上经常还会有些在我们看来是病句或语法不通的表达，如"转弯左"、"煞车加多把脚"之类。这些变异是在泰国特定的文化环境中产生的，体现了语言的多变性和灵活性，同时也是主流文化与地方文化、华族文化与本土文化碰撞融合的结果。

---

① 梁英明：《战后东南亚华人社会变化研究》，昆仑出版社2001年版，第5页。

第二，文化传统的交融。有学者认为，遍布全球的华文媒体不仅仅是媒体，更是一扇扇展示中华文化的窗口，增进了中外文化间的理解与融合。泰国是一个信奉小乘佛教的国家，华人到此定居之后，也渐渐接受了这一信仰。泰国华人多有一人而兼奉佛、道两教的情况，其既崇尚儒家、道家思想和其他祖先崇拜，又具有浓厚的泰国佛教色彩。一些华商每逢新店开张或乔迁之喜，都要恭请泰国和尚到店里诵经祝福。泰国华人做"红（喜）白（丧）事"的仪式，也都采用中泰合璧的方式，这些无不体现了华、泰两族习俗的融合。此外，泰国华人除了保持中国的传统节日外，他们也很重视新年元旦、泼水节、万佛节、水灯节等泰国传统节日，乐意在这些传统节日中，与全泰各族人民共同庆祝①。这种中泰文化间的混合与发展，慢慢形成了独一无二的泰国华人文化，其在泰国华文纸媒上也多有体现。泰国华文报纸经常会报道一些寺庙、僧侣以及有关佛教活动的新闻，文艺副刊上也常蕴涵着浓郁的佛教思想。《新中原报》还辟有连载栏目《佛说十善业道经》，《亚洲日报》甚至曾在头版的醒目位置，刊登佛学经语，诸如"欲知前世因，此生受者是。欲知后世界，此生作者是"等。

泰国华文媒体生存在一个与祖籍国千差万别的生疏世界，一方面难舍华文的根基，执著于传承和发扬中华文化；另一方面在寻找出路的过程中，为了生存，就要自觉地兼收并蓄，接受并融合居住地的文化，因而也就肩负着双重责任和功能。泰国《世界日报》社长黄根和认为传承中华文化是海外华文媒体分内的工作，但正如其所指出的："海外华文媒体在传承中华文化时，要视各个国家和地区民族、宗教、风俗习惯、保守或开放的程度不同而有所差异。加之华人社会本身的文化观念也会随着时间的推移、变化而逐步入境随俗，因此华文媒体在传播中华文化的同时，必须兼顾'在地国'的国情。"②

中国几千年来博大精深的文化是海内外每一位炎黄子孙共同的精神

---

① 钟福安：《泰国华人社会的形成述论》，硕士学位论文，北京语言文化大学，2001年，第34页。

② 余显伦：《中华文化的传承是华文媒体分内的工作》，2011年9月，中国新闻网（http://www.chinanews.com/hr/2011/09 - 14/3325205.shtml）。

财富，也是维系全球华人的情感纽带。因此，我国若要将海外华语媒体纳入对外传播的全局战略，文化应成为超越政治和经济的主导力量。通过同根同祖的中华文化来团结、凝聚海外华文报纸，用文化视角来协调政治、经济问题，以"双赢"而非"收编"的态度来加强与华文媒体的合作，以期在全球范围内形成华文媒体的"和声效应"。

第四节 互信发展的平台

古语云："木秀于林，风必摧之；堆出于岸，流必湍之；行高于人，众必非之。"中国自改革开放以来，社会各方面建设取得巨大成就，经济保持快速增长势头，尤其在新一轮金融危机中，中国经济在风暴中表现突出，业已成为世界经济发展越来越重要的助推器。然而，伴随着中国的崛起，一些西方国家别有用心地散布"中国威胁论"、"中国责任论"的言论，抹杀中国的贡献与成就，在国际上形成了对中国发展非常不利的经济环境和舆论环境。

面对这种情况，中国媒体由于长久以来形成的"官方"立场以及"以我为主"传播思路，某种程度上限制了我国对外传播的范围和效果。作为与中国有着千丝万缕联系的海外华文媒体，拥有通晓中国及当地国多种文化语境、具备公信力的"民间"身份，畅通无阻的传播渠道以及海外华人的独特视角等多种优势，能及时对当地主流社会的舆论做出反应，责无旁贷地承担起了向世界报道中国、说明中国的重任，成为中国在国际话语体系中的重要的补充者和同盟军。

一 促进其他国家对中国的了解与信任

泰国华文纸媒通过积极关注和报道有关中国的正面新闻，传达中国友善负责的声音，并常以"春秋笔法"[①] 对中国在国际事务中的表现与

[①] 所谓"春秋笔法"，按照复旦大学章培恒、骆玉明教授所编的《中国文学史》中解释为：裹褒贬于记事的"春秋笔法"，按照自己（孔子）的观点对一些历史事件和人物作了评判，并选择他认为恰当的字眼来暗寓褒贬之意，"微言大义"，有严格而明确的倾向性。——引自陈旭钦的《泰国华文报纸一瞥》。

际遇针砭利弊，指陈得失，成为中国真实信息的有力传播者。在2004年"中国威胁论"甚嚣尘上之时，泰国《世界日报》便曾在头条刊文指出，中国的"和平崛起"，对世界经济成长的贡献是最大的。这篇社评文章引述国内生产总值及对外贸易总额两个数据，具体而客观地阐述了中国崛起的贡献，强调了中国已同各国结成了密切的纽带关系，与各国经济现状息息相关。

此外，由于各国国情的差异以及贸易保护主义的存在，中国商品常在欧美等国遭遇贸易争端，泰国华文纸媒也经常关注此类事件发展，积极争取中国的合法权益。2005年，中国纺织品行业在欧美同时遭遇了贸易纠纷和不平等待遇，泰国华文报纸纷纷发表社论和专题文章，指责美国对中国纺织品"设限"是对自由贸易理论言行不一的表现。其中《世界日报》在5月22日发表社论认为，实施长达40年之久的全球纺织品配额制度取消还不到5个月，美国就启动了所谓紧急措施来保护本国的纺织业者，可见西方工业国家终日把自由贸易的口号叫得震天响，但一旦自由贸易对自己不利，就按照自身的利益打造国际公约。社论同时指出，对于美国启动纺织品紧急防卫措施，中国已作出善意回应，以缓和中美贸易摩擦，美国也应作出积极反应。

当中国与欧盟关于这次纺织品贸易争端取得一点成绩的时候，华文报纸又及时进行了跟踪报道。《亚洲日报》发表社论赞扬中国在与欧美的贸易争端中所采取的政策"有理、有利、有节"，认为这是解决贸易之争的双赢模式，对中美两国解决相互间的贸易争端具有积极的借鉴作用。正是这些报道有效地促进了海外华人社会及其他方面对事件真相及进展的了解，对于加强中国的声音、营造有利的舆论环境起到了一定的作用。

在东南亚，"中国威胁论"的言论一直不绝于耳，从最初的"中国战略威胁论"到"中国经济威胁论"再到"中国生态威胁论"，以至这两年出现的"中国经济崩溃论"，这些流言在空气中不断变质、传播，在东南亚一些国家具有一定的基础和影响力，极大地阻碍了中国与东盟互利合作关系的发展。对此，泰国华文报纸以积极、正面的态度传递友好信息，强调共识，搁置争议，力图促进东盟国家与中国的了解与互信。如在 2006 年 10 月 30 日，东盟十国和中国的领导人在广西南宁参加纪念建立对话关系 15 周年峰会，泰国《星暹日报》、《世界日报》、《中华日报》等各大报纸都在头版显著位置刊登了中国—东盟纪念峰会的新闻，各报还突出报道了中国向东盟发展基金捐款 100 万美元的消息。《世界日报》在 31 日发表的社论指出，中国以非常诚恳、积极的态度与亚洲国家交往，并有了具体的行动。同时指出，"东南亚国家在中国发展初期，对中国怀有'既爱又怕受伤害'的复杂感情，在中国和平的多方面表现下，'怕受伤害'的疑虑几乎完全消除，喜爱程度大幅增温。通过亲身与中国接触的经验，无论是双边接触还是多边活动，都可以感觉到中国'友好合作'是真挚的，表里一致。"这些报道并没有简单地回避矛盾，而是以坦诚的态度记录了中国与东盟关系的进展历程，强调了中方的积极表现和不断努力，传递着和平友好的声音。

2011 年 9 月，中国国务院新闻办公室发表的《和平发展白皮书》引起了国际媒体的高度关注，泰国多家媒体连续几日进行了突出报道。《世界日报》9 月 7 日的头版头条以《中国发表和平发展白皮书》为通栏标题，介绍了白皮书的主要内容，指明白皮书明确界定中国的六大核心利益，不允许外部势力干涉中国内政。同一天的《新中原报》也在头版显著位置以《中国发表和平发展白皮书》为题刊登了该消息，指出中国在界定自身六大核心利益的同时，也重申对外开放大门绝对不会关上，同时指出无论世界上的任何主义都在接受检验。《星暹日报》在其国际版以《北京发表中国和平发展白皮书》为通栏标题介绍了该白皮书的主要内容，指出中国和平发展的白皮书回应了国外的猜疑，强调了互利共赢的宗旨。这些报道如一支"强心针"，极大地振奋了海内外华人对中国发展的期望，同时也向世界传递了中国坚持走和平发展道路，绝不称霸的态度与决心。

海外华人虽身居他国，却心系故土，对中国有着恋恋不舍的情愫，虽说目前泰国华人已高度融入当地社会，但血浓于水的亲情是难以隔断的。在 2011 年第六届世界华文传媒论坛上，中国新闻社社长刘北宪发言时指出：在涉及主权、领土、领海、反对分裂势力、反对恐怖活动等一系列重大事件方面，中国不可能听命于西方。当中国表达自己声音时，西方一些人会说中国"过分自信"、"日趋强硬",有的甚至质疑中国是否会坚持走和平发展道路。海外华文媒体如能客观表述中国的正当诉求,主动公关,影响涉华国际舆论,对于提升中国国家形象和提升媒体自身话语影响力不无裨益[1]。因此,在"中国威胁论"的不利状况下,我国应加强与海外华文传媒的合作,争取他们的理解和支持,客观全面真实地报道中国社会的发展及对世界的贡献,以平衡国际上对中国有意或无意的曲解与误读,共同为中国的发展营造一个和平稳定的外界环境。

二 关注两岸交流,坚决维护中国统一

台湾自古以来就是中国领土的一部分,反对"台独",承认"一个中国"的原则是中国与其他国家建立友好互信外交关系的前提和基础,也是关乎中国切身利益的不可触碰的底线。一直以来,台湾统一的道路步履维艰,各方面利益盘根错节地交织在一起,使得每迈一小步都显得困难重重。美国作为两岸现状的始作俑者,为了最大限度地谋求自身的政治、经济和战略利益,一直插手台湾问题,其一方面与中国内地方面建立正式的官方关系,承认"一个中国"的原则;另一方面又阳奉阴违,私底下与台湾当局接触,对台出售先进武器装备,阻挠中国的统一进程。而东南亚一些国家在台湾问题上也有些暧昧不清,出于自身利益考虑,东南亚国家支持"一个中国"的政策,坚决反对"台独",但同时又会担心中国和平统一后实力会过于强大,因此更愿意看到两岸维持现状。在这种晦暗不明、动辄得咎的形势下,两岸统一进程作为敏感话题,基本处于踌躇不前的境地。

但实现中国的和平统一是全球华人的共同愿望和心声,尤其是进入新世纪以来,这种呼声显得更加强烈。目前,海外华人华侨在世界各地都创立了中国和平统一促进会,其遵循"和平统一,一国两制"的方针,致力于团结一切拥护和平统一的海内外同胞,推动海峡两岸的民间交流及往来,期望早日实现祖国的统一富强。海外华文纸媒在"反独促

---

[1] 张冬冬等:《华文媒体应更有效地"说明中国"》,2011年9月,中国新闻网(http://www.chinanews.com/hr/2011/09-17/3334637.shtml)。

统"的过程中也发挥着鼓与呼的作用,其通过传递新闻、发表言论、引导舆论等方式,积极表明立场与态度,对于一切"台独"言论及时予以揭露和批判,成为中华民族统一大业中不可替代的重要力量。

在泰国,尽管华文报纸目前仍使用繁体字,但几乎所有的华文媒体均一面倒地倾向中国内地。即使是台湾联合报系控股的《世界日报》,由于其财务上自给自足及受当地亲中氛围的影响,也体现出偏向内地的立场。"希望为促进台湾海峡两岸的交流与和平多尽心力"正是《世界日报》的办报信条之一,对"大陆新闻"以及"台湾新闻"的重点关注和报道,也形成了该报的一大特色。

早在1999年,时任台湾"总统"的李登辉在7月9日接受《德国之声》电台的采访时彻底撕下伪装,公然将两岸关系定位为"国家与国家至少是特殊的国与国关系",这一言论在中国内地及海外华人社会中引起了轩然大波。泰国华文报纸在连续几日均以显著版面刊登有关批驳的文章和报道,《中华日报》在7月12日的社论中表示,世界上只有一个中国,台湾是中国的一部分。这不单是中国一再强调的原则立场,也是国际社会及海内外华人、华侨的共识。宣扬"台独"的民进党在侨社吃不开,就是因为广大"龙的传人"反对搞分裂,更不愿见中国像苏联那样遭"肢解"。《亚洲日报》在7月14日的题为《李登辉正在玩火》的评论文章中指出,李登辉把两岸现状定位为"国与国"的关系,实质上是"两个中国"的最新版本。李登辉的分裂言论无异于惹火烧身,迫使中国内地选择采取军事手段解决台湾问题。《世界日报》则在同一天发表题为《李登辉"两国论"台海安全蒙阴影》的社论,文章称,李登辉提出两岸是"特殊的国与国关系",但台湾多数民众认同两岸是一个中国,只有少数人极力主张"台独",李登辉出此险招,是拿台湾人民的生命安全作赌注。这些评论立场鲜明、言辞犀利,无疑是一把插向"台独"的尖刀,发挥着以笔为戎的作用。

2001年,到处宣扬"台独"的"台湾行政院"侨委会委员长张富美被泰国政府拒发入境签证,这一新闻受到了泰国华文报纸的普遍关注。《亚洲日报》、《京华日报》、《星暹日报》和《新中原报》在8月31日分别予以报道,称"台独"在泰国没有市场,泰国政府、人民不欢迎，泰国华侨华人更不欢迎。指出："泰国侨社耳闻目睹张富美到处惹事生非，把侨社分成'台侨'、'华侨'，引起泰国侨社团体极为不满。""中泰两国的友谊源远流长，泰国侨社没有人去制造迎合'台独'需要的'族群'矛盾和歧见。"文章同时强调"民族必须团结，国家必须统一，才可免重蹈历史覆辙、饱受具野心的列强侵略、民族受辱之苦！"这些报道义正词严地驳斥了"台独"分裂言论，表达了泰国华人社会坚决支持民族统一的态度，有力维护了中泰两国的互信与友谊。

此外，泰国华文纸媒也非常关注两岸关系发展、重视报道两岸交流中的积极因素。如2005年4月连战来华访问期间，泰国华文报纸都在头版显著位置登载文章，积极评价中国台湾国民党主席连战的内地之行。2006年在纪念江泽民《为促进祖国统一的完成而继续奋斗》重要讲话发表11周年之际，泰国华文报纸纷纷重温"江八点"和"胡四点"，期盼中国的和平统一。同时对于马英九上台后两岸贸易关系的迅速发展、首届海峡论坛的积极成果、海协会与海基会两会领导人正式会谈等新闻都给予了大力报道，成为传递和谐之声的重要窗口。

"合久必分，分久必合"的历史观念、大一统的文化思想以及对中华民族早日复兴的现实渴望，使得实现两岸和平统一成为每个炎黄子孙的共同愿望。新加坡前内阁咨政李光耀在2011年第11届世界华商大会上指出，无论谁当台湾领导人，都难以改变与中国内地统一的结局，两岸统一只是个时间问题。该言论在国内外引起了极大的关注和热议。在这种人心所向、众望所归的大趋势下，我国应抓住契机，积极团结海外华文媒体，聚同化异，共同努力，不断扩大反独促统运动的影响力，为早日实现民族的统一提供信息渠道和舆论支持。

小　　结

若把全球华人社会比做一个有机体，那海外华文报刊就如同毛细血管那样，将祖籍国的信息、乡情、文化等源源不断地输送到各组织处，发挥着维系情感、增进往来、承载文化、去塞求通的重要功能，是中国母体极其重要的延展和资源。中国驻泰大使馆公使衔参赞潘广学在2005年出席泰国《星暹日报》55周年报庆酒会时表示，近年来中泰关系发展迅速，两国在政治、经济、文化、教育等领域的合作不断发展，双方领导人建立了深厚友谊，"中泰一家亲"的观念深入人心，这与包括《星暹日报》在内的泰国华文媒体的辛勤耕耘是分不开的①。言简赅地道出了泰国华文媒体在中泰交流上的贡献与成就。

当今，随着中国的日渐强盛，全球华文媒体表现出越来越强烈的向心力和凝聚力，无论是在相互的联系与交流，还是在关注内容及舆论支持上，都表现出一种"合"的趋势和效应，强化了中国在国际上的影响力和话语权。同时，由于海外华文媒体在异国生存面临着重重困境，步履维艰，也迫切渴望得到母国的支持和帮助。在世界华文传媒论坛等场合上，一些海外媒体人纷纷表达了这一心声，如希望政府牵头筹建"海外华文媒体发展基金"、建立华语媒体信息交流平台、免费提供新闻内容及节目的资源、支持本地的华文教育以提高汉语水平等，不一而足。对此，我国应及时回应海外传媒人的呼声，通过分析考证，为海外华文媒体提供一些资金支持、政策支持，或者通过牵线搭桥、组织活动等方式，来扶持和促进海外媒体的发展，以互利共赢的理念来开拓华语传播版图。《香港商报》总编辑陈锡添认为："一旦海外华文传媒真正成为五千万华人华侨与祖国之间的'绿色通道'，中华文化这片肥沃的春泥就能滋养出海外华文传媒的奇葩，海外华文传媒的春天也就随之到来了。"② 此言表达了对海外华文传媒的发展前景的美好期望。

"花在树则生，离枝则死；鸟在林则乐，离群则悲"，海外华文媒体是中华文化圈中不可或缺的组成部分，其与祖籍国之间休戚相关、荣辱与共，是中国走向世界、世界了解中国的重要桥梁。目前中国正处于一个自身发展和国际关系协调的敏感时期，这就更需要全体华文媒体凝聚一种力量和信念，加强报道中国的声音，共同展现一个和平崛起、日新月异、有担当负责任的文明大国形象。

---

① 罗钦文：《中国使馆官员：中泰关系发展离不开泰华文媒体》，2005年6月，中国新闻网（http：//www.chinanews.com/news/2005/2005－06－25/26/591046.shtml）。
② 陈锡添：《新时空，新特色，新思维》，2003年9月，搜狐传媒（http：//media.news.sohu.com/46/73/news213507346.shtml）。

第四篇
存在问题及发展展望

在本篇中,主要对目前泰国华文纸媒在发展中暴露的问题及面临的机遇与挑战分别进行阐述,在提出解决途径的同时,对泰国华文纸媒的发展趋势进行了预测与展望。

第九章

泰国华文纸媒的发展机遇及阻力分析

泰国华文纸媒在100多年的发展历史中，经历过百花齐放的繁荣，也感受过万马齐喑的萧条，此生彼灭，声声不息。犹如石缝中的种子、沙漠中的仙人掌，即使在恶劣的环境中也顽强地生存着，秉承身上的使命和责任，为沟通泰华社会、传播中华文化、促进中泰友谊贡献着力量。

在新的发展时期，泰国华文纸媒面临的宏观及微观环境都发生了巨大变化，机遇与挑战并存，希望与困境同在。只有廓清现状，我们才能找到未来发展的方向；只有对泰国华文纸媒的发展机遇及阻力进行细致分析，我们才能在纷繁复杂的交叉路口，看清华文纸媒前进的道路。

在此需要说明的是，与周报、期刊相比，泰国6家华文日报历史悠久、底蕴丰厚、运营成熟，在华人社会中具有较高的认知度和影响力。华文日报在经营管理上存在的问题及面临的机遇与挑战在同业内具有较高的代表性，因此，本章主要以6家华文日报为探讨对象，期望能以一得之见，作引玉之砖。

第一节 泰国华文纸媒的发展机遇

进入新世纪以来，泰国华人社会繁荣稳定，中泰贸易快速发展，"华文热"的兴起，使世界各国都对中国产生了浓厚兴趣，互联网的无国界为报业突破市场限制、扩大影响力提供了条件，这些都为华文传媒的发展提供了前所未有的良好契机和发展空间。

一　宽松开放的政策环境，有助于泰国华文纸媒保持稳定发展

一般而言，政治环境在很大程度上是报业能否存在的前提和关键，尤其对于泰国华文纸媒而言，由于种族、习俗、文化等方面存在的差异，每当泰国政坛一有风吹草动，华文报纸便很有可能被殃及。

纵观泰国近代发展史，我们可以清晰地看到华文报纸与政坛之间唇齿相依的联系。泰国自1932年实行君主立宪制以来，"共发生了20次政变（其中14次政变成功），21位总理相继组建了49届内阁，其中24届内阁属军人政府，8届是军人为主的政府，17届为文官政府；举行了19次大选，泰国有80%的时间是在军人的统治之下"①。

伴随着泰国政局的动荡以及各个时期执政者的更替，华文报业的发展和处境也呈现出反复无常的特征。

1938年上台执政的銮披汶政府实行"排华"政策，许多华人被捕或被驱逐出境，多数华文会馆和华文学校被封闭，各家华文报纸也在各种理由下被吊销执照。

1944年7月，以比里·帕侬荣为首的"自由泰"上台执政，其对华侨持友好态度，许多抗日时期的地下报纸纷纷公开发行，华文报刊也享受到比较充分的言论自由，这是泰国华文报业的"黄金时代"。

1948年4月，銮披汶军人政权再次执政，依旧对华人采取高压政策，至1952年底，所有进步报纸均被查封，华文日报所剩无几。1956年銮披汶政府对华态度发生重大转变，开始派出代表团访华，对华文报业也采取较为宽松的政策，华文报刊出现了转机。

1957年沙立元帅发动政变，中泰两国外交中断，泰国华文报业中内容偏"左"的报刊全部被查封，只剩下一些台湾当局控制的报纸。

1973年继起执政的讪耶政府，开始与中国友好接触，1975年，中泰两国建交，华文报刊在这种开放友好的氛围下有所复苏，并开始报道一些有关中国内地的新闻。

---

① 《泰国动荡62年20次政变　新一轮对峙即将开始》，2008年12月，大洋网—广州日报（http：//news.ifeng.com/world/1/200812/1214_1393_920572.shtml）。

1976年至1977年，泰国又连续发生两次军人政变，新闻业也经历了冰火两重天的处境，从恢复新闻事业管制到取消新闻禁令。自此，泰国华文报业开始获得平稳发展。

从泰国华文报业在20世纪的曲折历程可以看出，作为社会环境的瞭望者和社会价值的整合者，政策环境的好坏在很大程度上决定着华文报业的命运，也是其能否发挥影响力的前提。

目前，泰国华文报纸基本上处于一种开放宽松的政策环境中，究其原因，主要有三：首先是泰国恢复温和的同化政策，即鼓励华侨入泰国籍，同时给予入籍华人与泰人同等的各项权利，取得了显著效果。目前，泰国是东南亚各国中民族同化及融合最为成功的国家，在泰华人基本以泰国为家，改泰姓，取泰名，说泰语，接受泰国的文化及宗教习俗，积极参加泰国的各项政治经济活动，已与当地社会完全融合，真正实现了"落地生根"。华文报业作为一项社会事业，其"持牌人"都为泰籍华人，遵守泰国的法律法规，以当地国利益为最终归属。"华文报纸在这样平和的环境下，虽然还在传播中华文化，但是仅把它当做泰国的一种文化，而政府也不介意华文报纸的存在和内容"[①]。因而被当局者一视同仁，享有一定程度的自由。

其次，中泰两国的邦交关系越来越亲密。自1975年两国建交以来，双方关系迅速发展，政治、经贸、文化交流频繁，签订了多个领域的合作协定。两国高层间往来密切，泰国政府领导人多次访问中国，1989年10月泰国总理差猜访华，邓小平主席在会见他时指出："中泰关系是不同社会制度国家之间友好合作的典范。"历任中国国家主席也都访问过泰国，胡锦涛主席就任后访问的第一个东盟国家就是泰国，中泰关系已经提升到"战略性合作"关系层次。中泰间这种友好密切的关系无疑为泰国华文报业提供了良好的发展环境。

再次，泰国华人参政的正面影响。20世纪七八十年代，泰国进入了政治民主化进程，华人的公民权利逐渐得到泰国民众的承认及法律的认可。华人开始从经济领域发展到政治领域，泰国历届总理和内阁部长中

---

① 彭伟步：《东南亚华文报纸研究》，社会科学文献出版社2005年版，第357页。

有不少是华裔，中下层官员中的华人为数更多。"到了90年代后，更是华裔总理辈出的年代，差猜、川·立派、班汉、他信相继出任总理，其共同特点是，都是华裔泰国人。尤其是1991年，泰国人民代表共357人，其中华裔近百人，内阁阁员44人，有中国血统的占一半以上。2001年成立的他信内阁，据称有华人血统者占五成以上"①。泰国华裔领导人同化程度非常高，都以泰人自居，主动或被动地放弃了华人的身份认同。但对华人社会而言，其参政的正面效应还是比较明显：展现了泰国政治民主化的程度，有助于泰国华人与当地民族的融合与团结，同时也有益于延续"中泰一家亲"的传统友谊。泰国2011年刚当选的总统英拉是泰国第四代华裔，英拉曾称自己有25%的中国血统，早年在商界打拼时更多次到过中国，"所以对中国民众有特别的亲切感"。在这种宽松稳定的政策环境下，泰国华文报业扎根于泰华社会，服务于两国的联系与友谊，顺势而为，必能获得长久而深远的发展。

二 中泰贸易持续升温，为泰国华文纸媒提供了基础和保证

"海外华文报刊史也离不开各时期的生产斗争史和经济发展史，这是因为社会经济的发展，直接影响着海外华文报刊事业的发展"②。改革开放后，中国经济快速发展，商机无限，越来越受到世界的关注，尤其是中泰两国贸易合作的不断深入，使得泰国社会对中国的资讯需求日益增加，这为泰国华文纸媒的发展提供了潜在契机。

历史上，中泰两国有着悠久的贸易往来。自泰国建立素可泰王朝起，两国就维持着较为密切的经济文化交流活动，华商一度在泰国国内以及中泰贸易间扮演着重要角色。后随着历史的发展，两国的国内政治以及国际形势等都发生了巨大变动，双方的经贸关系也经历了波折反复。直至20世纪70年代中泰恢复邦交后，两国政府正式签订了贸易协定，自此，中泰经济贸易合作进入了快速发展期，双方的经贸合作不断加深。

---

① 潘少红：《二战后泰国华人参政历程及原因分析》，《东南亚纵横》2004年第3期。
② 方积根、胡文英：《海外华文报刊的历史与现状》，新华出版社1989年版，第2页。

泰国华裔商人是最早一批来中国投资的海外华人。20世纪80年代，中国刚改革开放，百废待兴，万事待举，泰国正大集团成为第一个到中国投资的外资企业。目前，正大集团在中国投资额近60亿美元，设立企业213家，遍及除青海、西藏以外的所有省、市、自治区，员工人数超过8万人，年销售额超过500亿人民币，涉足农牧业、食品业、商业零售业、房地产、国际贸易、金融等多个领域[①]。可以说，正大集团见证并伴随着中国经济的起步、成长及快速发展的全过程，恪守了"对国家有利、对人民有利、对公司有利"的原则。

随着中国经济持续快速发展，中国对外商投资的吸引一直保持强劲势头。泰国作为中国的近邻，拥有地缘优势，自然不会错失如此机会。泰国的一些知名企业，如红牛维他命饮料有限公司、泰国中央零售有限公司等，纷纷看好中国经济发展潜力及广阔市场，先后来中国投资发展，业绩卓著。据相关资料统计，至2009年底，泰国在华投资企业登记数目为904个，注册资本达到356475万美元[②]。

中国大力引进外资的同时，泰国市场也吸引了一批中方投资者和合作者。中泰双方的劳务及科技合作目前已发展到了一定规模。截至2009年底，中国企业在泰国承包工程合同总额达71439万美元，营业额为52682万美元；劳务合作合同数额达848万美元，营业额为610万美元[③]。

此外，针对中国制造业近年来在欧美市场屡屡遭遇贸易壁垒，泰国借助其被美国、日本、欧盟等承认的"市场经济地位国家"优势，积极制定优惠政策吸引中国企业投资，如税务上的优惠、宽松的投资政策、便捷的签证服务、完善的基础设施及良好的投资环境等。中国商务部统计显示，2010年中国企业在泰国投资达106.98亿泰铢（约合3.5亿美元），是泰国第五大外国投资来源地[④]。目前，不少中国大型企业也纷纷

[①] "百度百科—泰国正大集团"词条，http://baike.baidu.com/view/1441951.htm。
[②] 《中国贸易外经统计年鉴2010·外资篇》。
[③] 《中国贸易外经统计年鉴2010·对外合作篇》。
[④] 余显伦：《中国驻泰商务参赞：中泰贸易今年仍可保持快速增长》，2011年4月，中国新闻网（http://news.66wz.com/system/2011/04/07/102493026.shtml）。

开始进军泰国。中国华为技术有限公司进入泰国已经有 12 个年头，一直都活跃在泰国电信通信行业，其主要业务包括三部分：电信网络设备、通信设备和服务，2010 年华为技术（泰国）有限公司收入为 3 亿美元。

可以说，去泰国投资已成为中国企业"走出去"的新模式。泰国泰中罗勇工业园是由泰中企业合作开发的面向中国投资者的现代化工业区，其通过在泰国建立生产基地和营销网络，进而规避欧美贸易壁垒。目前已有近 30 家中国企业签订合同进入园区，其中有浙江盾安、富通集团、重庆力帆集团、深圳中集集团、无锡西姆莱斯石油专用管制造公司等国内知名企业。正由于中泰两国之间日趋紧密的交流与合作，双边贸易不断升温。到 2010 年，中国已成为泰国第一大贸易伙伴，泰国在中国与东盟各国贸易中处于第三位。

良好的中泰经贸关系为今后的新发展奠定了基础。所谓"牵一发而动全身"，这就使得中泰双方能求同存异，保持良好关系，谋求共同发展。随着中国—东盟自由贸易区如期建成，一个惠及 19 亿人口的共同市场正日趋成熟，中泰合作前景更加让人期待。中长期看，泰国与中国在经济上互补性强，泰国华人占人口的 1/4 左右，且华裔商人在经营上都较为成功，以及中泰双方的传统友谊，这些都将确保中泰经贸关系在未来保持快速、良好、稳定的发展势头。

在经济全球化及区域合作一体化的大背景下，中泰两国经济合作的深入为政治及文化交流活动等提供了基础和保证，形成了双边关系千丝万缕的交织与联系。正如普密蓬国王曾指出的，中泰两国"已经到了不可分的程度"。这不仅为泰国华文纸媒提供了稳定的发展环境，而且作为中泰关系的桥梁和纽带，更为其提供了丰富的报道素材及潜在的经济收益。"好风凭借力，送我上青云"，泰国华文纸媒应抓住这一历史契机，在服务中泰双方贸易关系的同时，积极实现自身发展，扩充报社实力，以获取更大的经济收益和社会影响。

三 "华文热"的兴起，为泰国华文纸媒拓宽受众市场

中国经济的快速发展、综合国力的提升以及中华文化本身具有的强

大生命力，使得华文在世界上的地位和商业价值不断提高，全球范围内掀起了一股学习华语的热潮。泰国《亚洲日报》执行总编辑林兴认为，中国崛起、"华文热"的方兴未艾开拓了华文传媒业发展的新空间。

20世纪90年代以来，泰国各界兴起了"学汉语"热潮。上至泰国王室，下至普通百姓，许多人都加入到学习汉语的行列，直接推动了华文教育的发展。目前，泰国有1700多所学校开设了中文课程，学习汉语的人数达到70多万[1]，汉语已成为泰国高考外语考试可选语言之一。泰国一些著名大学，如朱拉隆功大学、法政大学、易三仓大学、农业大学、艺术大学和曼谷国际学院等都开办了华文课，并取得了一定的学术成就，培养了一批硕士生。泰国还有3万多名留学生在中国学习中国文化及其他各类专门知识，这就为逐步增加华文媒体的受众群体打下一个好的基础。

同时，中泰双方文化交流活动频繁。中泰合作在泰国建立了12所孔子学院、11间孔子课堂，启动了汉语教师志愿者项目、中泰合作培养泰国本土化汉语教师项目及中小学校长赴华文化考察、短期汉语教师培训、"汉语桥"大学生中文比赛等活动，共同促进了泰国华文教育的发展。以泰国孔敬大学为例，2006年8月，泰国第一所揭牌的孔子学院——孔敬大学孔子学院仅招收了12个学生，到2011年建院5周年纪念之日，孔敬大学孔子学院共设11个教学点，承担着孔敬府3534名注册泰国大、中小学生的汉语教学工作[2]。

2009年在曼谷举办"泰国教育部民教委华教促进大会"，泰国教育部副部长猜武·班纳瓦在会上表示，汉语已经成为泰国新一代需要学习的重要外语。正是由于泰国开放的政策及政府官员以及民间力量的共同努力，华文教育呈蓬勃发展之势。在此过程中，泰国王室的表率作用尤为显著。泰国诗丽吉王后、哇集拉隆功王储、诗琳通公主和朱拉蓬公主等王室主要成员都曾对中国进行正式访问。其中，诗琳通公主从1981

---

[1] 余显伦：《林兴：海外华文媒体发展需有适当的语言环境》，2011年9月，中国新闻网（http://www.chinanews.com/hr/2011/09-11/3320729.shtml）。

[2] 张伟：《泰国孔敬大学孔子学院举办建院五周年庆典系列活动》，2011年8月，中国新闻网（http://www.chinanews.com/hwjy/2011/08-17/3265389.shtml）。

年起，30年来，先后33次访问中国，足迹遍及中国几乎所有的省份。诗琳通公主是北京大学的名誉博士，并曾在北大研修过中国文化课程，包括汉语、绘画、书法、二胡、太极拳等。她的艺术造诣颇深，并精研中国文化，曾用中文创作诗歌，先后出版了《踏访龙的国土》、《平沙万里行》、《雾里霜挂》、《云南白云下》、《清清长江水》、《归还中华领土》等纪行，在泰国引起巨大反响，使许多泰国读者开始认识中国，了解中国。2004年，在诗琳通公主的建议下，由王室运营的吉拉达学校将汉语列为了必修科目。2011年8月，"踏访龙的国土"——诗琳通公主访华30周年专题演讲会在朱拉隆功大学图书资料中心隆重举行，公主以专题演讲及图片展示等方式，跟众多文化界及民间社会友好人士分享了历次访华的精彩瞬间以及中国30年来的发展历程。

诗琳通公主访华30年来，不仅亲身致力于发展中泰两国文化交流，还一直关心泰国华文教育的发展，被誉为"泰国华文教育的一面旗帜"，对汉语在泰国的普及和推广作出了杰出的贡献。榜样的力量是无穷的，正是由于深受泰人爱戴的诗琳通公主等王室成员的身体力行，以及中泰各界的共同努力，泰国的华文教育才获得了前所未有的发展。

此外，华语商业价值的不断提升，亦是推动"华语热"的直接动力。2009年举行的首届世界华文教育大会上，来自35个国家和地区的近500位代表畅所欲言，就海外华文教育的现状和发展进行热烈讨论。泰国清迈崇华新生学校基金会副董事长谢秉德指出，泰国学生也非常主动地想要学习中文，因为掌握中文的学生能拿到2万泰铢以上的月薪，而仅掌握泰语的只能拿到平均每月1万泰铢的工资，掌握中、英、泰三语的学生月薪更是高达4万泰铢[①]。这从泰国华文媒体的一些招聘广告上也可以看出一点端倪，如《世界日报》的分类广告中，经常可以看到招聘翻译、导游、会计、营销人员等的广告，普遍都有"中泰文说写流利"的要求。

华文读者是泰国华文报业的生存命脉，假若没有读者，生存已是问

---

① 刘祎、李奕：《华教大会代表谈海外"中文热"通晓中文受青睐》，2009年10月，中国新闻网（http: //www.chinanews.com/hwjy/news/2009/10 – 21/1922968.shtml）。

题，更妄言传媒影响力。由于 20 世纪四五十年代，泰国一些军人政府对华采取遏制措施，关闭了一批华校，禁止公开的华文教学，导致了华文教育的断代，造成了如今很多华裔年轻人不懂华语，华文报刊读者面临老龄化的萎缩状态，直接威胁到华文报业的生存和发展。目前华文教育在泰国如火如荼的开展之势，使得华文报刊如久旱逢雨、枯木逢春，获得了未来的发展生机。

华文报业与华文教育之间有着相辅相成、共荣共辱的密切关系。不断升温的"华文热"为华文报纸培养读者，不断涌入的华文读者促生着华文媒体的勃兴，不断复兴的华文报纸反过来又辅助华文教育，这也是泰国一些华文媒体积极关心并投身华文教育的原因。更深一层来看，"华文热"背后是"中国热"的兴起，全世界媒体都在关注中国，报道中国，这也为泰国华文媒体的壮大提供了难得的历史机遇。

四 新传播技术的兴起，有助于扩大泰国华文纸媒的国际影响力

麦克卢汉的著名论断"媒介即讯息"，指出了媒介本身对于传播方式及社会生活所产生的重要影响不亚于媒体的报道内容。从一定程度而言，传播媒介本身的发展演进会对受众的接触习惯、阅读途径、思考行为乃至生活方式等都产生重大而根本的影响。网络时代即是这样一个变革的时代，其突破了空间地域的限制，使得受众成为"没有位置感"的存在，华文纸媒要面对新的传播环境和新的市场形势，实现媒体与科技的融合，这是顺应时代发展的应有之举。2011 年 8 月 15 日，首部华侨华人蓝皮书《华侨华人研究报告（2011）》正式发行，蓝皮书根据全球华文媒体问卷调查分析指出，华文媒体的发展出现了集团化、网络化、跨国化及本土化的趋势特征，其中，网络化趋势最为明显，55.7% 的媒体已经创建了媒体网站，除此之外，12.9% 的媒体已经计划开展网络化的工作[①]。

网络媒体"一泻千里"的发展态势对传统报业造成了很大冲击，是整个华文报业领域不得不面对的新课题。笔者认为，网络对传统媒体的

---

① 丘进：《华侨华人研究报告（2011）》，社会科学文献出版社 2011 年版，第 329 页。

发展利大于弊，合作大过竞争，而且合作趋势是不可改变的。海外华文媒体若应对得当，完全可以抓住这一契机，通过网络的无边界性"登堂入室"，扩展全球华文市场，获得新的发展机遇。

目前在东南亚各国的华文报业中，新加坡、马来西亚的网络化程度较高。《联合早报》早在1995年8月就推出了电子版，这是东南亚国家中上网最早的华文报纸，也是海外最重要的权威新闻网站，其以第三只眼看大中华，立场独立，敢言善论，尤以客观新闻报道和深度评论著称，被海外学者誉为电子报刊业"亚太地区成功的典范"。

联合早报网每天浏览量数以万计，浏览者来自全球，如中国、加拿大、美国、马来西亚等，其中87%的浏览者来自中国。根据中国互联网协会的相关统计，2011年11月11日，联合早报网的独立访问者[1]为6533人/百万人，人均页面浏览量为4页/人[2]。

《联合早报》上网的初衷就是争夺读者市场，突破地域竞争的限制，获得未来发展力。其总编辑林任君在早报85周年时撰文写道，《联合早报》在新加坡"它面对着人口少、市场小的局限，以及年青一代华文水平下降，华文阅读风气不盛的现实，发行量维持在大约18万份，读者70多万。但是，借助互联网的力量，早报在无心插柳之下，却在国外开枝散叶，绿树成荫，覆盖面遍及全球的华文读者，成为在华人世界具有最大影响力的一家东南亚华文报"[3]。

2005年7月，泰国《世界日报》创办了该报网站，成为泰国首家向电子媒体进军的华文报纸。虽然较联合早报网等知名华文网站迟了十年之久，但终究还是赶上了网络化这列世纪"班车"。《世界日报》的社长黄根和指出，过去，读者主要集中在都市，报纸的发行好处理；而随着工商业的发展，读者走出都市，加上网络时代的到来、电子媒体兴起，

---

[1] 独立访问者，也作"百万独立访问者"或"独立访问者/百万"，指每百万上网用户中访问网站的人数，其与网站自身统计的访问人数并不一致，该指标更多体现用户访问网站的倾向性。

[2] 联合早报网页面，2011年11月，中国网站排名（http://www.chinarank.org.cn/overview/Info.do? url=www.zaobao.com）。

[3] 林任君：《联合早报的前世今生》，2008年9月，联合早报网（http://www.zaobao.com/special/singapore/pages4/zaobao85080906a.shtml）。

对传统报业形成挑战。为了适应社会的发展潮流，更好地满足读者需求，快速传播资讯，提升自身影响力，酝酿时日的新闻网站由此应运而生①。

可以说，无论是主动或被动，传媒业已经进入了网络化时代。网络媒介虽存在信息杂芜、低俗内容泛滥、版权无法保障等问题，但相对而言，其突破了地域、国家、政策等的限制，市场广阔，合作便捷，经营模式多样，既可以出售广告，又可以通过信息的再度加工开拓分类广告、信息服务、中介服务等多个领域，同时网络读者偏于年轻化，这些都是传统报业无法比拟的。可以说，占领网络，就有了掌握未来话语权的机会。因此，对于泰国华文报业而言，普遍面临着市场空间饱和、同质化竞争激烈等发展问题，与其在狭小的一亩三分地里刺刀见血地拼杀，不如开疆扩土，转战网媒，面向世界性的华文报业市场，精耕细作，实现报网互动及联合，以提升泰国华文报业的国际影响力。

第二节 泰国华文纸媒的发展阻力

一般而言，海外华文媒体相对于当地官方语强势媒体来说仍属于弱小媒体。其主要面对的是小众市场，受环境影响较大，抗风险能力差。一旦有风浪来袭，便很可能沉船海底，远不如铁索连舟的大型报业集团那样稳健和安全。因此，对于泰国华文报业发展中的阻力因素的探析，有助于我们更加理智、全面、客观地认识其现实处境，居安思危，未雨绸缪。

一 华文纸媒后继乏人，读者队伍不容乐观

对泰国华文报业而言，目前最严重的问题便是华文人才的缺乏，主要包括从业人才及读者两个方面，这是其能否存在及发展的关键。

"人才荒"最根本的原因是泰国的华文教育在20世纪被压制了50

---

① 罗钦文：《愿为两岸的交流与和平多尽心力——专访泰国〈世界日报〉社长黄根和》，2005年9月，中国新闻网（http://www.chinanews.com/news/2005/2005-09-07/8/622400.shtml）。

年之过，50年就是两代半人的华文教育被荒废，致使目前华文读者青黄不接，也造成华文报专业人才严重断层、从业人员老龄化的现状。《星暹日报》总编辑马耀辉在2003年曾指出，现在六家华文报纸仅有从业人员千人左右，且年龄偏高。大多数泰国华文报社如今还聘用着一些从业40年的老记者，一些中文报记者至今还在使用着手动卷片的胶片相机和镁光灯。

这一批泰国老报人凭着对中华文化的眷恋及对祖辈事业的执守，老当益壮，穷且益坚，坚持在华文纸媒的岗位上。目前，虽说有一些年轻力量补充进来，但其学习中文时间尚浅，对中文的热爱、理解和运用都远不如老一辈。泰华内地记者协会宣传股长刘振文在2006年曾撰文表达了这一忧思："卅多年前的华文写稿人才，也是济济的，而且是地道经过漂洋过海的资深老练的名记者，卅多年后的今日，那些正地道的资深写作人，已是'时光如烟转眼逝，英雄美人今何在'地相继作古了，现在健在已是寥寥无几了，渐渐的由土生土长的第二、三代的华人，马马虎虎代替着"①。

另外，泰国华文记者工作艰苦、待遇一般，也是吸引不到优秀采编人才的原因之一。由于人手有限，一个记者经常要做几份活，"校长兼校工，上课兼打钟"的现象在华文报业屡见不鲜，甚至有些编辑、记者在白天高强度的工作之后，晚上还兼有"第二职业"。《新中原报》总编辑林宏称这种情况形象地道出了泰华报人的艰辛。

泰国华文报读者方面的情况亦是不容乐观。在泰国，由于政府执行同化和族际通婚政策，许多华人慢慢地融入泰人社会，泰国华人的第二、第三代大多不懂华文，对祖籍国感情淡漠，更无阅读华文报纸的习惯。有学者将其概括为"四化"，即"华侨人口年龄老化，后代子孙迅速泰化，华族语文危机严重化，落地生根的观念普遍化"。有些泰华媒体从业人员甚至公开表达，平时最怕看讣告，因为看到讣告就说明华文报纸的读者又少了一个。

因此，与报纸从业人员面临老龄化的情况相似，其读者大多数也年

---

① ［泰］泰华内地记者协会：《泰华内地记者协会成立35周年纪念特刊》，第89页。

事偏高。泰国朱拉隆功大学亚洲研究所曾于1983年9月至1985年2月，对泰国华文报业进行了一次专题研究，调查结果显示，46岁至65岁的占读者群的62%，66岁以上的所占比例约13.4%，这两部分人占读者群的75.4%，31岁至45岁以及30岁以下的，共占24.6%①。虽然调查至现在已经20多年过去了，泰华社会出现些显著的变化，主要表现为新移民的涌入以及"华文热"的兴起，为泰国华文纸媒提供了后继读者。但学习中文并不是一朝一夕就可完成，而新移民的特征又千差万别，对华文报纸的影响目前还未显现出来，所以短期内，读者状况并未得到明显改善。

2008年暨南大学东南亚研究所陈建荣博士对泰国新移民进行了个案研究，其对曼谷六家华文报纸销量的调查表明，这几年的销量一直维持在原来的水平，因而揣测新移民的到来并未使华文报纸受益，原因在于新移民获取信息的途径比较广泛，反而觉得华文报纸对他们并不重要②。虽然这个结论不是非常严谨科学，但可以为我们认识目前状况提供一个视角。

对此，泰国《新中原报》总编辑何韵在2011年亦撰文坦言："遗憾的是，打从1990年开放华文教育以来，21年过去了，蓬勃的华文教育却培养不出华文报纸的读者来。在这21年中，华文报纸的销路几乎没有增加"③。

从业人员和受众是华文报业的两端，任何一端出问题，报业链条便无以维系。对于泰国华文报业面对的人才欠缺的问题，我们不能因为"华文热"的兴起就简单地以为形势一片大好，盲目乐观，而应正视现状，客观分析，积极寻找问题的原因及解决的出路。

二 内容庸俗化，竞争同质化

读者消费报纸，实质上就是消费报纸里面的内容，这是报纸安身立

---

① 方积根、胡文英：《海外华文报刊的历史与现状》，新华出版社1989年版，第25页。
② 陈建荣：《泰国新移民的群体特征》，《东南亚研究》2008年第4期。
③ ［泰］何韵：《泰国华文媒体与中华文化的传承》，2011年8月，中国新闻网（http://www.chinanews.com/kong/2011/08-25/3283303.shtml）。

命的基础。若在报道内容上不能紧扣社会发展的"问题单",报道读者希望了解的信息,击中读者那根紧绷的心弦,那报纸早晚都将面临被抛弃的命运。

泰国华文纸媒立足本土华人社会,报道中泰新闻,传播中华文化,一直为读者所认可和追随。但当前,东南亚华文报纸几乎呈现一个明显的特点,那就是性、暴力的东西越来越多,泰国也不例外,这种倾向尤其表现在社会新闻及广告等方面。

纵观泰国六家中文报,其社会新闻版普遍都以自杀、凶杀、强奸等新闻为主,而且经常配以图片,给人以耸人听闻之感。仅以2010年7月24日这天的报纸为例,六家报纸的社会新闻版基本都是犯罪新闻,其中被两个以上华文报重复转载的新闻有"卖油漆兄弟迫碾米厂夫妇签支票,谋财害命终被捕"、"北標府某名副校长,诱奸多名女生被起诉"、"诱拐女子出国卖淫,嫌犯被捕"、"花和尚搞上神经妇,丑闻传出被捕还俗查究"等,仅《世界日报》还有一两篇民生新闻和服务性信息。

泰国华文报上还经常刊登一些滋阴补阳的医药广告,广告表达若隐若现。更为露骨的是一些娱乐场所广告,如2010年7月24日《中华日报》上面就有几版广告过于直露色情,画面为衣着暴露、神情挑逗之美女,广告语更是露骨大胆,如性感尤物、浑身解数、男欢女爱、妙不可言之类,不禁让人汗颜。

同时,泰国华文报纸在报道内容上也有庸俗化倾向,原创稿件较少,报道内容贫乏,基本无特色可言。国内学者展江2011年1月在曼谷开会时,通过微博粗略地对1月7日泰国当地的英文报《曼谷邮报》以及华文报《世界日报》做了初步比较,在网上引起一些博友的关注和热议。《曼谷邮报》1月7日头版援引英文《中国日报》消息,"中国将在曼谷建设一座450亿泰铢的商城",此外,还刊登了"颇有人气的越南反中国新闻网站(vietnam net.vn)最近三天来被电脑黑客攻陷"、"欧洲安全和合作组织呼吁白俄罗斯总统卢卡申科停止袭击和关押记者浪潮"等有关各国媒体的新闻。而在《世界日报》等两份华文报纸上,"新闻基本是一团和气,多为当地侨界新闻,其中一则当地侨领拜望第三军军长某中将。广告多半是华人圈喜庆，自娱自乐，其中有一中国官员被授予名誉博士学位。品质与《民族报》和《曼谷邮报》真的没法比，没有深度报道，没有评论版，《曼谷邮报》上述新闻一条也没有"①。此外，《曼谷邮报》每天还有两大版《意见与分析》，"7 日第 9 版刊登被放逐的前总理他信的国务部长、现专栏作家素拉南·威差奇瓦对政府主导修正媒体法的长篇评论《保护媒体自由，抑或收紧政府控制？》；8 日的全国新闻版报道《政府媒体法案受抨击》，报道泰国记者怀疑政府暗中搞鬼控制。这种深度探析和对政府的监督批评，在华文报章上无影无踪"②。

以上更多是一家之言，且流于表面感知，并没有进行深入严谨的调查分析。但笔者认为，这在一定程度上也反映了初期接触泰国华文报纸的读者的一些想法，对于了解泰华报业的市场反馈具有一定的参考价值。

报纸是社会的良心，内容是报纸的灵魂。以庸俗、媚俗的内容来取悦读者，长期而言，终究会降低报纸的形象与品位，损害报纸的权威性与影响力，得不偿失。尤其在当今电视媒体、网络媒体的冲击下，在内容上毫无个性和特色的报纸终将面临生存的问题。

此外，泰国华文报业的同质化竞争趋势明显，这主要体现在内容、版面、读者对象、发行区域等几个方面。泰国六家中文报纸基本以消息为主，通讯和评论较少，中外新闻大都取自新华社、中新社、中央社、香港中通社等，内容的重合度很高，如 2010 年 7 月 24 日，六家中文报的头版头条都是新华社的关于东盟部长级系列会议闭幕的消息，虽报道角度有所差异，但粗看之下大体相当。其社会新闻、侨团新闻也多有重复，很多都是泰国国内一些记者协会采写好新闻之后，一稿投六家。各报广告也主要是旅游、医药、饮食、志庆广告等，规格多为牛皮癣式的板块广告，以文字为主，基本无设计可言。同时，除了《世界日报》之外，泰国其他华文报纸都是繁体竖排，左行文，语言半文半白，版面编

---

① 展江：《泰国中英文报纸差别之微博探讨》，2011 年 1 月，南都网（http：//epaper.oeeee.com/F/html/2011 - 01/16/content_ 1280809. htm）。

② 同上。

排大体相当。且六家报纸都聚集在曼谷,主要读者都是曼谷及周边的华人受众,各报售价一致(零售每份10铢,内地空运零售每份12铢)。

这些状况使得泰国华文报纸呈现出多报一面的特征,严重分散了读者和资源,形成了同质化的竞争。事实上,在受众有限的华人社区出现多家类型完全相同的华文媒体,无疑是一种自相残杀的行为。对于一般读者而言,买一两份报纸就相当于了解了所有华文报的内容。因此,在读者群变化不大的状况下,华文报业市场一直得不到有效拓展,发行总量多年来维持在10万份左右,平均每家发行1.7万份,形成此消彼长的对峙之势。其整体影响力也就远不如发行90余万份的《泰叻报》(泰文报),也不如同样属于其他语种的发行6万余份的《曼谷邮报》(英文报)。

三 经营结构单一,抗风险能力差

首部华侨华人蓝皮书《华侨华人研究报告(2011)》根据全球华文媒体问卷调查分析指出,华文媒体经营遇到的困难,主要来自在有限的华文媒体市场环境下的同行竞争,超过60%的媒体认为竞争是其经营中遇到的主要困难。另外,华文媒体内部经营管理的困难也较为明显,出现资金短缺困难的媒体比例为50.8%,专业编辑人员匮乏的比例为47.7%[①]。由此可见,市场狭小、竞争激烈、资金困难,已成为制约海外华文报纸发展的重要瓶颈,除了华文环境等宏观因素外,华文报纸的经营管理不善也是造成发展壁垒的根本原因之一。

一般而言,企业化的经营管理方式要求华文传媒在市场环境中要合理地配置人员、降低出版和发行成本、提高报纸的性价比、优化报业的经营结构,运用高效的经营管理手段对报业的各个环节进行合理组织和运作,才能在资源有限的竞争中掌握主动权。

泰国华文报纸目前在经营上都较为单一,除了广告、发行、印刷等几种传统经营项目外,一般不以报社名义从事其他经营活动。以《亚洲日报》为例,发行和广告是报社收入的两大来源,其中发行收入约占总

---

① 丘进:《华侨华人研究报告(2011)》,社会科学文献出版社2011年版,第337页。

收入的1/3强，广告报价大大低于当地英泰文报①。

广告经营方面，通过对泰国华文报纸广告内容的分析，可知其来源主要有两个方面：一是小商业主广告，集中在旅游、医药、饮食方面，一般都是"豆腐块"式的文字广告，主要起到告知、促销的作用，大型的工商广告较少；二是"红白喜事"及社团志庆广告，这是较具海外华人社会特色的广告形式。整体而言，泰国华文报纸广告较为简单，基本无设计感可言，广告来源不稳定，商业广告数量上也远不及马来西亚等华文报纸。从泰国华人企业集团集中在金融服务业、房地产业、酒店业、制造业以及农业综合经营领域的状况来看，大型华人企业并没有成为华文报纸的主要商家。

同时，泰国华文报纸的发行渠道不通畅，也是制约其发展的因素之一。华文日报的发行量都不高，报纸的发行不通过邮局，主要由报社根据地区的远近，分别通过承包商采取飞机、火车、汽车等方式运送到全国各地，再经过层层代理分派，把报纸送到订户手中，时效性方面往往不足。一位华文报纸代理商曾撰文讲述了其中的困难艰辛：最初的一段时间，华文报纸的运送是寄托泰文日报的专车，但由于报纸负责人常赶不及专车，有时报社发生印刷问题，使得报纸到了订户手里已经成了明日黄花。改为火车运送后，又经常会出现火车晚点、节假日人流拥挤等原因耽误接领报纸的时间。"有位朋友的尊翁，到本地与孙儿团聚数天，他在曼谷，一早就可以阅报，到此必须等到中午，延慢数个钟头，令他苦闷难堪，隔天收拾行旅返回京师，儿媳挽留无效，他坚决不住的理由是报纸来得太迟。"②

此外，泰国华文报纸的市场化程度不高，或多或少靠着一些热心中华文化的团体与华商的支持。如《亚洲日报》是由泰国一些华商联合创办，盘谷银行控股《新中原报》，泰华报人公益基金会扶助报人福利等，这些外在因素在保证泰国华文报业稳步发展的同时，也在一定程度上妨碍了其面对市场，在竞争中接受选择与洗礼的能力。

---

① 罗钦文：《华文的声音一定会更响亮——专访泰国〈亚洲日报〉执行总编林兴》，《华人世界》2007年第1期。

② ［泰］泰华内地记者协会：《泰华内地记者协会成立35周年纪念特刊》，第109页。

经营管理欠佳以及经营结构单一的状况，使得泰国华文报业的抗风险能力较差。20世纪90年代中期以后，一些华文报纸或经改组后合并，或因经济困难而停刊，目前仍在继续出版的仅余6家。在近几次金融危机中，泰国华文报业依靠铁杆读者的支持以及华人社会凝聚力，顽强地渡过难关。但这种人为因素存在着太多不确定性，并不是包治百病的灵丹妙药。如在泰国生长的新一代华人后裔不懂中文，对中华文化的感情淡漠，其中一些年轻的华裔企业家不看华文报纸、不刊登华文广告已经对华文报业的生存有所影响，其在以后的华文报业危机中是否会挺身而出着实是个问题。在2009年举办的第五届世界华文传媒论坛上，泰国《新中原报》执行总编辑林宏发言时坦承，目前泰国的华文报纸个别能支撑，但部分收支存在问题。因此，对于在市场环境中生存发展的华文报业而言，改善经营管理、提高自身的抗风险能力才是最终面对问题的王道。

四 守旧气氛浓重，缺乏文化竞争力

文化是一个族群的根基，蕴涵着相当丰富的民族历史、价值评判及风俗习惯，是维系族群认同感及归属感的基础。泰国华文纸媒一直以传承中华文化为己任，尤其是老一辈报人，对根脉有着令人动容的热爱与执著，以赤诚之心，竭毕生之力薪传中华文化，使其在泰国不断得到传播和发扬，以致有些在中国国内已经慢慢消失的传统文化，如诗词、猜谜、射虎等雅兴意趣，在泰国仍得到很好的保留和传承。

打开泰国华文报纸，便能感到一种强烈的古旧感和历史气息。繁体竖排，自左向右翻页，动辄整版的志庆或婚丧广告，行文中夹杂着"日月同光"、"报德百岁"之类用语，副刊充斥着武侠或言情小说，并有诗词谜坛助兴，颇具民国时期的报纸遗风。这种文化的自闭性一方面使得中华传统文化在泰国华人社会得到了较为完整的坚守及保留；另一方面却也使其呈现出停滞不前、故步自封的困境，几乎成了怀旧中华文化的刊物。比如目前泰国六家华文日报的副刊基本还在连载金庸、古龙、梁羽生的武侠小说，而这些小说早已成书出版或翻拍成各种版本的电影电视剧，对于故事情节已耳熟能详的读者，是否还有兴趣再看报纸的副

刊，是非常值得怀疑和商榷的。因此，在文明交流及碰撞日益加剧的信息时代，如何面对其他文明及价值观的冲击，促进各文化间的交流与融合，进而步入主流文化圈，是需要泰国华文报业人员深思的迫切问题。

目前，随着全球一体化不断加深，很多国家都面临着西方文化尤其是美国文化的冲击，其如洪水猛兽，乘着经济浪潮，戴着平等自由的面具，夹杂着快乐幸福的笑声，以颇受欢迎的姿态登陆各国，直接造成了民族传统文化的合法性危机，中华文明亦不例外。媒介作为文化传承及救赎的重要机构，责无旁贷地要面对这场冲击，要么选择逃避，固守一隅，最终被遗忘乃至淘汰；要么奋力一击，逆流勇上，寻找生存及发展的方舟。

对于泰国华文报业而言，在传承传统文化的同时，需放眼望世界，不能固守本文化的传统而漠然于对其他文化的交流与创新。一直以来，泰国文化与中华文化渊源颇深，宗教信仰相近，文化交流频繁，中国的一些古典名著如《三国演义》、《水浒传》等在泰国历史上也具有广泛影响，这为中华文化融入泰国主流社会提供了基础。因此，一方面，华文报纸应继续弘扬一些优秀的中华传统文化，延续族群认同，使其成为泰国多元文化的重要组成部分；另一方面，在当今文化身份日渐模糊的国际化社会，泰国华文媒体要想获得更长足的发展，不仅要打好"中华"牌，还要打好"国际"牌，积极与其他文化交流，取其精华，去其糟粕，不断充实和创新中华文明，使其焕发新的生命力。尤其面对西方个人主义泛滥、消费文化横行的状况，要分析新形势以及读者的新需求，防守得当，进退有致，发挥文化的价值观维护、整合和塑造功能，增强中华文化的竞争力。

从某种意义上说，文化的开放性是其延续的根基。在全球华文媒体中具有重要影响力的凤凰卫视一开始便确立了以传播中华民族优秀文化为纲，又与西方文化精华有机融合的品牌文化战略。其行政总裁刘长乐在第二届世界华文传媒论坛上曾发言指出，现代世界已经是流动的时代，流动的人口、流动的文化、流动的咨询，使得传统文化发生了很大的变化，"以前的观念认为，越是具有民族特色和地域特色的文化才能具有世界意义，而今天，能为世界不同民族、不同文化所接受的文化才是世界的，才是人类共有的。民族特色和地域特色的文化与世界文化的交融，将产生新的文化血型，为自身的发展注入真正的活力，我们就权且称这种血型为 W 型（World）"①。在此形势下，泰国华文报业不能再陶醉于文情雅趣、快意恩仇的狭小世界中，要正视 W 型文化所带来的影响和挑战，在传统文化的传承和创新上取得平衡，使中华文明真正由亚文化社群走向主流社会。

第三节　提升泰国华文纸媒影响力的途径研究

进入新世纪，海外华人社会面临从单一趋向多元，从动荡进入安定的大趋势，在此环境下，华文媒体必须顺应时代新变化，积极抓住机遇，迎接挑战，研究多层面华人读者的多元阅读取向，提升华文报纸的影响力及话语权，以更好地发挥海外华文报纸独特的信息纽带及文化传播功能。对于泰国华文纸媒而言，具体应做到以下几个方面。

一　立足泰华社会，打造华文纸媒的核心竞争力

所谓核心竞争力是指传媒通过高质量的信息产品、优质的服务内容或者强大的资源实力满足消费者需求，获得最佳经济和社会效益，并保持独特竞争优势的那些资源和能力的总和。泰国华文纸媒作为面向市场、自负盈亏的行业，必须立足泰国华人社会，不断修炼内功，在受众调研的基础上，打造华文报纸的核心竞争力，这样才能面对本土主流报刊、英文报刊以及电视网络媒体等的冲击，穷年磨砺，期于有成。

（一）增加原创，丰富新闻报道内容

报刊是提供信息消费的产品，内容上的竞争是获胜的根本。国内学者喻国明曾有个形象的比喻："传媒产业是内容产业，如果没有一个紧贴社会需要的内容产出机制，传媒产业其他环节的建设就失去了'灵

---

① 刘长乐：《流动的世界和华文媒体的使命》，2004 年 3 月，中国新闻网（http：//www.chinanews.com/n/2004 - 03 - 31/26/420092.html）。

魂'——犹如高速公路修好了，但是没有合适的汽车在上面奔驰"①。目前泰国华文报纸大多维持在24—40版，信息量较少。除了《世界日报》依托台湾联合报系的资源，原创稿件较多之外，其余各报基本充当"二传手"，国内外新闻主要援引国外通讯社以及泰国国内记者协会的稿件，还有一部分直接从网络转载，造成了华文报纸内容雷同、可读性差等问题。

在如今资讯四通八达，获取方式便捷的环境下，泰国华文纸媒亟待改善现状，增加本报记者采写的新闻，丰富报道内容，提升报道质量。一方面，泰国华文报业要始终立足华人群体，及时报道华社新闻。海外华文媒体创办的初衷便是沟通和服务于当地华人，实行"本土化策略"也有助于华文媒体与当地媒体的对话与交融，因此，海外华人社会是华文媒体生存与发展的土壤，也是其形成独特竞争力的关键。从一定程度而言，华文报业的前途将更多地由泰国华人社会的内部变化决定。

目前，泰国8家华文报纸都辟有1—2版的侨社新闻，但基本都是通稿，内容多为相关团体的会议、活动新闻或者婚丧新闻，有如鸡肋，食之无味，弃之可惜。因此，泰国华文报纸要想真正成为华人的信息来源和精神寄托，就必须深入扎根当地侨团，广泛培养业余记者和通讯员，及时报道一手新闻。同时，要增加报道内容的重要性、切近性、深刻性与可读性，关注普通华人的生存状况以及泰华社会的新动向，沟通华人社团间的联系和交流，反映华人群体的愿望与诉求，维护华人社会的利益，真正发挥环境守望者和舆论监测者的功能。

另一方面，要继续加强中国新闻的报道，传递亲情与乡情。中国是海外华文报纸的根脉，中国的发展与崛起，为海外传媒提供了丰富的报道素材和前所未有的发展机遇。泰国华文报纸一直较为注重有关中国的政治新闻、经贸新闻等的报道，经常会对中国重大时政活动开辟专版或专题追踪报道，如在2010年上海世博会期间，《中华日报》就开辟了有关世博会报道的专版。可以说，加强对中国的报道是泰国华文报业的永恒主题和基本职责之一。

---

① 喻国明：《传媒影响力》，南方日报出版社2003年版，第8页。

但具体而言，泰国华文报纸对中国的报道稿源相近，主要来自新华社、中新社、中央社、香港中通社等几个通讯社，依然存在内容重复、官方视角浓厚等问题。正如一位在加拿大办了近50年报纸的老报人所指出，华文媒体要增强在当地主流社会的话语权，首先要提高自己对中国的了解。华文媒体的话语权，不是声音大，而是声音准；不在于信息多，而应该是对信息的公正判断①。因此，笔者认为，泰国华文报纸可广开源路，通过与中国相关报纸合作、聘请特约记者、参加相关行业组织等方式，以多种视角来报道有关中国的新闻。这方面做得较好的有《京华中原联合日报》、《亚洲日报》，其分别与中国媒体或其他国家的华文媒体建立了合作关系，稿源共享，极大地扩展了报道内容。

除了"借鸡下蛋"外，增强自身的采写报道能力也是泰国华文报刊需要面对和解决的问题。目前全球范围内的通信、网络、交通等极为方便，各个报社可根据自己的实力，通过电话采访、网络采访、实地采访等方式来增加中国新闻的报道，以民间视角关注中国发展的进程及问题，尤其加强有深度的政治、经济新闻以及独家新闻。这种"自我造血"能力除了使报纸内容具备独家竞争力外，更为重要的是其以泰国华人的视角来观察、分析、报道中国，切近泰华社会读者的心理需求，更易获得受众的喜爱与支持。

同时，从世界媒体的格局看，整个世界的话语权几乎掌握在少数几个发达国家的传媒集团手中。有些媒体把中国一些支流的东西当做主流报道，使中国的真实情况在国际上得不到反映。在此情况下，就更需要海外传媒发挥自身的地缘优势和运营经验，以其独特视角加大对中国新闻的报道力度，力求全面、真实、客观，发出中国的声音，成为报道中国新闻的权威。

（二）敢言善言，聚焦时代发展的"基本问题单"

言论是报纸的旗帜，是报纸性格与特征的集中体现。我国近代报纸创立之初，便是以言论立报，以期实现推动或变革社会的意愿。在当前

---

① 张冬冬：《海外老报人："中国威胁论"是对中国的误解》，2010年3月，中国新闻网（http://www.chinanews.com/hr/hr-hwbz/news/2010/03-03/2147871.shtml）。

纷繁复杂的信息洪流中，客观、公正、深刻、有独到见解的评论，往往能获得受众热捧，成为其辨明形势、廓清方向的现实指南。

泰国华文报纸的基本功能之一是沟通华人社区与泰国主流社会，促进中泰两国的交流与友谊。这种"使者"的定位以及敏感的社会处境，使其在面对很多问题时，一般采取温和的态度，讷于言而敏于行，尽量减少争议性的报道，做一些不置可否的转载性工作。这虽是华文报纸在海外环境中取得生存与发展的保证，但泯然于众人的特色，使报纸失去了秉笔论春秋的豪气以及作为舆论监督者的应有的职责。

作为社会的"第四权力"，华文报纸在遵循职业道德的基础上，必须做到敢言善言。敢言是报纸的勇气，善言是报纸的技巧，两者不可偏废，才能在获得公众信任与长远发展两方面取得平衡。具体而言，泰国华文报纸在评论的量和质方面都需提升，不能限于转载通讯社的评论或发表一些无关痛痒的言论，要关注社会现状，聚焦时代发展的"基本问题单"，既可表彰成绩，鼓舞士气，也可直面问题，敢言不平事，以建设性的视角来品评春秋。但在一些涉及种族、宗教等问题时，华文报纸一定要慎言微行，既要争取和保障华人权益，又要关注其他方面的利益和呼声。否则一不小心，便会引发问题。诚如马来西亚星洲媒体集团总编辑萧依钊所言，华文媒体在多元种族的国家里，犹如游走于钢索上，需步步谨慎。

报刊的真正价值在于它本身的分量。这应该是恒久不变的定律。只有敢言善言，华文报纸才能发出属于自己的声音，赢得同行的尊敬，受众的信任，增强华文报纸的社会公信力和影响力。

（三）提供资讯，切实为泰华社会服务

为泰国华人社会服务一直是华文报纸的办报宗旨。除了提供新闻报道等"硬通货"之外，华文报纸还应该加强其他方面的"软服务"，为受众提供生活资讯、商业资讯、文化资讯以及其他方面的服务资讯，成为一个资讯总平台，扩大报纸的增值价值。

具体而言，泰国华文报纸要以满足受众需求为己任，根据受众需求提供相关的信息服务，既可包括天气、空气质量、交通状况、文化演出、电影讯息之类的利民资讯，也可增设一些衣食住行、劳动就业、法律咨询、健康美容以至花鸟鱼虫之类的专版，或者开通一些随时听取民众呼声的服务性热线或专栏。虽然琐碎，但确确实实能为读者提供许多日常生活有用的讯息，成为公众的"信息保姆"和"知心姐姐"，真正拉近报社与华人社会之间的距离。

  此外，新移民的需求也是泰国华文报纸需要关注的一个方向。许多海外华文媒体非常重视针对新移民的服务，这样既可以争取读者群，又能帮助新移民尽快融入当地社会。希腊的《欧洲信报》就在报纸上拿出大量版面，请相关专家解答移民关心的诸如工作、居留、投资等问题，成为报纸的一大卖点。加拿大的《环球华报》通过报纸提供资讯信息，帮助新移民了解加拿大的文化、法律、政策、经济、就业环境等，使他们能尽早融入主流社会。西班牙的《欧华报》为了解决新移民生活中的难题，设计了许多特色栏目，比如在报章上连载的中文、西班牙文双语专栏《轻轻松松学驾驶》就非常受华人欢迎，其不仅有助于促进新移民的语言学习，还可帮助读者仔细解读当地的交通规则，解了他们的燃眉之急，可谓一举多得。

  丰富的服务性资讯是报纸受众意识的集中体现，也是报纸提高市场竞争力的法宝之一。服务性资讯在充实报纸内容的同时，还可加强读者对报纸的依赖感和忠诚度，使华文报纸成为读者的精神伴侣和生活指南。

  （四）与时俱进，注重版面形式的创新

  对于一份有影响力的报纸来说，版面与内容互为表里，缺一不可。如果报纸内容非常丰富精彩，但版面粗糙，形式凌乱，难于阅读，读者可能就会望而却步，更何谈所谓的忠诚度和影响力了。因此，泰国华文报业在苦修内功的同时，还要与时俱进，注意研究版面形式的趋势与创新。

  在版面创新方面泰国的《世界日报》做得较好，其是泰国六家华文报纸中唯一横排、右行文的报纸。2008年，《世界日报》又将报纸版面尺寸缩到12.5寸，这是东南亚国家第一家改为"窄报"的华文报纸。据黄根和社长介绍，此举主要是学习《纽约时报》和《华盛顿邮报》，从人体力学的角度上为人的健康考虑，一个正常高度的人双手打开报纸的力度和跨度，是25寸的舒适度，这样阅读起来手不累，而且在公共场合里阅读不会影响周边①。

泰国其余五份华文报纸目前都是繁体，竖排，左行文，语言文白掺杂。版面设计偏于"浓眉大眼"式，大标题，短文章，头版彩色印刷。整体来说版面划分明确，竖排、横排相得益彰，条理清晰，图文并茂。但也有一两份报纸在版面编排上不易识别，比如一个大标题下行文一两行后又转到另一个板块，文章在左下方配图却在右上方等，有时使人找不到南北，不知所云。且段落编排不规范，段落开头有不留空格的，也有留一字、两字、三字空格的。有的侨社新闻标题繁复，经常有五六行，看起来简直就是一篇文章。

随着受众群体、视听结构、阅读习惯等的变化，一个新的媒体环境已经出现。海外华文报业在版面形式上呈现出几个大的趋势：一是文字简洁，图片增多。在香港，看电视、漫画长大的年青一代已成为报纸主要的消费群体，他们的阅读习惯、特征喜好等已与上一代读者有很大不同，为了争夺年青一代的读者，香港许多华文报纸都纷纷革新版面，采用大标题、大图片的编排风格；二是中国内地新移民的信息需求对海外华文媒体编排技术影响深刻。2002年，美国《星岛日报》、《世界日报》一改往日风格，变竖排为横排，这标志着海外华文报刊的编排风格渐趋统一。

在此形势下，台湾《中国时报》副总编辑俞雨霖认为，主流媒体要调整角色，几大报业集团应在过往所奉行的传道、授业、解惑的基础上兼顾休闲和娱乐。还要让读者更加轻松愉快地接受讯息，使报纸版面上出现更多的图片，并用简略、轻松的文字来说明事实，这些都成为题中应有之义②。

资讯环境的变化在"地球村"中总是很相似的，泰国华文报业也将

---

① 吴小菌：《华文媒体：朝阳文化夕阳产业？——〈世界日报〉社长兼总编辑黄根和访谈》，泰国风杂志社（http：//www.thaiwind.net/index.php？option = com _ content&view = article&id = 41％3Asm - world&catid = 2％3Apanorama - on - thailand&Itemid = 17）。

② 刘舒凌：《变动的环境，变化的媒体——访台湾〈中国时报〉副总编辑俞雨霖》，第二届世界华文传媒论坛（http：//www.chinanews.com/2003 - 09 - 23/136/275.html）。

面临着一个新的读者时代。如何在受众研究的基础上，在版面形式、表达方式及内容特色等方面不断探索创新，以更好地适应读者的需求，吸引新的受众群体，是华文报业需要不断回答的一个问题。

二　创新经营模式，提升泰华纸媒的抗风险能力

媒体的发展改革不仅要靠"摇笔杆"的人，也需要靠"打算盘"的人。在市场环境中，只有在经营上成功的媒体，才能获得生存的权利。面对日新月异的媒介环境，泰国华文报业要想获得长足发展，必须创新经营模式，提升报社的赢利能力和抗风险能力，实现"以商养文，以文促商"的良性循环。

（一）开发分类广告市场，寻找新的财富矿藏

所谓分类广告，是指在报纸广告专栏上将不同类型的产品或服务放在一起，以主题归类、分栏刊出的形式出现的主要以文字表示的广告。每条广告一般为"豆腐块"大小，内容可以是促销某种商品或服务，也可以是失物招领、人才招聘等相关启事，涉及社会生活的方方面面，就如同一个有关销售、服务或活动的"信息超级市场"。

在欧美等发达国家，报纸分类广告已有300多年的发展历史，目前已进入成熟阶段，是读者获取消费和生活信息的主要媒介渠道，也是报业发展的重要经济支撑。在美国发行量排全国第七的《芝加哥论坛报》作为当地最大和整个北方地区的最大报纸，分类广告是其最大的广告源，平时分类广告量是在16—20页，星期天一般维持在30页左右，最多时超过100页[①]。一直以来，西方报界人士将分类广告视为根深叶茂的摇钱树、常青树，传媒大亨默多克一度把报纸分类广告营收形容为"黄金之河"。

与传统的广告市场相比，分类广告具有实用性、规模性与主动性的特点。尽管分类广告在利润上赶不上工商广告，但面广量大，完全可以积少成多，实现赢利。同时，分类广告最大的优势在于能够向读者提供大量的与日常生活息息相关的各种实用信息，受经济起伏的影响不大，

[①] 陈雨、谷虹：《报纸分类广告经营管理》，南方日报出版社2006年版，第65页。

可以使受众从"烦广告"变为"用广告",这是传统的"填鸭式"广告所无法比拟的。

目前,泰国华文报纸在分类广告方面还处于初期阶段,版面较少,一般为1—3版,内容有房地产类、旅游类、工商类等,远没有形成规模优势。笔者认为,随着中泰经贸关系的不断加深以及人口流动的加剧,人们对各种信息(如旅游、经贸、招聘、住房、教育等)的需求将不断增加,尤其对新移民而言,亟须寻找一些专业的分类广告媒体。华文报纸应抓住机遇,参考国内外先进经验,深度开发分类广告市场,将是一件大有可为之事。

总之,成熟的分类广告市场不仅可以增进报纸的收入,提升其发行量和影响力,也有助于培养受众读广告用广告的习惯,进一步促进广告市场的发育。同时,活跃的信息流通还可加快当地的经济社会发展,从而形成良性循环。

(二)从单一走向多元,构建综合性媒体产业

传统的报业经营以广告收入为主,受外界环境影响较大。1997年东南亚金融危机期间,东南亚各国的国民经济受到很大的冲击,泰国、马来西亚、菲律宾等国的一些报纸面临无米之炊的境地,不得不裁员减版,甚至关门大吉。可见,单一的报纸经济基础是非常脆弱的。随着全球一体化的持续发展,海外华文报业面临着宏观经济环境不稳定,市场竞争日趋激烈,发展空间受到限制等问题,这些都使得华文报业需逐渐突破传统的单一经营方式,开始走向多元化,构建综合性媒体产业。

大体而言,目前海外华文报业的多元化经营有以下几个模式:一是以报业为核心,发展带有文化性质的投资事业,包括举办展览会、发行期刊、发展旅游产业等。这种模式较为常见,其他种种产业的投资除获取利润外,都是为了扩大对主业的影响。如美国的《美华商报》每年举办一届"美中女企业家论坛",在美中两国轮流举行,很受欢迎,这些活动在促进美中之间经贸文化交流之外,还带来可观的经济效益,是该报的支柱产业之一。二是依托报纸渠道,开展代理、中介服务。俄罗斯华文报业多采取这种模式,通过所掌握的渠道优势,整合信息资源,来开展多元化经营。三是由报纸向其他形式的媒体发展,实现多媒体融

合。最典型的就是《联合早报》所属的新加坡报业控股有限公司,其旗下有报纸、网络、电台、电视台等多种媒体,各媒体间联合作业,资源共享,达到了互相支持、造势和增值的作用。四是开发传媒的延伸产品或衍生产品。凤凰卫视以高质量的电视节目打造传媒品牌,借助举办一些大型活动,如"欧洲之旅"、"两极之旅"、"寻找远去的家园"等,来进一步巩固形象,活动结束后立刻开发出系列延伸产品:制作由活动派生的电视节目、晚会或凯旋仪式,推出系列图书、VCD 等,形成了宣传与经营的"和声"效应。

重视报业经营,不断开拓新的赢利模式,实现资源共享、主副互补,是传媒业要做强做大的必然趋势。如同排列有序的舰队要比单独一只大船更能抵御风暴的侵袭,正确的多元化策略可有效地提升报业的抗风险能力。泰国各家华文报纸可根据自身的情况,选择合适的发展模式,当某一板块经营形势不好时,另一板块可能刚好起到维持平衡扭转局势的作用。目前,泰国《世界日报》所属的台湾联合报系已开始向整合报纸、网络、手机、电子书等多元下载工具的未来媒体发展,其改革与实践是否会对旗下的其他报纸产生影响和示范作用,是满怀期待的一件事。

但值得注意的是,多元化经营的前提条件必须是主业经营比较稳固,有足够的资金和资源维持自身发展。否则,多种经营不仅不能成为主业的有利补充,还可能妨碍甚至危害主业发展,陷入"多元化陷阱"中。

(三)促进报网联合,抢占未来市场

《华侨华人研究报告(2011)》蓝皮书指出,进入 21 世纪之后,两大主要因素决定着华文媒体又面临着一次重要的历史转折时期,一是 20 世纪末以来的新移民浪潮,超过百万的华侨华人从中国内地、台湾、香港移居到世界各地,特别是欧美等发达国家,为华文媒体开辟了广大的市场;二是全球媒体共同面对的网络化变革,在传统纸质媒体市场不断缩小,网络媒体不断壮大的背景下,华文媒体的创新与发展出现了新的挑战与机遇[①]。对于泰国华文报业而言,新移民对华文报纸的转折性影

---

① 丘进:《华侨华人研究报告(2011)》,社会科学文献出版社 2011 年版,第 347 页。

响还未明显显现，但网络化的趋势已有所发展。

根据报纸上网的发展历程，笔者将其分为三个阶段：一是起步阶段，这时的网络新闻基本是报纸的翻版，无独立采写和新闻策划可言，在控制费用的原则下，人员设备等都是依靠报纸的原有资源。二是发展阶段，顺应网络业务的快速发展，报社开始成立独立的网络部门，扩充网络资源，内容在依托报纸的基础上更加丰富独立，时效性更强，针对重大事件一般都有详尽的专题策划及报道，大大增加总体到达率和影响力，从而提升了本身的经济价值。同时开始注重与读者间的互动，网络社区互动平台应运而生，受众在被动接触海量新闻的基础上，主动地参与社区平台建设，制作传播信息，发表看法和意见。三是扩展时期，这时网络的影响已经显现，成为极具发展潜力的新生力量，开始探索多样化的生存方式，除了广告业务外，网络新闻收费、信息中介平台、网络视频、网络购物等都成为新的经营领域，网络对传统报业的反哺能力开始显现。报业的印刷版和网络版两个平台相互作用，双剑合璧，成为报业发展的有力支柱。

泰国华文报业的网络化进程还处于起步阶段。目前六家华文报纸中创立网站的仅有《世界日报》（http：//www.udnbkk.com）及《星暹日报》（http：//www.singsian.net）两家，其网络版面及内容都较为粗糙、简单，主要依托报纸资源，基本无专题策划和独立报道可言，相较之下，《世界日报》的网络版略胜一筹。

《世界日报》于2005年7月26日该报成立50周年之日启动了"世界日报新闻网"，栏目设置主要有《首页》、《新闻》、《论坛》、《华商网》、《企业招聘》、《教与学》、《泰国房地产网》七个，内容上可谓《世界日报》的浓缩版。与联合早报网等图文并茂、简洁明快、内容充实的海外华文网站相比，差距不以千里计。但这一状况也暗寓着泰国华文纸媒在网络市场的开发上还大有可为。

网络媒体使全球华人真正实现了"四海一家"，平等快捷、自由分享的互联网精神也代表着未来的发展方向。有学者认为，谁赢得网络媒体的控制权，谁就赢得舆论上的主导权和制信息权。此言着实不虚，可以说，海外华文报纸要在网络环境下生存发展，不可避免地要跟着主流报业由平面媒体向网络媒体转移。泰国华文报业需迎头赶上这一浪潮，在信息共创、共享、共用的基础上不断发展，促进华社相互沟通，为读者提供更好的服务，实现报网的良性互动及共同发展。

（四）组建传媒集团，实现资源优化配置

报业集团化是当今国内外华文报纸的发展趋势，也是扩大媒体规模、优化资源配置、提升市场竞争力的必然选择。集团化经营最大的好处是能够获得规模经济的效益，具体表现在原材料采购、印刷成本、新闻来源、广告经营、行政支出、融资实力等各个方面，实现最大的投入产出比，以加强与国际新闻集团抗衡的实力。

目前，泰国华文报业还没有形成真正的报业集团。早在 1984 年 7 月，泰国《中原日报》便与《京华日报》合并为《京华中原联合日报》，据两报自称其合并原因是"借以集中人力物力财力，强化人事和先进设备，为广大读者提供更丰富多彩、内容充实的精神粮食"，业已具备集团化经营的理念雏形，可算是泰华报业联合的滥觞。

2006 年 8 月 1 日，泰国首个华文报业集团——亚洲日报报业集团宣布成立，同时，中国《人民日报》海外版、中国香港《文汇报》、美国及印尼《国际日报》泰国版随《亚洲日报》正式同步发行。《亚洲日报》虽自称报业集团，但目前旗下仍是一个日报在运作，并没有实现真正的集团化经营。

泰国华文报业一直面临市场狭小的问题，但从一定角度讲，这种狭小是一个相对的概念，根本原因在于报纸结构失衡，同质化竞争严重，造成了"相对过剩危机"。这种状况通过对比可以明显看出，泰国华人人口大约 900 万，华文日报仅 6 家，发行总量多年来维持在 10 万份左右。美国纽约仅 50 万华人，却存在着 20 份华文报纸，发行总量近 35 万份，其中 4 份报纸影响力较大[①]。相比之下，后者似乎有点不可思议。纽约的华文报纸之所以能成功地做到这一点，很大程度上在于他们避开了同质化竞争，无论在报纸的定位、读者对象、版面风格、内容特色、

---

① 李仕权：《纽约华文报的差异化生存》，《中华新闻报》2005 年 8 月 17 日第 C03 版。

发行竞争手段等方面都各有差异，最大限度地开掘和利用有限的市场容量。笔者认为，对于泰国华文报业而言，组建报业集团除了具备规模效益，有助于报业发展壮大外，最大的功能在于可以协调各报之间定位与特色，使得华文报纸之间避开"自相残杀"的境地，实现市场细分、资源互补，共同开疆扩土，寻找新的生存空间。如马来西亚华文报业那样，逐渐由各自为政、自相践踏、恶性竞争的格局，向兼容并蓄的集团化方向发展。

华文报业要摆脱经济困境，做强做大，必须整合华文传媒的力量，组建报业集团，向集约化方向发展，这也代表了一些泰华新闻从业人员的心愿。泰国《新中原报》社长兼执行总编辑林宏认为，泰国的华文报纸一定会出现大的整合。他建议几家中文报纸成立联合股份公司，出版一份早报，一份晚报，人员合成两班，设备只留一套，这样可以大大降低成本。他期望这个建议能赢得共识[①]。

三　加强与各方面的合作，共同促进华文事业的发展

海外华文传媒在远离母国的文化环境中生存，或多或少会受到主流社会的排挤和限制，不能发挥较大的影响力。滴水难以成江，单木难以成林，华文媒体要想在所在国主流社会以及西方霸占话语权的国际世界上发出声音，必须加强与各方面的合作，在相互扶持中求得共同发展。美国《国际日报》董事长熊德龙先生在参加2003年世界华文传媒论坛时曾深有体会地指出："海外华文媒体不能再各散西东，应当借力打力，资源共享，合成一股力量来从事推广中华文化的事业。"

（一）与泰国主流媒体合作

所谓的主流媒体一般都占据着较多的社会资源，在政策支持、报纸资源、读者数量、发行领域等方面都占据优势，具有强大的影响力与权威性，代表着社会的主流声音。法国欧洲时报社社长杨咏桔认为，华文媒体是一座桥，主流社会、主流媒体就是桥下奔流的河。凡是有华人的地方，就有华文媒体以不同方式存在。有华文媒体的存在，就有中华

[①]　彭伟步：《东南亚华文报纸研究》，社会科学文献出版社2005年版，第164页。

化的传播，就有中华文化与主流社会文化的交流与融合①。

在东南亚各个国家中，泰国的华文报纸的生存环境比较宽松，但与泰文报、英文报的发行量和影响力相比，却仍处于弱势地位。通过与泰国主流媒体合作，可使华文报业突破地域、人口等的限制，借势传播，扩大华文报纸的社会影响力及话语权。

目前，很多海外华文媒体都采取与当地媒体融合的方式进入主流社会，其经验对泰国华文报业或许有一些参考和借鉴价值。身处非洲海角的《华侨新闻报》拨出额外预算成立英文采访部，除负责日常编采和交际工作外，还经常向主流媒体发送图文并茂的华社消息，这样做既可以使主流媒体省下大量时间、人力和金钱，同时对适时反映华人社区的心声也有极大助益。德国华文报纸《新天地》加入了德国记协，与联邦有关部门保持着良好关系，该报在采访一些华社的重要新闻时经常邀请主流媒体一起参加，取得了不错的传播效果，如德国少林寺落成时，由于《新天地》邀请德国主流媒体一起采访，加强了这一盛事在主流社会的报道和影响。《欧洲时报》作为法国乃至全欧最有影响力的华文日报，也非常注重与主流媒体的交流与融合，自2001年起，《欧洲时报》与法国最大的杂志《巴黎竞赛画报》合作，出版以中国为主题内容的法文专刊《巴黎竞赛周刊·中国专刊》，受到法国主流社会读者的普遍欢迎，欧洲时报社社长杨咏桔女士还于2007年被法国政府授予"法兰西国家荣誉军团骑士勋章"，以表彰其在中法交流过程中的杰出贡献。

2008年7月，泰国的中文周报《暹泰时报》创刊，其全部采用中新社、中通社的图文稿件，随泰文版、英文版的《暹泰日报》一起发行，在泰国南部产生了积极的影响。此举可算是泰国华文纸媒与主流报纸合作的有力探索。

除了"借船出海"外，泰国华文报业还可通过自办泰语或英语报刊的方式融入泰国社会，通过与主流报纸合作开拓发行渠道，掌握传播的主动权。有业内人士将这种海外华文媒体利用现有资源增办的当地语言

---

① 王进昌：《必须走进主流媒体的大环境——访法国〈欧洲时报〉社社长杨咏桔》，2003年9月，中国新闻网（http://www.chinanews.com/2003-09-21/136/158.html）。

媒体，称为"非华文的华人媒体"，这是一支蕴藏着巨大能量的队伍。《菲律宾华报》副董事长许克宜不无期望地指出："如果海外华文报业实力发展壮大，能够创办英文或者当地国家语言的版面或者独立的外文报纸，以客观公正的姿态进行报道，影响当地主流社会，再配合祖国大陆主流媒体这颗'心脏'，就真正形成了国际话语权的争夺，让中国的声音传遍全世界这一目标，就有了一套完整的网络来实现"①。目前，泰国的《东盟商界》就是一份定期出刊的中泰双语杂志，其通过网络媒体和中泰双语媒体相结合的方式进入主流社会，日益受到泰国及相关国家的重视。

正如泰国《星暹日报》总编辑马耀辉所说，华文媒体的未来走向，应摆脱少数民族语文报的格局，更多地融入当地的主流媒体，成为当地主流媒体上的中文版，这样才能有利于赢得国际"话语权"②。可以说，华文报纸与当地主流媒体合作是一件互利共赢之事，通过主流媒体的渠道，华文报纸可有效把握市场，了解主流社会读者的喜好和习惯，成为华人社区与主流社会之间的"信息桥梁"。

（二）在全球华文媒体合作化浪潮中发展壮大

在市场化环境中，华文媒体间存在着竞争关系，但由于沟通华人社会及传承中华文化的定位和使命，使得全球华文传媒有着合作的基础和需求，在世界一体化加剧的大背景下，这种需求更加强烈。凤凰卫视董事局主席兼行政总裁刘长乐谈到新世纪华人媒体的使命时强调，"无论是在欧美，还是在东南亚，一家或几家的声音再强，与强大的西方媒体相比，都不足以独自承当华语媒体话语分量的砝码。融入世界的主流媒体，发出华语媒体的强势之声，应成为所有华人媒体共同的追求"③。

泰国华文报业作为全球华文传播网络中的一个细胞，只有融入机体

---

① 许克宜：《海外华文媒体，中华文化复兴与中国话语权》，2009 年 9 月，中国新闻网（http：//www.chinanews.com/cul/news/2009/09 - 07/1854351.shtml）。

② 顾时宏：《危机冲击下的华媒"浴火重生"非神话——访泰国〈星暹日报〉总编辑马耀辉》，2009 年 9 月，中国新闻网（http：//www.chinanews.com/hr/hr - yzhrxw/news/2009/09 - 05/1851586.shtml）。

③ 刘长乐：《香港凤凰卫视：刘长乐纵论华人媒体使命》，2003 年 9 月，中国新闻网（http：//www.chinanews.com/2003 - 09 - 23/136/237.html）。

组织中，才能获得长久的生命力。总体而言，泰国华文报业一直注重与各方面的联系与交流。首先，在泰国华文报业内部，各华文媒体加强了横向联系，在激烈的竞争中，力图通过相互沟通以及行业协会的协调实现良性互动。《星暹日报》总编辑马耀辉曾在一次演讲中介绍道："在泰国六家中文报定期的经理部、发行部会开会，大家消除一些恶性竞争，给大家找一条路能生存。编辑部方面，几位老总都没有时间，都在定期的下班之后大家聚一聚，我们所谓下班，已经是下半夜了，下半夜聚一聚，吃点小菜喝点老酒。……泰国还有一个组织，叫泰华报人中立基金会，让大家没有恶性竞争很好的工作"①。可以说，内部的团结是泰国华文报业能够平稳发展的基础。

此外，注重与国外华文媒体的合作是泰国华文报业得以壮大的保证，这样既可资源共享，减少开销，也有利于拓宽视野促进交流发展。如《星暹日报》和上海《新民晚报》合作，定期刊出专版；《京华中原联合日报》与《汕头特区报》、美国《国际日报》结盟为姊妹报，三地新闻互相传送，同时刊出。近年又随报加赠香港《新报》提供的两版娱乐新闻和社会新闻。其中，表现最为突出的是《亚洲日报》，通过与多方面的交流合作，《亚洲日报》实现了自身的快速发展，其从创刊至今不到20年，已经发展成为泰国华文报业中的生力军。回顾《亚洲日报》的发展历程，可以明显地感受到华文报业通过交流合作所迸发出的活力与生机。1997年，刚成立不久的《亚洲日报》便遭遇了东南亚金融危机，报社惨淡经营，亏损严重，2002年2月，寻求突破的《亚洲日报》与香港《文汇报》签订新闻交流与合作协议，在新闻传送、设备选购和广告征集方面进行全方位合作，使得《亚洲日报》焕然一新，报纸经营明显好转，也带动了原本死气沉沉的华文传媒界技术与观念的革新。通过合作摆脱困境、尝到了甜头的《亚洲日报》于2004年再度与上海《新民晚报》合作，增强中国新闻的报道。2006年，中国《人民日报》海外版、香港《文汇报》泰国版，美国、印尼《国际日报》泰国版，在

---

① 马耀辉：《构建和谐媒体实现世界大同》，2006年11月，南方网（http://bbs.southcn.com/nfsq/lnpl/cmjh/200611230831.htm）。

泰国随《亚洲日报》同步发行，《亚洲日报》由此以崭新的面目、丰富的内容呈现在读者面前，开启了泰国华文报业合作的新时代。《亚洲日报》执行总编辑林兴先生相信，只要全球华文传媒团结协作，共同发展，"我们的声音一定会更加响亮"。

笔者认为，泰国华文报业的跨区域合作目前主要停留在报纸内容和发行渠道等方面，在报业经营方面还存在着大量可开发的空间。借助东盟商务区的快速发展，中泰经贸关系的日益密切，泰国华文报业可与中国国内广告资源联系，增加华文媒体的经费来源，目前在泰国一些华文报纸上已经能够零星看到中国内地企业所刊登的广告，如云南白药、北京同仁堂、桂林三金西瓜霜等。同时，也可与我国地方政府联系，让海外传媒为地方外宣服务，以广告的形式刊登招商信息或华人政策信息，使得华文报纸在沟通双方经贸信息的同时实现广告收益。

随着全球华文媒体间交流合作的持续加深，泰国华文报业应继续借着这一东风，通过各种运作模式，深化与其他华文传媒的交流，尤其是与中国内地一些主流媒体的合作，借助其原有的资源优势，加强自身的影响力，实现向东南亚华人社会进军的远大目标。

四 支持本地华文教育，为未来发展奠定人才基础

在东南亚独特的社会环境下，舍教育无以谈报业发展，有人形象地将华文教育和华文报业比喻为"一根藤上的两条苦瓜"，一荣俱荣，一损俱损。因而，东南亚华文报业必须肩负起发展华文教育、推广中华文化的重任，为未来奠定人才基础。

在泰国，由于华文教育曾经的中断以及泰华社会高度融合的现状，使得华文报业面临着严峻的后继乏人以及读者群不足的问题。据《联合早报》报道，泰国华文教育、文化、报业以至整体华人社会何去何从，不但是被泰国华侨关心，也是被邻国华社密切关注的问题。面对这种情况，泰国华文报业的一些从业人员已经意识到，海外华文媒体的发展和进步，其关键因素在语言环境，没有适当的语言环境，海外华文媒体就会缺乏受众，其发展前景必然受到限制。因此，只有抓住"中国热"这一世界性的契机，扶助华文教育发展，才能及时培养新的读者，才能让

年青一代华裔承袭中华文化传统，加入华文报业的队伍。

泰国华文报纸已不约而同地积极投身于促进华文教育的事业中。泰国几家华文日报都经常报道华校的活动和各界人士关心华校的新闻，让泰华社会及相关华文教育机构了解泰国华文教育的动态，促进华教的发展。此外，《世界日报》开辟《教与学》版面，或讲解古文，或教授识字，或刊登学生习作，成为华文学习和交流的重要园地。《亚洲日报》不仅开辟《电视教学》版面，分期全文刊登《实用汉语教程》，而且与上海《新民晚报》合作的四个版面全部采用简体字印刷，既可顺应世界华文发展潮流，又有助于初学者的汉语学习。《中华日报》也专门开辟了《教与学专版》，并于2004年5月创办了《中华青年报》，其采用简体字排版印刷，首开泰国华文报先河，主要报道潮流时尚、文娱动向、历史与文化等青少年喜闻乐见的内容，寓教于乐，提升中文学习的兴趣。其还开辟有《教与学》、《学唱中文歌》等专版，逐字标注汉语拼音，部分版面配有简短的泰文说明，便于读者阅读。

泰国华文报业的负责人还通过其他途径来促进华文教育的发展。《星暹日报》、《新中原报》等几家华文报纸曾多次举办征文活动，涉及小说、诗歌、散文等门类，直接推动了泰华文坛的繁荣以及华文事业的发展。《新中原报》总编辑何韵女士于1992年和一批有心人成立了泰华文化教育基金会，资助120多家小学教授华文课程。《亚洲日报》也已申请成立"亚洲语言训练中心"，为更多热爱华文的人提供了走读和全日制的学习机会。

传播中华文化亦是华文教育一个非常重要的内容。著名侨史专家刘伯骥先生曾强调："舍文化不足以言华侨，舍文化因素，更无法认识华侨之本质。"尤其在泰国，华人社会的政治性已经消失殆尽，华人经济已经泰化，华人社会的特征更多体现在文化方面。只有文化认同，才能加强泰华社会的身份识别感和民族凝聚力。《京华中原联合日报》副社长林兴认为，半个多世纪以来，泰国华文报纸之所以能生存下来，并越办越好，其中很重要的一个原因，是丰富多彩的中华文化的支撑，成为泰国华人必看的报纸，也是泰国人，华人学汉语、了解中华文化的重要载体①。可以说，中华文化是华文报纸和华文教育的血脉，为其发展提供了源源不断的能量与养分。

因此，作为服务华文教育和传承中华文化的载体，泰国华文报业至少要有两大定位方向，一是"向内看"，利用报社各方面的资源，努力弘扬中华文化，依据当地实际的教育水平及读者基础推广华文教育，增强民族文化艺术的自信力，使得泰国社会形成学习华文、了解中国的氛围；二是"向外看"，不断开拓创新，关注新的国际形势以及世界文化的发展变化，吐旧纳新，相互吸收交融，增强中华文化的生命力和华文教育的吸引力。

"士不可以不弘毅，任重而道远"，古老的中华文明在新的世纪如何传承发展，有赖于华文教育的推进，更有赖与华文报纸的传播。三者之间环环相扣，缺一不可。诚如泰国《新中原报》总编辑何韵所指出，"海外华文媒体的生存与发展，与中华文化的传承是息息相关的。没有中华文化的传承，海外华文媒体必定慢慢消失。特别是华文报纸，不能不依靠中华文化的传承，尤其是华文教育。报纸支持华文教育，也等于支持自己"②。只有大力发展本地华文教育，培养华文读者和从业人才，才能缓解泰国华文媒体的危机和窘境，这是华文报业必须参与的"自救"，也是需要合各方之力共同推进的艰巨事业。

小　　结

自20世纪80年代以来，由于华文教育的历史性断代所带来的"人才荒"和"读者荒"日渐凸显，东南亚华文报纸都面临着严峻的生存环境，在此背景下，华文报纸的前途如何，海内外均有讨论。有学者将有关看法归为以下三种，"一种看法认为，由于华人的第二、第三代大多数不懂华文，而且对祖籍国的感情也在淡化中，因此认为华文报刊的前

---

① 韩胜宝：《华文媒体有责任传播中华兵家文化——泰国华文媒体老总访谈记》，2011年9月，中国新闻网（http://www.chinanews.com/cul/2011/09-08/3315482.shtml）。
② 何韵：《泰国华文媒体与中华文化的传承》，2011年8月，中国新闻网（http://www.chinanews.com/kong/2011/08-25/3283303.shtml）。

途暗淡；第二种看法认为，只要海外有华人存在，就有华文报刊，华人不减，华文报刊亦不减；第三种看法认为，对华文报刊的前途既不要说得太死，也不要想得太遥远，但至少今后一二十年或更长一段时间内，华文报刊的前途是光明的"①。如今 20 多年过去了，经过了时间及环境检验，再回过头来看，第三种看法无疑较为中肯。

目前，海外华文报纸的生存环境已发生了很大变化，有机遇，也有挑战，前者似乎更大一些。在泰国华文传媒业内，曾有人甚至担心海外的华文报刊会像恐龙一样绝种，但时至今日，它仍然遍布于世界每个华人地区，可见其生命力之顽强。笔者认为，未来不是一件急于求成的事，它是必然会到来的。在现代瞬息万变的媒介环境下，一切都变得不固定和有可能，对于泰国华文报业而言，更为重要的是对过去的总结及对现在的把握，在变革与融合中赢得未来的发展。

黎明带来了英雄的时代。泰国华文报业在经历了辉煌和挫折后，迎来了新的发展时期。在这样一个无所不包的时代，资讯的爆炸、文化的碰撞、竞争的激烈、疆界的虚化……都将使华文报业面临更多的难题与考验。但不管怎样，未来总是蕴涵着希望，正如梭罗所指出，"我们应该传播给人类的是我们的勇气，而不是我们的失望，是我们的健康与舒泰，而不是我们的病容"②。

---

① 方积根、胡文英：《海外华文报刊的历史与现状》，新华出版社 1989 年版，第 22 页。
② [美] 亨利·戴维·梭罗：《瓦尔登湖》，徐迟译，上海译文出版社 2004 年版，第 71 页。

结束语

回顾泰国华文纸媒的百年风雨历程，其间经历辉煌，亦曾陷入低谷，困顿时几乎全军覆灭，但这些俱往矣，从坎坷中走来的泰国华文纸媒愈加焕发顽强的生命力，并在新的历史中扬帆起航。

现如今，泰国华文纸媒处在有史以来发展环境最好的时代，同时也是最具有挑战性的时代。所谓发展环境最好，指的是无论从国际环境还是泰国国内环境，都有利于华文传媒的发展。国际上，随着中国成为世界第二大经济体，中国国力的增强使华文成为炙手可热的语言，中国亦从人力、物力和财力上支持各国华文学习的热潮；再者，在被西方强势媒体垄断的语境下，华人开始关注自身的话语权，运用华文媒体表达华人诉求、维护华人合法权益。在此背景下，全球华人媒体联合起来，建立了全球华人媒体沟通平台，两年一届的世界华文传媒论坛成为全球华文传媒的华山论剑，相互交流媒介运营的经验、共建信息平台。这些是国际环境中利于泰国华文纸媒的部分。国内环境中，随着泰中两国关系日趋紧密，泰国当局已然放松对泰国华文媒体的管制，取消对华人经济的约束并且鼓励国内的华文教育，这是在政策、市场和文化层面上为华文传媒的发展营造了有利的国内环境。虽然从目前的形势判断，发展环境中利于泰国华文纸媒的因素居多，但不意味着可以对前景盲目乐观。在巨大发展机遇的背景下，隐藏着极大的风险。

机遇方面主要由国际国内利好因素提供。随着东盟自由贸易区的成立以及中国—东盟全方位合作关系的确立，中泰两国的友好关系得到进一步巩固。与此同时，在全球经济低迷的现阶段，中国经济仍然保持良好的发展势头，受到世界的瞩目，华文的实用价值仍将维持，这些都是利于泰国华文纸媒发展的国际因素。而国内，泰国当局已经取消了对华文传媒、华人社团以及华文学校严苛的限制政策，甚至积极推动泰国国内的华文教育，越来越多的泰国人加入到华文学校的队伍中，这些均为利于泰国华文纸媒发展的国内因素。国内国外的利好因素居多，有助于泰国华文纸媒保持现有的发展势头，甚至在未来的一段时间内，呈增长态势。

挑战方面主要由科技进步所引起的传播技术变革及市场环境变化，以及全球媒介发展的新趋向所产生的影响。传播技术不断推陈出新，媒体形态已经产生改变。在移动通信技术发展以及通信、网络使用成本下降的情况下，互联网成了人们日常学习与工作的必备工具。以互联网技术为支持的手机、计算机成为个人触手可及的信息接收及发布的媒介。受众对媒介信息的及时性、快捷性和准确性提出了更高的要求，对媒体形态的喜好产生转变，受众不再满足于传统媒介的单向式传播，互动式媒体受到青睐，传统平面纸媒的受众市场面临萎缩的风险；同时，新媒体为广告主提供更灵活多变、价格低廉的广告服务，具有比传统纸媒更优越的竞争优势，进一步威胁其发展空间。这些改变对于仍处于传统媒体形式的泰国华文纸媒，将产生颠覆性的影响。科技对传媒的影响在泰国已经初现端倪，网络报纸越来越受到受众及广告主的欢迎，信息服务商亦开始向短信及彩信等信息服务扩展，手机报及网络报纸的收费服务在其占领一定的市场份额后必将推出。泰国华文纸媒的竞争环境已经悄然改变，要抢占发展先机，则需要根据市场的变化及时调整发展策略，变被动为主动，否则与新媒体的发展差距很快将会显现。

再者，世界华文媒体的合作平台已经建立，华文媒体的力量得到进一步增强，将在国际舞台上发挥更为积极的作用，以便在西方媒体主导世界新闻的走向中，作为平衡国际媒体观点的平台，负起促进世界和平的重任，彰显社会公平正义。为达到此目标，世界华文媒体需要调整策略，带领世界华文媒体应对不断变换的媒体生态和体制环境；同时，连通全球华人的世界华文媒体的网络正在商议及筹建当中，以期在未来的世界舆论和资讯平台上能与西方强势媒体平等交流。泰国华文纸媒在这一秩序建立的过程中，将处于何种位置以及发挥何种作用，都将对泰国华文纸媒在全球华人中的影响力产生影响。泰国华商、华媒历来积极参与并促成华人合作、沟通平台的建立。如世界华商大会、世界华文传媒论坛都离不开泰国华人华媒的积极参与和大力倡导。如今，在建立强势世界华文媒体的过程中，泰国华文纸媒如能勇敢创新，确定在国内及国际华文媒介中的地位；在顺应国际新形势的同时，扩大视野，必能适应未来更激烈的竞争态势以及发挥更为积极的作用，成为海外华文媒体中令人瞩目的一朵奇葩。

附录 1

泰国主要华文纸媒简表[*]

报纸名称	创办年限	报纸/刊物	创办人	报刊特色	政治立场	报刊主要大事录
《汉境日报》	1903（光绪二十九年）	报纸	不详			
《美南日报》后改组为《湄南日报》	1906—	报纸	萧佛成、陈景华			
《启南日报》	1907—1912	报纸	徐勤		保皇立宪	
《华暹新报》	1907—1932	报纸	光复会成员萧佛成、陈景华		弘扬中华文化、鼓吹革命及改善华侨待遇	
《同侨报》	1909	报纸	尤列		鼓吹革命	
《侠报》	1918—1922	报纸	区卢侠、陈愚侠、马精侠、李少侠	地方色彩浓厚	政治倾向不明显	
《中华民报》	1911—1939	报纸	郑智勇、刘锡如		初期拥护君主立宪、反对革命；后期标榜无党派	由《启南日报》改组而成，1931年被查封，1939年被泰国当局吊销执照

---

[*] 泰国历史上出现过几百种华文期刊，本附录中只是将目前研究团队所能搜集到的纸媒名称及相关信息按创办时间的先后进行排序，很多空白的地方均为无法找到相关的信息。若有研究泰国华文传媒的同行或读者能提供缺失的信息，欢迎给我们写信，我们在此表示感激。

续表

报纸名称	创办年限	报纸/刊物	创办人	报刊特色	政治立场	报刊主要大事录
《天汉日报》	1912—	报纸	蔡俊卿		拥护君主立宪、反对革命	出版不久即停刊
《侠声报》	1922—1926	报纸	谭振三	报道香港消息		1926年被查封，社长被驱逐出境
《励青报》	1926—1927	报纸	郑省一、王步先		"左"倾，经常与国民党方面的报纸展开论战	由标榜第三党励青书报社接办《侨声报》，1927年郑省一被驱逐出境
《暹京日报》	1923—1924	报纸	林铭三		支持国民党	
《联侨报》	1925—1934	报纸	许超然		言论激进	因言论过激与《华暹新报》同时被查封，后得以复刊，因许超然离境而关闭报社
《国民日报》	1927—1931	报纸			鼓吹革命	1931年被查封后改名为《民国日报》
《国民杂志》	30年代	报纸副刊	范正儒任编辑，后改为方修畅、黄病佛		文艺副刊	《国民日报》的副刊
《彷徨》、《前驱》	30年代	报纸副刊	彷徨社成员方修畅等人发起并主持		文艺副刊	在《国民杂志》取消后发起，但不属于《国民日报》
《民国日报》	1931—1936	报纸				1931—1934年为该报全盛时期，1936年接受了国民党津贴后，不再为读者重视
《晨钟日报》	1927—1935	报纸	陈忠伟		国民党党报	第一份由晚报改为早报的华文报
《中南日报》	1927—1935	报纸	陈忠伟		支持国民党	《晨钟日报》的姊妹报
《华侨日报》	1928—1952	报纸	熊幼霖创办，战后由李慕逸复办		反对蒋介石、拥护国民党西南派；1946年复刊后，立场忽"左"忽右	1936年，陈守明接手后，进行改组，出版星期刊，日销量达8000份，创30年代后期华文报销量最高纪录，1939年被吊销执照，1946年在侨领刘议资助下复刊
《星期论坛》	1928—1952	报纸副刊	熊幼霖创办，战后由李慕逸复办		进步文艺副刊	《华侨日报》副刊

续表

附录1 泰国主要华文纸媒简表

报纸名称	创办年限	报纸/刊物	创办人	报刊特色	政治立场	报刊主要大事录
《曼谷日报》	1935—1939、1976—1977	报纸				《国民日报》之姊妹报，1939年因刊登《敌侵潮州我们当前应有的认识与任务》一文被吊销执照，后改名为《曼谷周报》，1976年复改为《曼谷日报》，1977年又改名为《泰商日报》
《中民日报》	1935—1939	报纸	郑智勇、刘锡如			《中华民报》姊妹报
《华星日报》、《华声日报》	1935—1939	报纸				《华侨日报》姊妹报
《时报》	1937—1938	报纸				《曼谷日报》姊妹报
《中国报》	1938—1939	报纸	中华总商会，李其雄主持			二战期间被当局吊销执照
《复兴》	1938—1939	报纸副刊	中华总商会，李其雄主持		文艺副刊	《中国报》的副刊
《中原报》	1939—1958	报纸	中华总商会，由李其雄主持		中间立场	1941年被日军接管，1958年被查封，《中国报》的姊妹报
《南辰》	1939—	报纸副刊	中华总商会，由李其雄主持		文艺副刊	《中原报》文艺副刊
《万象》	1939—	报纸副刊	方修畅主编		综合性副刊	《中原报》综合性副刊
《大众文艺》	50年代	报纸副刊	张综灵为首任主编		文艺副刊	《中原报》50年代的文艺副刊
《新时报》	1938—1939、1942年获准复业	报纸				《曼谷日报》之姊妹报，1942年获准复业后不久，改名为《泰华商报》
《民众日报》	1938	报纸	李一新		商办中间报，时报派代表	
《暹京日报》	1937—1938	报纸	李一新		商办中间报，时报派代表	1938年转让给潮州会馆派

续表

报纸名称	创办年限	报纸/刊物	创办人	报刊特色	政治立场	报刊主要大事录
《泰华商报》	1943—1946	报纸	李一新		商办中间报,时报派代表	二战后第二年停刊
《民主新闻》	1946—1953	报纸	卢静止		民盟机关报	40—50年代初期的进步华文报之一,后改出月刊,1953年停刊
《中国人报》、《反攻报》、《同声报》、《警报》、《自由人报》、《青年报》、《建国报》、《侨声报》	日本占领泰国期间出现的地下报	报纸	三青团发行			《中国人报》在二战后正式注册,公开发行,其余报纸自动停刊
《真话报》	1942.7.25—1949	报纸	李启新		泰国中共华侨党组织的地下报纸	1942年7月25日创刊,1943年2月16日出版,地下报,由爱国抗日华侨创办。二战后公开发行,社长邱及,1949年3月因泰国形势恶化而停刊
《全民报》	1945.10—1952.12	报纸	"左"派创办		"左"派,提出"实现民主、惩办汉奸、中暹亲善"方针	与中国香港联系密切,与新加坡《南侨日报》、菲律宾的《现代日报》往来密切,努力推动侨社团结,促进中暹友好关系
《晨曦周刊》	40年代出现的刊物,起止年代不详	刊物	主笔彦衡		报社主笔彦衡曾在《救荒特刊》上发稿呼吁救荒,由此可判断此报为进步报刊	
《救荒特刊》	1946年2月1日创刊,至1946年12月3日停刊	月刊	暹罗华侨救济祖国粮荒委员会编	援助同胞,抗灾救荒	进步报刊,旨在呼吁暹罗华侨救济祖国粮荒	从1946年2月1日至同年12月3日,共办了十期,在泰国国内掀起了一场援助祖国同胞的救荒运动
《全民公园》	50年代创刊	报纸副刊	林青任主编		"左"派文艺副刊	《全民报》文艺副刊

续表

附录1　泰国主要华文纸媒简表

报纸名称	创办年限	报纸/刊物	创办人	报刊特色	政治立场	报刊主要大事录
《曼谷商报》	1948年创刊	报纸			被视为民盟报纸，侧重经济新闻、经济述评	总编辑为杨繁，主笔黄声常，编辑、记者及主要工作人员来自《民主新闻》
《南辰报》	1951年创刊	报纸	"左"派		由进步组织领导，侧重社会新闻和副刊	创刊初期为三日刊，1952年扩大为晚报
《中国人报》	二战后公开出版，半年后停刊	报纸	蓝东海		国民党党报	二战后公开出版的第一家国民党党报
《正言日报》	在《中国人报》停刊后创办	报纸	李锡麟		右派	主笔陈暑木，后立场偏"左"，发表拥护社会主义中国的文章
《民声日报》	1945年底—1947	报纸	国民党三青团		国民党三青团准机关报	
《曼谷公报》	1948—1950	报纸	黄民魂		国民党机关报	
《民主日报》	1952—1954	报纸	右派		国民党报纸	由美国海外贸易公司资助
《光华报》	1945—1958	报纸	社长李子英总编李哲民		中间报	同时刊有《光华晚报》，1958年被查封
《新生》、《年青人》	50年代创刊	报纸副刊	连吟啸任首任主编		文艺类副刊	《光华报》的文艺副刊
《曼谷新闻》	1956—1966	周报	林炳亮、方思若、周猎夫等创办			文学类周报，鼓励原创
《曼谷公园》	1956年创刊	报纸副刊	林炳亮创办		文艺副刊	《曼谷新闻》文艺副刊
《良友报》	1957年创刊	报纸，周报				
《京华日报》	1959年创刊	报纸	泰国民众联络厅出版，由林志昂任编辑			记者、编辑主要来自《中原报》

续表

报纸名称	创办年限	报纸/刊物	创办人	报刊特色	政治立场	报刊主要大事录
《华风周报》	1964—	周报	方思若与其夫人何韵女士创办			文学类周报
《东南日报》	1970—1978	报纸	翁见石		自称"有强有力的后台，敢于登载别家报纸不敢登的东西"	主张多刊登中国消息
《盘谷商报》	1973—	报纸	泰国盘谷银行经济研究科			现改为专题经济特刊，免费赠阅
《新虎报》	1974—1976	报纸				由《良友报》（周刊）和《虎报》合并
《泰中日报》	1978年11月16日创刊，现已停刊	报纸			传播泰国文化，促进与世界文化交流，1980年该报标榜"为中华文化事业服务"	由《新虎报》改名而成
《华光报》	1974年创刊	报纸				由《光华报》改名而成
《泰华报》	1976年创刊	报纸	泰华文化企业有限公司主办			从《京华日报》分化出来，后改为周刊
《泰商日报》	1977年7月21日创刊	报纸				由《曼谷日报》改名而成
《泰商日报周刊》	1982年创刊，现已停刊	报纸				星期天出版物
《工商日报》	1983年创刊，现已停刊	报纸	工商日报有限公司	在商言商	致力促成拓展工商事业	

附录1 泰国主要华文纸媒简表

续表

附录 1 泰国主要华文纸媒简表

报纸名称	创办年限	报纸/刊物	创办人	报刊特色	政治立场	报刊主要大事录
《京华中原联合日报》	1984 年在曼谷创刊	报纸		综合性报纸	尊重泰国政策，宣扬尊崇王室、宗教，维护国家安全，比较重视社会新闻，对华人侨团较为重视，特别重视中国与乡情的报道	由《中原日报》和《京华日报》合并而成
《新中原报》	1974 创刊至今	报纸	李其雄	侧重新闻特写	对华友好，主张促进泰中关系	前身为 1939 年在曼谷创刊的《中原报》，1974 年改为现名复刊
《新风》、《教与学》	80 年代创刊至今	报纸副刊	洪林主编		文艺副刊	《新中原报》文艺副刊
《星暹日报》	1950 年在曼谷创刊至今	报纸	由胡文虎与泰国华侨富商郭实秋合办，后胡氏收购郭氏股权，胡氏兄弟去世后，胡蛟接管，1972 年改由李益森接管至今	经济版面非常有特色，为工商界提供一系列经济发展和金融信息	创刊是号称"为一中立性报纸，不受任何方面约束与影响"，立场中立	创刊时同时出版《星泰晚报》，晚报于 1973 年 7 月停刊
《中华日报》	1953 年由《新报》周刊改编而成，1960 年改为现名复刊	报纸	陈纯等人创办	侧重报道中国新闻	政治立场随潮流转变，1970 年以前倾向台湾当局，1975 年后，转向拥护共产党	沟通中泰两国文化，促进两族人民亲善
《文学》、《朝花》	50 年代创刊	报纸副刊	史青主编	文艺类	文艺副刊	《中华日报》的文艺副刊
《大时代》	50 年代创刊	报纸副刊	陈宾主编	文艺类	文艺副刊	《中华日报》的文艺副刊

续表

报纸名称	创办年限	报纸/刊物	创办人	报刊特色	政治立场	报刊主要大事录
《世界日报》	1955年在曼谷创刊至今	报纸	世界报业有限公司	有关台湾的新闻及报道	原为台湾联合报系在东南亚的分支机构。近年来态度从倾向台湾当局变为中立，甚至有所偏向内地	拥戴王室，支持政府，遵守法令，服务社会
《亚洲日报》	1993年在曼谷创刊至今	报纸		言论比较客观	不偏不倚的中立立场	弘扬中华文化，促进中泰文化交流，并作为海外华人的沟通桥梁
《中华青年报》	2004年5月6日创刊至今	月刊	董事长胡娟	文艺类	简体字作为发行文字，受众定位为新一代华人青年	宣传中华文化
《半岛文艺》	1953—1954	半月刊	陈订任主编	文学性	文学类期刊	繁荣泰国文艺，发展泰国文学
《玫瑰》	1954—1955	半月刊	张综灵任主编	文学性	文学类期刊	繁荣泰国文艺，发展泰国文学
《椰风文艺》	1954—1955	半月刊	乃北任主编	文学性	文学类期刊	繁荣泰国文艺，发展泰国文学
《青年人》	1954—1955	半月刊	钟舟任主编	文学性	文学类期刊	繁荣泰国文艺，发展泰国文学
《曼谷风》	1954—1955	周刊	陆留创办	文学性	文学类期刊	繁荣泰国文艺，发展泰国文学
《热带风》	1954—1955	期刊			文学类期刊	月刊，仅出版十期就停刊
《繁星》	1955—1956	期刊			文学类期刊	月刊，仅出版几期便停刊
《黄金地》	1956—	刊物	天风任主编	文艺类	文学类期刊	繁荣泰国文艺，发展泰国文学
《七洋洲》	1958—	刊物	克夫、黎毅创办	文艺类	文学类期刊	月刊，纯文艺刊物，仅出版了19期
《春华》	1980年至今	季刊		娱乐性、文艺性为主		华文期刊
《朝晖》	1981年至今	丛刊		文艺性为主		华文期刊

续表

附录1 泰国主要华文纸媒简表

报纸名称	创办年限	报纸/刊物	创办人	报刊特色	政治立场	报刊主要大事录
《泰中学刊》	1994年至今	年刊	泰中协会	学术性	学术性期刊，每年一刊，洪林任主编	社团刊物，以促进泰中文化交流为宗旨，每次印刷200—300本
《泰国风》	2005年至今	月刊	泰国商务部、泰国旅游局主管	综合性	以社会新闻、文化、旅游等内容为主，介绍中、泰两国的社会、文化发展	华文期刊，获准在泰国及中国发售
《泰国游》	1994年创刊至今	月刊	王鸿宾为出版人	综合性	商业性刊物，以景点、文化、节庆、美食、航班等旅游信息介绍为主	为赠刊，中英文月刊
《时代论坛》	1994年创刊至今	月刊	陈静任董事长	时政类	以经济、社会及人文等内容为主	
《泰华文学》	1955年创刊，不久后停刊，1999年复刊	初为月刊，后改为季刊	泰国华文作家协会主办	文学性	以华文文学作品为主要内容	司马攻任社长，是泰国为数不多的纯文学类杂志，拒绝商业广告。华文文学期刊
《东盟商界》	2009年创刊	月刊	韩中渭创办	商业性	泰国目前唯一一份以东盟自贸区为主题的杂志	目前已在中国云南设立了代表处，在越南有了特约记者，在老挝开拓了发行渠道，并计划发行至更多的东盟国家。中泰文杂志
《湄南河诗刊》	2009年创刊	年刊	李桂雄任社长	文学性	纯文学类刊物，以诗歌及诗评为主要内容	蒋依桐（笔名马羚）为主编，每年出一期

注：以上资料主要来自：

[1] 方积根、胡文英：《海外华文报刊的历史与现状》，新华出版社1989年版。

[2] 夏春平：《世界华文传媒年鉴2007》，世界华文传媒年鉴社2007年版。

[3] 夏春平：《华界华世传媒年鉴2009》，世界华文传媒年鉴社2009年版。

[4] ［泰］洪林：《泰华文学40年概论》，《东南亚》1994年第4期。

[5] 中国新闻网：《华侨华人新闻出版事业大事记（1974—1983）》，http://www.chinanews.com/hr/news/2009/08-28/1838395.shtml。

附录 2

泰国主要华文纸媒人物一览表*

姓名	出生年月	籍贯	主要事迹
白翎	1931 年出生	广东潮安人	原名李友忠。泰华文坛名人，泰国华文报业编辑。 1931 年出生于泰国曼谷，少年时到潮安读书，二战结束后返回泰国，新中国成立后在潮安参加经济建设，1957 年起返回泰国定居。 1983 年，参与发起泰华写作人协会（后改名为泰国华文作家协会）。 1985 年出任《新中原报》文艺副刊《大众文艺》、《新半岛》的编辑。 1993 年到新创刊的《亚洲日报》，任《亚洲文艺》编辑。
蔡俊卿			创办《天汉日报》。
蔡惠康			1928 年，任《华侨日报》主笔。
陈景华	1856—1913	南屏镇人	字陆畦（一说陆逵），同盟会成员。 1908 年，陈与萧佛成在曼谷先后创办《美南日报》（后易名为《湄南日报》）、《华暹日报》（又名《华暹新报》）。
陈景川	1901—1947	澄海人	又名惠星，号云畴主人。 早年协助其父在暹罗经商。 1938 年主持成立泰国潮州会馆，历任第一、第二届主席。 创办《中国日报》、《中原日报》。
陈仃	？—1970	揭阳人	原名林青。 1948 年起任泰国《全民报》副刊编辑，并开始写小说。 1952 年 12 月《全民报》被封，旋又担任《丰岛文艺》主编。 1956 年回国。 主要作品有长篇小说《三聘姑娘》等。

* 附录中的泰国主要华文纸媒人物是研究团队目前所能搜集到的人物信息，空白处均为信息不详。若有研究或爱好泰国华文纸媒的读者提供缺失信息，帮助我们完善资料，欢迎给我们写信，研究团队在此表示感谢。

续表

姓名	出生年月	籍贯	主要事迹
陈铁汉			泰国报业人士、著名潮剧编剧。 1925 年前后任遏京《国民日报》主笔。 组织"青年觉悟社",专为潮剧班写剧本。
陈忠伟			1927 年创办侨报——《晨钟日报》。
陈暑木			
陈弼臣	1910—1988	潮阳人	泰文名乃臣·梭篷帕匿。生于泰国曼谷。 1950 年创办英文《盘谷商报》。 1957 年任泰中友好协会顾问。
陈世贤	1932—2003	广东潮阳县人	1978 年,与曼谷银行总裁陈有汉先生发起设立华文报丛业员子女助学金委员会,任主席一职。1980 改名为泰华报人公益基金会,任主席一职至去世。
陈守明			中华商会主席、中国驻遏商务专员,主刀《华侨日报》改组。
陈正			现任《中华日报》及《中华青年报》社长。
陈振治			现任《京华中原联合日报》董事长。
陈映苹			现任《中华青年报》总编辑。
陈春强			现任《时代论坛》杂志董事长。
陈静			现任《时代论坛》杂志社长。
仇宗江			现任《泰国游》(中英文月刊)主编。
方修畅	1904—1984	广东普宁人	1904 年生于广东普宁。 1927 年移居泰国,受聘于华文《国民日报》,任副刊编辑兼写社论。 1928 年 3 月,与郑铁马、黄病佛等 20 多人创建"彷徨学社",提倡新文学。 1937 年,与友人合办《遏京时报》。 1938 年转入《中国报》,仍任编辑兼写社论。《中国报》被封闭后,转入《中原报》任职。 1958 年,《中原报》被封闭,曾入狱 5 年。
方思若			1956 年,与友人一起创办《曼谷新闻》。 《新中原报》的董事长。 夫人何韵同为泰华著名新闻工作者。
冯剑南	1911—1961	丰顺人	1945 年后,在泰国创办《民主新闻》周刊和《曼谷商报》。
郭振			现任《亚洲日报》董事长。
林铭三			国民党人,曼谷黄魂学校创始者。1923 年,创办了《遏京日报》。
刘候武	1892—1975	潮阳人	1914 年任遏罗(今泰国)《华遏报》记者。 1920 年后任《中华民报》总编辑。 复奉调回国,任国民党广东第一办事处交往主任兼任汕头《晨报》编辑。1922 年任《晨报》社长。

续表

姓名	出生年月	籍贯	主要事迹
洪林		广东省揭阳人	主要笔名：林林、林慧、艾英、柳丝等。 先后任职《中原报》、《泰华报》、《新中原报》。 1990年起，任星暹日报《星暹文艺》、《泰中学刊》等副刊主编。 1995—1996年为中华日报《湄江评论》专栏作者之一。 1994年至2000年先后出版《泰华名人传》、《洪林文集》、《泰华文化人物辞典》。 现为泰华报人公益基金会理事、泰国华文作家协会理事、泰华文学研究会执行理事、泰中学会秘书。
何韵	1940年出生	广东南海人	女，泰名蒲沙里·奇达瓦拉纳，现任《新中原报》总编辑兼督印人。 1963年毕业于泰国法政大学新闻系。 曾在华文《京华日报》、《星暹日报》、《中华日报》、《新中原报》，泰文《荣誉日报》，英文《民族日报》(The Nation)，及泰国广播电台、电视台任政治记者。
洪林			现任《泰中学刊》主编，泰国学会第八届理事会秘书。
胡文虎	1882—1954	祖籍福建永定	南洋传媒界传奇式人物。 1949年底，在泰国创办《星暹日报》与《星暹晚报》。
黄病佛	1902—1961	澄海人	原名黄羲之。 1927年到泰国，曾任《华暹报》、《国民日报》、《华侨日报》、《中国报》、《星暹日报》等报刊编辑、总编辑等职。 并自行创办《社会日报》和病佛文化书局。 主要作品有：《泰国府志》、《泰国风光》、《锦绣泰国》。
黄根和			泰国资深报人，现任《世界日报》社长兼总编辑。
黄民魂			《曼谷公报》社长，泰国中华会馆发起人之一。
黄声	1909—1966	揭西县塔头镇顶铺村人	泰国归侨。 1932年春，黄声在北平中国大学政治经济学专业毕业后，应友人邀请赴泰国曼谷，协助许宜陶筹办崇实侨校，对华侨青年进行爱国主义教育。 1934年春，中国抗日救亡热潮日益高涨，黄声从暹罗回国，与许宜陶、邱秉经、马士纯等人到普宁兴文中学任教。抗战胜利后，黄声到新加坡，协助胡愈之开展中国民主同盟工作。 1946年春，他转往泰国曼谷主持民盟工作，与王亚夫等人一起创办《民主新闻》、《曼谷商报》。 1948年6月，泰国发生"排华"事件，黄声奉调回国。 1949年8月，任潮梅行政委员会副主任。 1950年3月，任汕头市副市长，1953年调广东省侨办工作，主编过《广东侨报》。 1966年6月14日，黄声含冤逝世，终年57岁。 1979年党组织为他平反昭雪。
胡娟			现任《中华日报》及《中华青年报》董事长。
柯楚君			现任《新中原报》常务董事长。

续表

姓名	出生年月	籍贯	主要事迹
蓝焰		广东潮阳人	本名陈少东。 1992年开始写作,作品发表于《世界日报》、《新中原报》、《亚洲日报》、《京华中原联合日报》、《中华日报》及《泰华文学》双月刊。 1998年6月6日获泰华作家协会与亚洲日报联合主办的"1996年征文金牌奖比赛"散文亚军及短篇小说殿军奖。 1999年9月17日获泰国商联总会主办的"庆祝中华人民共和国五十周年暨泰中建交廿四周年"国庆杯征文比赛诗歌奖。 现为泰华作家协会理事。
蓝东海			1945年,创办《中国人报》。
黎毅	1930—	广东潮安县人	原名曾昭淳,曾用笔名曾天、渔舟晚、笨伯、梅姐等。泰华文坛知名作家,被年腊梅称为"泰国的莫泊桑"。 50年代,开始在文艺刊物《灯》、《七洋洲》,《中华日报》的《文学》版,《京华日报》的《星期茶座》,《新中原报》的《大众文艺》、《新半岛》,潮安会馆的《泰华文艺》等报刊上发表作品,共创作短篇小说200多篇,散文、杂文及剧本数量较多,是个多才多艺的文人。 在《七洋洲》文艺月刊的创办期间,积极投稿,用作品支持在泰华商业社会生存艰难的文艺类华文刊物。
李其雄	1908—1984	潮阳人	1931年赴泰国。 1937年抗日战争爆发在曼谷创办《中国日报》任社长、总编辑。次年《中国日报》被查封,复办《中原报》继续宣传抗日。 70年代创办《新中原报》任社长。
李一新	1913—1953	广东潮阳人	泰名阿里·李威腊。 1937年创办华文《暹京时报》。 1943年《泰华商报》出版时,被委任报社主笔。
李慕逸			笔名老丁,1945年后返泰国筹备《华侨日报》复刊。
李子英			1945年10月,《光华报》及其姊妹报《光华晚报》创刊,任社长一职。
李哲民			1945年,任《光华晚报》主编。
李锡麟			1945年,任《中国人报》总编。
李望如			1970年《东南日报》创办,任报社主笔。
李光隆			现任《亚洲日报》董事会主席。
李益森			胡文豹的女婿,1971年接掌《星暹日报》至今,任报社社长。
李桂雄			现任《湄南河诗刊》社长,泰国华人青年商会会长。
林来荣	1909—	广东达濠人	著名华商。曾任曼谷《世界日报》、《京华日报》董事长。
林炳亮			1956年,与友人一起创办《曼谷新闻》。

续表

姓名	出生年月	籍贯	主要事迹
林志昂			1959年《京华日报》创办，任总编辑一职。
林信雄			现任《世界日报》执行总编辑。
林兴			现任《亚洲日报》执行总编辑。
林妙英			现任《京华中原联合日报》董事总经理。
林宏			现任《新中原报》董事总经理兼执行总编辑。
柳进雄			现任《新中原报》董事长。
卢静止			40年代，主办该盟机关报《民主新闻》。
陆留	1913—	广东澄海人	泰国华文文学、泰国华文报业的知名人士。 1913年出生于泰国，自幼被父母送到中国潮汕故乡接受中文教育，1936年毕业于汕头海滨简师。 1955年，创办《曼谷风》周刊，从事大量的编、写工作。 1970年，主编《东南日报》文艺副刊《新文艺》。 随后进入《泰华报》，负责文艺副刊工作。 1980年，为《中华日报》的《湄江》版写专稿。 1981年，主编《新中原报》的《大众文艺》副刊。
马兴顺			曾任洪门会党机关报《华暹时报》的主编及曼谷同盟会支部宣传部长。
马耀辉		祖籍潮州	出生于泰国的第二代华人。 现任《星暹日报》总编辑兼督印人。
梦莉			女，著名泰国华文作家，现任《泰华文学》杂志副主编。
南雁			现任《时代论坛》杂志主编。
邱及	1910—1984	揭东县玉湖镇人	泰国归侨，泰国著名华文新闻报人。 1910年生于泰国，从小回故乡就读揭阳一中，在校期间投身孙中山倡导的国民革命热潮。 1930年赴上海，就读于昌明艺专和上海美专。 1932年毕业后回揭阳参加革命文化活动。 1936年赴南洋，先后在泰罗、老挝、柬埔寨、越南等地从事革命工作。曾任暹罗华侨抗日救国协会宣传部长、《真话报》社长等，从事华侨教育和爱国救乡工作。 中华人民共和国成立前夕，邱及回国，先后任中共中央统战部侨务组长、北京外语专科学校校长、北京外语学院副院长等。 1984年8月29日在北京医院病逝，享年74岁。
史青	1923—	广东潮州人	原名魏登，笔名史登蜜、马卒、鲁伯、谷子、韦文等。 泰华文坛资深作家，杰出的文艺编辑。 1923年出生于广东潮州，1948年移居泰国。 1962年起，先后担任《中华日报》的《文学》和《朝花》版编辑；《东南日报》社务主任；《新中原报》主笔兼《大众文艺》版编辑及泰国潮州会馆文物馆主任。

续表

姓名	出生年月	籍贯	主要事迹
司马攻	1933—	广东潮阳人	1985年，他被聘为"泰华写作人协会"顾问，后被选为第四届副会长。 1990年，"泰华写作人协会"更名为"泰国华文作家协会"，司马攻被选为会长至今。 1999年7月，泰国华文作家协会创办了《泰华文学》，任主编至今。
谭振三			曾任《侠报》编辑，在该报停刊后，1922年创办《侨声报》。
王步先			主持《励青报》。
王必成			现任《世界日报》董事长。
王必立			现任《世界日报》副董事长。
王立文			现任《中华日报》总编辑及督印人。
王亚夫	1916—1999	揭东县登岗镇蔡坑村人	泰国归侨，著名华文报人。 1933年毕业于广东省立二师（韩师）高中部，后在汕头澄海等地执教。 1936年参加汕头新文字研究会，参加宣传抗日救亡运动。 1943年赴老挝、泰国。二战后在曼谷组织中国民主同盟暹罗支部，主编《民主新闻报》。 1948年在香港任中共华南分局机关报《正报》编辑，不久回揭阳大北山游击根据地开展革命工作。 1954年赴越南创办《新越华报》并任社长。 1988年在上海离休。 1999年5月2日因病在上海逝世，享年83岁。
王绍霖			现任《亚洲日报》执行总经理。
魏登			1970年《东南日报》创办，任社务主任兼文艺版主编。
翁见石			1970年，创办了《东南日报》。
翁永德			任《星暹日报》文艺版主编。
吴继岳	1905—1992	广东梅州人	笔名珊珊、沉戈，泰国新闻界、文化界元老级人物，曾荣获泰国报业公会第一届"杰出报人"奖，是全泰三位获奖者中唯一一位华侨报人。 1917年到南洋谋生。 1928年初任巴达维亚（今雅加达）《新报》记者。 1929年进曼谷《中华民报》当记者。 1936年转到曼谷《华侨日报》任采访主任、副刊编辑、暹罗版编辑。 1939年去新加坡《星洲日报》任记者、编辑。日本投降后回到泰国任职《中原报》。 1953年与人合作创办《体育周报》并主持编辑工作。 1970年任《东南日报》编辑主任、执行总编辑。 1974年泰国《新中原报》创刊时，即进入该报直至去世，历任编辑主任、主笔、社务主任、执行总编辑等职。

续表

姓名	出生年月	籍贯	主要事迹
吴泽人	1913—2007	广东潮阳人	泰华著名商人，报人。 1935年至泰国谋生，当过金店、当铺会计。 1939年创办汇文书局和中南书局，后开办两家金店。 1943年开设光明印务局。 1945年筹备《全民报》公开出版工作，并任大众文化股份有限公司副董事长兼总经理。 2007年于广州逝世，享年94岁。
吴楚声			1928年，任《华侨日报》总编。
吴金城			现任《京华中原联合日报》社长。
萧汉昌	？—2007		泰华著名报人。 50年代进入《全民报》任编辑。 《亚洲日报》的《湄南春秋》版编辑。 曾在盘谷银行的《经济月刊》任主编。 2007年9月26日因心脏病猝发去世。
修朝		广东潮安人	从70年代至90年代，先后在《东南日报》、《中华日报》、《星暹日报》任政治与经济新闻翻译。 现任星暹日报《工商经济》版编辑，兼主笔委员。
熊幼霖			1928年创办的《华侨日报》。
熊德龙			现任《亚洲日报》董事总经理。
许超然			著名华文报业人士、华文作家，旅泰30年，一生颇多坎坷。 历任《快哉画报》、《新中华日报》、《联侨报》的社长兼总编辑之职。 1919年，因抵制日货而被当局驱逐出境。 重返泰国后，因"五卅惨案"使《联侨报》被封。 《联侨报》复版之日，又因郭氏惨案被控。
许元雄	1901—1971	广东揭阳市人	原名雄石。 1925年前后曾与人筹办《汕头日报》。 1940年曾任中国远征军司令部军法处法官、泰国中华总商会教育协会主席。与黄声创办《曼谷商报》任社长。 回国后曾任民革中央候补委员。在曼谷著有《光影在萱园》、《海上风裁》。 1986年由孙淑彦选注出版《许元雄吟笺》。
姚小平			现任《泰国风》杂志社社长。
叶同			现任《泰国游》（中英文月刊）杂志总编辑。
蚁光炎	1879—1939	广东澄海人	早年赴越南、泰国。 1938年在曼谷创办《中国报》任社长、总编辑，宣传抗日。 1939年11月遭日本特务暗杀。
尤列			1909年创办了《同侨报》。

续表

附录2 泰国主要华文纸媒人物一览表

姓名	出生年月	籍贯	主要事迹
云大江			现任《暹泰时报》社长兼总编辑，普吉联侨会主席。
余子亮	1900—1974	饶平人	1918年到泰国谋生。 抗日战争时期，在泰国倡办《中国报》、《中原报》，宣传抗日，并捐款支持国内抗战。 1974年在曼谷病逝。
子帆		广东潮阳人	本名郑铿豪。 出生于泰国泰南宋卡府。 70年代开始发表文学作品，创作以诗歌为主，兼及散文、杂文和小说。1983年获泰国《新中原报》与泰国写作人协会主办的征文比赛散文优秀奖。 1990年获中国宝鸡市文联主办的"马年建材杯全国新诗大赛"特别荣誉奖。 现任泰国《中华日报》副刊主编、泰国华文作家协会理事、泰华文艺作家协会会员。 主要作品有诗集《子帆诗集》、《桥》，短篇小说集《赤贫儿女》（与人合集），诗集《只缘在诗中》等。
张综灵	1918—1968	广东梅州人	在汕头出生。 17岁起即在其父张怀真主持的《汕报》实习。 1946年到泰国，以一篇报道战后潮汕地区人民苦难的长篇特写取得曼谷《中原报》信任进入该报，任记者。 不久后转到中央社曼谷分社，撰写特稿。 1949年重返《中原报》编辑电讯和服务版。 1954年起任曼谷《世界日报》副总编辑兼泰事版编辑，后任总编辑。 1958年春再回《中原报》。 主要著作有：《实用新闻学》、《报学概论》、《泰国华侨大词典》等。
郑子彬	1888—1944	广东潮阳人	早年赴暹罗，加入同盟会并创办《中原报》。 为著名侨领。日军占领暹罗后，辗转返回祖国。痛感爱国无从，忧愤而亡。
郑开修	1905—1960	广东澄海人	笔名铁马、铁园。 历任泰国《国民日报》、《中国日报》、《中国周刊》、《中原报》副刊编辑及主笔等职。 主要作品有：《梅子杂感集》、《玫瑰厅》、《铁园遗诗》等。
郑省一	1899—1954	榕城区仙桥篮兜村人	曾任泰国曼谷培美学校校长。 创立中华会馆，被推选为董事长。 1926年，励青书报社接办《侨声报》，改名为《励青报》，由郑省一与王步先等人主持，支持孙中山革命主张。 1927年被泰国政府驱逐出境。
郑齐文			现任《京华中原联合日报》执行总编辑。
钟仕钧			1952年，创办《民主日报》。
周猎夫			1956年，与友人一起创办《曼谷新闻》。

注：以上资料主要来自：

［1］方积根、胡文英：《海外华文报刊的历史与现状》，新华出版社1989年版。

［2］夏春平：《世界华文传媒年鉴2007》，世界华文传媒年鉴社2007年版。

［3］夏春平：《世界华文传媒年鉴2009》，世界华文传媒年鉴社2009年版。

［4］［泰］洪林：《泰华文学40年概论》，《东南亚》1994年第4期。

［5］中国新闻网：《华侨华人新闻出版事业大事记（1974—1983）》，http：//www.chinanews.com/hr/news/2009/08-28/1838395.shtml。

［6］黄庆华：《揭阳市归侨历史状况及其特点初探》，http：//www.jynews.net/Item/141852.aspx。

后　　记

　　研究泰国华文媒体，实为机缘巧合。2007年于中央民族大学经济学院博士毕业后，到广西大学新闻传播学院广告系从教，开始接触传播学，并对媒介有了基本的认识。

　　2008年，家人到泰国从事对外汉语教学，在书信往来中，开始对泰国这个国家充满了好奇。因为据说，泰国是流浪狗的天堂。一个对无家可归的狗都充满了爱心的国家，人与人之间应该更为友爱吧！

　　2009年夏天，趁着暑假的空闲，和先生、朋友一起到了泰国，既是旅游探亲，亦顺便为院系正在筹划的学科赛事跟泰国相关大学进行初步的接洽。虽然是深夜抵达曼谷，但仍然对曼谷机场印象非常深刻，大且宽敞，有各种各样的美食店（后来回国时，才发现真正让人惊叹的是机场内的免税店，本人所知道的名牌香水、钟表和包包，这里都可以找到，当然还有很多是叫不出名但看着非常高档的商品）。对曼谷市容总体的印象是路窄，车多，但没有自行车，出门变得很不方便，根本找不到租自行车的地方，因为街上没见过有人骑。而国内盛行的电单车，不管是商场或是街上，均没见过影儿。在泰国待的十几天里，出门主要靠打的，由于语言不通，被的哥宰了几回，刚开始心理有点不平衡，一个旅游国家怎能允许这种损坏泰国形象的行为？一个信奉佛教的国家，其国民怎可以有欺骗行为？后来跟在泰国留学的研究生聊天，才知道即使懂泰语，一样会被宰，因为泰国路况较为复杂，方便的哥遛弯。一次聚餐时，禁不住向在座的友人抱怨，一位老华人良久后才低声说，目前在泰国从事的士生意的人大多是来自中国的新移民，不禁愕然并释然。

到泰国主要有三个方面的收获：

其一，是与泰华内地记者协会的黄主席及许老先生见面，并赠与协会的内部资料及几本泰国华文作家协会编印的书籍。两位先生的年龄已达六七十岁，精神奕奕。黄主席既要管理公司，还负责协会的联络工作，爱好诗歌文学，还是制谜和猜谜的高手；许先生淡出商界经营后，自费到厦门大学中文系攻读博士学位。如今虽不从事商业活动，但繁忙程度不亚于当年。经常与泰国的华人团体及朋友联系，参加各种培训班、文学会等，忙得不亦乐乎。两位长者对华文的热爱深深感染了我。

其二，到朱拉隆功大学和曼谷大学与同行进行初步的接触。到朱拉隆功大学新闻传播学院拜访有点冒失，事先没有正式联系，只凭一张院系介绍信。但朱拉隆功大学的国际交流部还是非常热情地接待了我，问清来意后，特意安排了国际交流部广告系的老师跟我沟通，并派了一名外语学院的研究生全程陪同翻译。临别时赠送了一摞广告教学资料及学生作品；到曼谷大学事先与在曼谷大学传媒学院攻读硕士学位的中国留学生雷霜铭取得联系，由她全程陪同翻译，一切顺利很多。当日没有见到广告系的老师，但把资料留下的第二天，曼谷大学广告系的主任亲自给我电话进行详细的沟通。这两所大学都是泰国一流的学校，对一个像我这样的普通老师都如此尽心接待，可见极为重视每一个与中国高校的合作交流的机会。

其三，到泰国的唐人街收集完六份华文日报。在我下榻的宾馆附近，也许是由于不是华人聚居区，报亭里几乎没有华文报的踪影。后到了曼谷著名的唐人街，发现街上的广告牌全是华文，耳边不时跳进几句广东话，恍若是在广东的商业街漫步。唐人街的报亭基本都有华文报出售，不费任何工夫就收集到了六份华文日报，因不是周末，当日没有周报《暹泰时报》出售。泰国的六份华文报均为繁体中文，其文字表达及语言习惯有自己的特点，与国内惯常表达手法有明显的差异。

2010年底，以《泰国华文纸媒的影响力研究》为题申请了广西哲学社会科学的青年自筹项目并获得通过（项目批准号为11FXW010），2011年正式开始了本书的写作。课题的思路、框架以及章节安排由黄海珠负责，全文的校对工作由莫耀瑛同志负责。本书大部分材料由广西大学文学院外派到泰国从事汉语言教学工作的黄海云女士提供，在此表示深深的谢意。各章节写作分工如下：

绪论　黄海珠

第一章　黄海珠　莫耀瑛　李丹璐

第二章　黄海珠

第三章　吴倩倩

第四章　吴倩倩

第五章　吴倩倩

第六章　刘　娬

第七章　刘　娬

第八章　刘　娬

第九章　刘　娬

结束语　黄海珠

后序　黄海珠

附录1　黄海珠　李丹璐

附录2　莫耀瑛　李丹璐

　　本书在构思及组织编写期间，惊闻恩师施正一先生病重，仓皇中急于北上，又因各种原因一推再推，歉疚之情无以言表。所幸恩师病情逐渐稳定，本书也付梓在望，想到不久后能携书探望恩师，将这几年的工作当面向恩师汇报，喜悦之情亦难以言表。

　　本书的编著工作较为仓促，资料收集不够全面，难免有误，欢迎大家批评指正。感谢所有支持本书出版以及为此付出辛勤劳动的同人们，没有你们的热心帮助，本书难以顺利完成并出版。衷心祝愿泰国华文媒体在未来的发展中创造更辉煌的成绩，发挥更为积极的传播影响力！